金教鞭

U0892257

幼儿园
主题式创意戏剧活动

顾　问：林　菁

主　编：张美洁

副主编：池　频　陈丹鸿

海峡出版发行集团 THE STRAITS PUBLISHING & DISTRIBUTING GROUP | 福建人民出版社 FUJIAN PEOPLE'S PUBLISHING HOUSE

图书在版编目（CIP）数据

幼儿园主题式创意戏剧活动/张美洁主编. -- 福州 ：福建人民出版社，2023.10

（“金教鞭”丛书）

ISBN 978-7-211-09095-2

Ⅰ.①幼… Ⅱ.①张… Ⅲ.①戏剧教育－教学研究－学前教育 Ⅳ.①G613.5

中国国家版本馆 CIP 数据核字（2023）第 072545 号

幼儿园主题式创意戏剧活动

YOU’ERYUAN ZHUTISHI CHUANGYI XIJU HUODONG

顾　　问：林　菁
主　　编：张美洁
副 主 编：池　频　陈丹鸿
责任编辑：赵　玮
特邀编辑：叶保娇
责任校对：陈　璟
出版发行：福建人民出版社　　**电　　话：**0591-87533169(发行部)
网　　址：http://www.fjpph.com　　**电子邮箱：**fjpph7211@126.com
地　　址：福州市东水路 76 号　　**邮政编码：**350001
经　　销：福建新华发行（集团）有限责任公司
印　　刷：福建新华联合印务集团有限公司
地　　址：福州市晋安区福兴大道 42 号　　**电　　话：**0591-88208420
开　　本：700 毫米×1000 毫米　1/16
印　　张：24
字　　数：392 千字
版　　次：2023 年 10 月第 1 版
印　　次：2023 年 10 月第 1 次印刷
书　　号：ISBN 978-7-211-09095-2
定　　价：49.00 元

本书如有印装质量问题，影响阅读，请直接向承印厂调换。

版权所有，翻印必究。

序

欣闻福建省直屏东幼儿园的《幼儿园主题式创意戏剧活动》即将出版。该书共收集了十一个创意戏剧活动，每个活动都非常生动鲜活，将文学、美术、音乐、表演、舞蹈等多种艺术形式有机地融合其中。

源于课题研究　该园主题式创意戏剧活动的正式开展始于该园申报并立项的福建省教育科学“十三五”规划2018年度课题“幼儿园主题式创意戏剧游戏的实践与研究”。课题研究者将主题、创意、戏剧三个关键词串联，从绘本阅读入手，让幼儿在教师和家长的支持下，在一段时间里围绕着一个主题，以创作为支柱，以游戏为取向，参与创造性戏剧教育活动。研究者围绕着主题式创意戏剧活动的内容选择、环境创设、指导策略、幼儿学习与发展等进行实践研究，构建了“剧本的产生”“戏剧的创作”“戏剧的展演”三个阶段的主题式创意戏剧活动开展的框架，实现了游戏活动、教学活动和家园共育等多路径的有机整合。

丰盈园本课程　课程，是幼儿园提质增效的抓手，更是促进幼儿发展的内核。福建省直屏东幼儿园注重园本课程的建设，在注重幼儿全面发展的基础上，倡导“艺术让童年更美好”的课程理念，建构了“艺润”课程。“艺润”课程以幼儿兴趣为出发点，从“审美体验”和“艺术表现”两个模块展开，基于幼儿不同年龄阶段和发展水平，运用不同的艺术内容与形式，在幼儿心灵播撒“美的种子”，激发幼儿“美的情趣”，加深幼儿“美的体验”，提升幼儿“美的创造”。主题式创意戏剧活动的开展，给幼儿园的课程建设添加了一笔浓重的色彩。

助推幼儿发展　在《幼儿园主题式创意戏剧活动》中，我们看到了一个个灵动、快乐、自信的孩子。孩子们在教师给予的经验、情感、空间、材料等多元支持下，围绕一本本绘本展开“绘本阅读—故事内容理解—故事剧本创编—戏剧创作—戏剧展演”等一系列活动。孩子们大胆想象、自主创编、多元表现，在语言表达、合作交往、动手操作、感受欣赏、想象创造、自信自主等方面都得到了提升。

成就教师发展 福建省直屏东幼儿园确定了“艺润童心，乐泽童年”的办园理念和“让儿童、教师、家长成为最美的自己”的办园宗旨，在对幼儿滋根润性、深情涵养的同时，也非常关注教师队伍的专业发展。幼儿园注重通过园本培训、园本教研等多种方式建设教师团队。教师们怀揣愿景，坚守初心，深耕实践，乐学善思。一分耕耘，一分收获。教师们在逐渐成长，有的教师还获得了教学名师、特级教师、学科带头人等荣誉。

时光飞逝，这是我第二次为福建省直屏东幼儿园出版的书写序，从《幼儿园探究性主题活动》到本书的出版，时隔十一年，见证了张美洁园长、陈丹鸿副园长、池频副园长所带领的团队从青葱岁月走向不断成熟的过程，见证了幼儿园从规范办园到不断优质发展的历程。作为一个“老幼教人”，我真心地为她们的成长和幼儿园的发展而欣喜，愿福建省直屏东幼儿园继续全面贯彻党的教育方针，不断提升幼儿园保育教育水平，成为福建省乃至全国幼儿园的一张名片！

三月有风，四月有雨，五月春未尽、夏初临。在充满期待和希望的五月，愿福建省直屏东幼儿园绿意葱葱、花开满园，孩子们尽情嬉戏、满心欢喜、和谐成长！

教育部“国培计划”培训专家
福建师范大学教育学院教授

2023年五一节于金海岸俊仕苑

前言

戏剧是一种综合艺术。自2011年起，《义务教育艺术课程标准（2011年版）》《关于全面加强和改进学校美育工作的意见》《义务教育艺术课程标准（2022年版）》相继颁布，戏剧在艺术课程中的地位越来越凸显。2015年起，戏剧正式成为学校美育课程的一部分。相关文件的颁布、社会各界对戏剧教育的重视，都在客观上为幼儿园开展戏剧主题活动创设了一个良好的社会环境。

本书中所指“创意戏剧”不同于仅仅追求演出效果的“剧场戏剧”，主要指借助创造性戏剧的教学形式开展的戏剧活动。它是由“一个领导者带引参与者将人类生活之经验加以想象，反应及回顾的过程”①，是一种以创作教学过程为主的、强调游戏取向的创造性戏剧教育，不强调表演与表达的技巧和表演效果的完美，而着重于“参与过程”与“经验统整”。它以幼儿的参与为根本，以幼儿各方面发展为诉求，可以说“以儿童的意愿、努力和健康成长为中心”是创意戏剧教育的主要特征。幼儿园主题式创意戏剧活动就是指围绕一个戏剧主题，综合运用文学、美术、音乐、表演、舞蹈等多种艺术手段，伴随幼儿戏剧经验整合与提升的进程，由师幼共同建构一系列戏剧活动，从剧本的产生开始，到戏剧的创作，最终形成完整的戏剧展演的一种戏剧教育组织形式。

我们自2016年开始尝试幼儿园主题式创意戏剧活动的探索，希望能丰富幼儿园戏剧教育的形式。2018年，福建省教育科学“十三五”规划2018年度课题“幼儿园主题式创意戏剧游戏的实践与研究”立项成功。我们以课题研究为抓手，以园本教研为平台，深入推进创意戏剧活动的研讨与实践。通过

① 转引自刘艳卉编著：《应用戏剧的理论与实践》，上海书店出版社2011年版，第7页。

实践研究，我们对主题式创意戏剧活动的开展有了全新的思考，逐渐形成以绘本、动画片为切入点，将创意戏剧教育贯穿到幼儿的一日活动之中的活动模式。本书共收集了我们近几年实践研究中产生的十一个主题式创意戏剧活动案例，这些活动中的绘本或动画片的内容均贴近幼儿生活经验，结构简单，趣味性强，有鲜明的戏剧冲突，便于幼儿理解和表现。例如，《好喝的汤》故事情节生动有趣，动物形象可爱、憨厚，可引导幼儿以“友爱”“分享”为主题，展开故事情节。又如，《狮子王》是迪士尼的经典动画片，讲述的是狮子王木法沙的儿子辛巴在好朋友的帮助下逐渐成长，最终回到荣耀国战胜刀疤，成为新一任狮子王的故事。《狮子王》故事情节跌宕起伏，卡通形象活泼可爱，其所描述的亲情、友情与责任的故事内容深受幼儿喜爱。为方便读者的阅读和实践，本书活动案例以年龄班来划分，每个案例中均附有教师与幼儿在活动中所使用的乐曲名称、操作材料、道具图片等，供读者参考。

本书中的大多数创意戏剧主题是基于绘本产生的，其中部分绘本没有标明页码，为方便读者阅读和理解，凡是没有标明页码且首页内容从扉页背面的双码起始的绘本，均默认扉页为第 1 页，扉页背面为第 2 页，以此类推。在此统一说明。

由于疫情等客观原因，本书久久不能与大家见面。在此，首先感谢福建师范大学教育学院林菁教授对本书出版的倾情指导，也感谢我园教师们在课题的研究实践与案例编写过程中不断推敲、斟酌、修改所付出的努力与心血。限于编者的水平，本书中难免有错误、疏漏和不足之处，恳请读者批评指正、不吝赐教。

每个孩子身上都有戏剧的“种子”，
等待发芽、开花、结果。
让我们一起陪伴孩子，
用戏剧，
打开认识世界的另一扇窗。

2023 年 4 月

目录

小班

咕咚来了

设计、执教：黄冰青　杜　媛
指　　　导：陈丹鸿

活动缘起

图 1-1　《咕咚来了》封面

《咕咚来了》讲述的是：一个熟了的木瓜掉进湖里，小兔子听见“咕咚”一声，吓得边跑边喊“咕咚来了”，许多动物跟着跑了起来。可是“咕咚”究竟是个什么东西？谁都不知道，最后勇敢的狮子站了出来，去一探究竟——原来“咕咚”是一个木瓜。

故事充满悬念和趣味性，重复的情节和对话符合小班幼儿的年龄特点。在幼儿理解故事的基础上，我们将带领幼儿围绕绘本开展“故事学习和理解—剧本创编—戏剧创作—戏剧展演”等活动，帮助幼儿大胆想象和表现，促进幼儿语言交流、合作交往、动手操作、想象与创造，让幼儿在创意戏剧活动中体验成就感、自豪感和快乐。

预期活动目标

一、初步理解绘本故事的内容，了解故事的线索。

二、能在家长和教师的帮助下根据故事情节大胆创编剧本。

三、能根据剧本参与表演，熟悉所演角色的台词、动作、出场和退场顺序等，和同伴合作完成戏剧表演。

四、喜欢参加创意戏剧活动，感受与同伴共同表演角色的乐趣。

预设活动网络图

活动过程

第一阶段：剧本的产生

在创意戏剧活动开展前，教师向幼儿推荐了《咕咚来了》《彩虹色的花》《谁咬了我的大饼》等绘本，并组织幼儿阅读、讨论、投票，《咕咚来了》成了幼儿最喜欢的绘本。在阅读《咕咚来了》时，幼儿会边讲对话边做动作。

本阶段，教师将根据《咕咚来了》绘本开展系列活动，引导幼儿创编剧本。

活动一　咕咚来了

教学活动
语言·早期阅读

活动目标

· 认真阅读绘本，仔细观察画面，了解绘本的内容。

· 体验阅读和想象所带来的快乐，猜测“咕咚”是什么。

活动准备

· 材料投放：绘本《咕咚来了》人手一册。

活动过程

一、出示绘本《咕咚来了》的封面并导入故事，激发幼儿的阅读兴趣。

（一）引导幼儿观察封面，激发幼儿的阅读兴趣。

提问：封面上有谁？小兔子心情是什么样的？

（二）出示绘本第 2～7 页，导入故事。

引导语：宁静的湖边，一只小兔子在睡觉。突然“咕咚”“咕咚”两声，把小兔子惊醒了。小兔子竖起耳朵、瞪大眼睛，发觉四周静悄悄的。小兔子吓得大叫："不好了，不好了，咕咚来了，咕咚来了！"

提问：你们猜猜，"咕咚"是什么？是什么原因让小兔子这么害怕？

二、引导幼儿阅读绘本前半部分，理解绘本前半部分的故事。

（一）幼儿自主阅读绘本前半部分，感知故事内容。

引导语：可以和身边的好朋友轻声说一说书里发生了什么事。

（二）师幼共读绘本前半部分，理解故事内容。

1. 阅读第 8～9 页画面。

提问：小兔子大跑大叫，遇到了谁？小兔子是怎么跟狐狸说的呢？狐狸有什么反应？

2. 阅读第 10～11 页画面。

引导语：狐狸听了后，吓得跟小兔子一起跑，还碰到了其他的动物，让我们看看他们又碰到了谁吧！

提问：他们碰到了谁？他们是怎么跟小猴说的？小猴有什么反应？

3. 阅读第 12～13 页画面。

引导语：现在"咕咚"吓跑了三个动物了，森林里还有哪些动物会被"咕咚"吓跑呢？我们一起来看看！

提问：他们碰到了谁？他们是怎么跟狗熊说的？狗熊有什么反应？

三、引导幼儿阅读绘本后半部分，了解故事的后续发展。

引导语：接下来请小朋友们自己看绘本，被吓跑的队伍又碰到了哪些动物，增加了哪些成员呢？

提问：在动物们心里，"咕咚"是什么样子的？你们觉得狮子害怕"咕咚"吗？听了动物们的描述，狮子有没有被吓跑？他做了什么？

四、集体阅读绘本，感受结局的欢快。

提问：动物们最后都哈哈大笑，那这个"咕咚"到底是什么呢？

引导语：请宝贝们当小侦探，回到书本里找答案吧！今天回家后请爸爸妈妈和你们一起阅读绘本《咕咚来了》，帮助你们找答案。明天，请宝贝们带着你们的答案来告诉老师哦！

活动延伸

· 游戏活动：将绘本《咕咚来了》投放到语言区，供幼儿翻阅。

· 家园共育：请家长在家中与幼儿共同阅读绘本《咕咚来了》。

活动二　我是小编剧

教学活动
语言·讲述活动

活动目标

· 能说出最喜欢的故事角色及原因。

· 尝试创编故事的新角色和故事结局，大胆和同伴分享。

· 能倾听他人发言，并遵守轮流发言的规则。

活动准备

· 经验准备：幼儿已在家与家长共同阅读了绘本《咕咚来了》，初步了解了故事的角色，并对绘本中出现的动物有初步的了解。

· 材料投放：绘本《咕咚来了》。

活动过程

一、出示绘本《咕咚来了》，激发幼儿参与活动的兴趣。

提问：《咕咚来了》这本绘本的故事里有哪些角色？

二、引导幼儿说一说自己最喜欢的故事角色及原因。

（一）幼儿自由交流自己最喜欢的角色；教师倾听，了解幼儿的谈话情况。

引导语：你最喜欢哪个角色？请你和同伴交流一下，并说说你喜欢这个角色的原因。

（二）个别幼儿面向集体进行分享。

提问：你最喜欢的角色是谁，为什么？

三、鼓励幼儿讨论森林里还有哪些动物，引导幼儿尝试创编故事的新角色。

（一）幼儿自由交流森林里还有什么动物，教师倾听。

引导语：森林里除了这些动物，小兔子还可能会遇到谁？

（二）部分幼儿面向集体讲述自己创编的新角色及原因。

引导语：你的故事里新来了哪个动物？你为什么想把他编进故事里？

四、鼓励幼儿大胆猜想、讲述故事的结局。

引导语：发现“咕咚”原来是一个木瓜后，动物们可能会一起做什么事呢？让我们一起来想一想，说一说。

活动延伸

·游戏活动：在语言区投放故事绘本及故事围裙、纸偶，引导幼儿尝试讲述《咕咚来了》。

·家园共育：请家长与幼儿配合，设计剧本《咕咚来了》的封面。

图 1-2　亲子作品展示一

图 1-3　亲子作品展示二

图 1-4　亲子作品展示三

活动三　剧本创编、讲述

游戏活动
语言区

活动目标

·在教师帮助下，尝试用绘画、粘贴等方式，和同伴创编剧本。

·能讲述自己创编的剧本，提高语言表达能力。

活动准备

·经验准备：幼儿熟悉绘本《咕咚来了》的故事情节。

·材料投放：绘本《咕咚来了》、剧本底图、彩笔、剪刀、胶水等。

活动过程

一、提出操作要求。

（一）阅读《咕咚来了》。

要求：自主阅读绘本《咕咚来了》，进一步了解故事的主要角色及内容。

（二）创编剧本《咕咚来了》。

要求：在剧本底图的基础上，用绘画、粘贴等方式和同伴创编剧本。

（三）讲述创编后的剧本《咕咚来了》。

要求：讲述自己创编的剧本。

二、幼儿活动，教师观察指导。

观察要点：（1）幼儿能否根据故事内容创编剧本。（2）幼儿能否根据自己的意愿，用绘画、粘贴等方式创编剧本。（3）幼儿能否大胆与同伴分享交流自己创编的剧本。

第一阶段的反思

第一阶段活动中，幼儿在理解绘本故事情节的基础上，与教师、家长、同伴共同创编剧本。通过集中教学活动的师幼创编、家庭活动的亲子创编、区域游戏的幼幼合作创编，《咕咚来了》创意戏剧的剧本得以完成。为了让幼儿更自主地选择自己喜欢的剧本进行讲述，教师将这些剧本投放到语言区。幼儿在语言区能够按意愿选择自己喜欢的剧本，大胆地与同伴交流。

第二阶段：戏剧的创作

在戏剧创作阶段，教师将鼓励幼儿使用语言和肢体动作等自主、大胆地表现各动物出场时的样子、得知“咕咚”来了时的惊慌以及发现“咕咚”真相后的欢乐，同时通过环境创设、材料提供让幼儿自主参与戏剧游戏，以期在一系列的集中教学活动和区域活动中，不断丰富幼儿的生活经验、情感经验和表演经验。

活动一　小兔子

教学活动
语言·文学活动

活动目标

·能观察并描述小兔子的外形特征和基本的生活习性。

·能朗诵和表演儿歌《小兔子》。

活动准备

·经验准备：幼儿熟悉绘本《咕咚来了》，并知道小兔子是绘本里的角色。

·材料投放：小兔子图片和相关课件。

活动过程

一、出示小兔子图片，激发幼儿参与活动的兴趣。

提问：这是谁呀？你们在什么故事里见过它？

引导语：小兔子是第一个听到“咕咚”声音的动物。它走起路来蹦蹦跳跳的。

二、播放小兔子的相关课件，引导幼儿观察并描述它的外形特征和基本的生活习性。

（一）观察小兔子的外形特征。

提问：你眼中的小兔子是什么样子的呢？

（二）播放课件，引导幼儿找出小兔子爱吃的食物。

提问：图片里有哪些食物？哪些是小兔子喜欢吃的？

（三）播放课件，引导幼儿了解小兔子的生活习性。

提问：小兔子是怎么走路的？

三、引导幼儿欣赏、表演儿歌。

（一）引导幼儿了解儿歌内容。

引导语：小朋友说了很多小兔子的特征，老师把你们说的编成了一首好听的儿歌，儿歌的名字叫《小兔子》。小兔子，白又白，两只耳朵竖起来，爱吃萝卜和青菜，蹦蹦跳跳真可爱。

（二）组织男女生分组，边拍手边念儿歌。

（三）引导幼儿根据儿歌内容创编动作，表演儿歌。

活动延伸

· 游戏活动：（1）在语言区投放"儿歌编一编"的教具，鼓励幼儿尝试创编其他动物的儿歌。（2）在益智区投放各种形状的拼板，鼓励幼儿根据小兔子的特征进行拼搭活动。

活动二　创编动物儿歌

游戏活动
语言区

活动目标

· 能根据羊、鳄鱼、河马等动物的外形特征和生活习性创编儿歌，体验创编的乐趣。

活动准备

· 材料投放：儿歌展板、各种动物图片。

活动过程

一、介绍玩法和规则。

玩法：大胆思考并描述羊、鳄鱼、河马等动物的外形特征和生活习性；套用《小兔子》儿歌的节奏，大胆创编有关动物的儿歌。

规则：用绘画和符号记录想到的动物特征；将儿歌歌词粘贴在儿歌展板上，并大胆朗诵。

二、幼儿自主游戏，教师观察指导。

观察要点：（1）幼儿能否根据某种动物的特征大胆创编儿歌。（2）幼儿所创编的儿歌是否有一定的节奏。

图 1-5　幼儿作品一

（幼儿作品一：我是小羊，头发卷卷的，/软绵绵的身体，犄角弯弯的。/爱吃青草，长得白白的，/人见人爱，喜欢咩咩叫。）

图 1-6　幼儿作品二

（幼儿作品二：大鳄鱼，嗷嗷叫，/尖尖的牙齿尾巴长。/爱做运动爱游泳，/爬来爬去真快乐。）

图 1-7　幼儿作品三

（幼儿作品三：大河马，身体大，/短耳粗腿大嘴巴。/爱玩泥巴爱玩水，/勤洗澡来讲卫生。）

活动三　咕咚来了

教学活动
艺术·歌唱

活动目标

- 感受歌曲旋律，尝试创编歌词、演唱歌曲。
- 尝试运用“X X X X | X X X |”节奏创编歌词，体验创编的乐趣。

活动准备

- 材料投放：故事《咕咚来了》图片，音乐《小老鼠打电话》（伴奏），歌曲《咕咚来了》图谱。

活动过程

一、故事图片导入，激发幼儿的兴趣。

提问：图片里的小兔子怎么了？他在干吗？听到“咕咚”声音后，他做了什么事呢？一起来听一听。

二、引导幼儿倾听歌曲 A 段伴奏乐，帮助幼儿创编歌词。

（一）播放歌曲 A 段伴奏乐，组织幼儿讨论。

提问：（1）小兔子听到“咕咚”声音后，他是怎么说的？（2）小兔子描述的怪兽是什么样子的？

（二）根据幼儿回答，边演唱边出示相应图谱，帮助幼儿进一步感受歌曲旋律和歌词。

（三）引导幼儿学唱歌曲 A 段。

三、播放歌曲 B 段伴奏乐，组织幼儿讨论，帮助幼儿创编歌词。

（一）播放歌曲 B 段伴奏乐，引导幼儿感受“X X X X | X X X |”的节奏，组织幼儿讨论。

提问：（1）动物们是怎么问小兔子的？（2）小兔子是怎么回答的？

（二）根据幼儿回答，边演唱边出示相应图谱，帮助幼儿进一步感受歌曲节奏和歌词。

四、引导幼儿完整演唱歌曲，并尝试多形式演唱。

（一）引导幼儿学习完整演唱歌曲。

（二）鼓励幼儿分角色演唱歌曲。

（三）鼓励幼儿交换角色演唱歌曲。

（四）引导幼儿扮演小兔子和其他动物，学习表演唱。

活动延伸

· 游戏活动：（1）在表演区投放动物的头饰，鼓励幼儿大胆表演歌曲所表现的情节。（2）在语言区投放沙盘，引导幼儿边讲述歌词的故事情节边操作沙盘。

活动资料

咕咚来了（歌曲）

1 =F $\frac{2}{4}$ 　　根据歌曲《小老鼠打电话》改编

(5 0 5 0 | 1 1 1 | 5 0 5 0 | 2 2 2 | 2 4 3 2 4 3 | 1 1 1) |

A 段

1 3 3 0 | 5 5 3 0 | 1 3 1 3 1 3 | 5 5 3) | 4. 5 4 3 | 2 2 2 |

哎呀呀， 不好 啦， 好 像有只 大怪兽。

4 5 4 5 4 3 | 2 2 2) | 1. 2 3 4 | 5 5 6 | 5 3 0 | 4 2 0 | 2 3 2 | 1 – |

他 的声音 好可怕，咕咚 咕咚 他来 了。

B 段

X X X X | X X X | X X X X | X X X | X X X X | X X X |

兔子 兔子 怎么 了， 到底 发生 什么 事？ 不好 不好 快跑呀！

X X X X | X X X ‖

咕咚 马上 就来 了！

活动四 森林狂欢会

教学活动
艺术·韵律

活动目标

· 感受歌曲欢快的旋律，体验韵律活动的快乐。

· 能随乐运用动作进行表现，并在间奏处做拍手、跺脚、吃木瓜等合拍动作。

活动准备

· 材料投放：音乐《幸福拍手歌》（原唱、伴奏）。

活动过程

一、故事导入，激发幼儿学习邀请舞的兴趣。

引导语：原来“咕咚”是木瓜啊！虚惊一场后迎来的是动物们的捧腹大笑。他们想和木瓜宝宝们交朋友、做游戏，盛大的狂欢会马上要开始啦！

二、完整播放歌曲《幸福拍手歌》，引导幼儿理解歌曲中的声势节奏“X X”。

引导语：“咕咚”不是可怕的怪物，而是可爱的木瓜。吃木瓜真是一件很幸福的事情啊！

提问：你们觉得幸福的时候，可以做什么呢？

三、完整播放《幸福拍手歌》伴奏乐，引导幼儿用动作来表现乐曲中的声势节奏“X X”。

（一）完整播放伴奏乐，帮助幼儿熟悉乐曲旋律。

引导语：这是一件多么幸福的事情呀！我唱到“如果感到幸福你就……”的时候，你们就做出你们能想到的代表幸福的动作。

（二）循环播放伴奏乐，鼓励幼儿随乐曲节奏大胆创编自己喜欢的动作，替换原歌词内容。

请一个幼儿来创编歌词并歌唱，其他幼儿听他唱的内容来做对应的动作。

四、完整播放伴奏乐，引导幼儿用歌声和肢体语言表现乐曲。

引导语：让我们一起开心地唱起来、跳起来吧！（提醒幼儿在间奏处做合拍动作。）

活动延伸

· 游戏活动：鼓励幼儿在美工区使用美工材料装饰动物头饰。

活动资料

幸福拍手歌（歌曲）

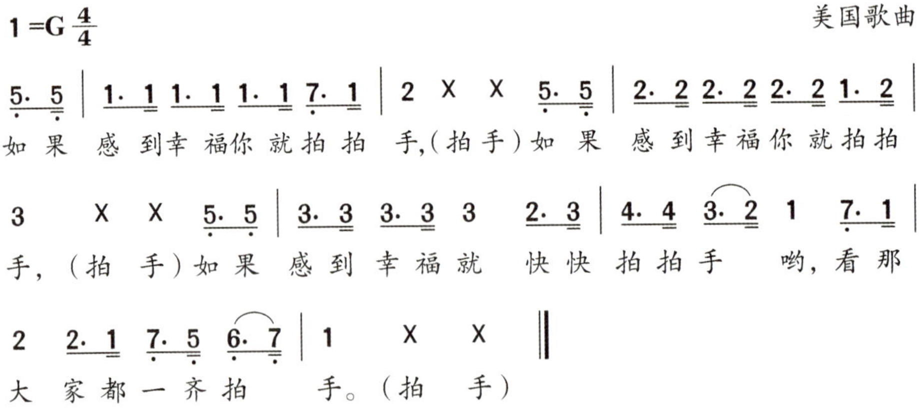

第二阶段的反思

在戏剧的创作阶段，教师组织幼儿分别在集中教学活动及家庭亲子活动中创编了戏剧《咕咚来了》中的歌曲，丰富了《咕咚来了》的剧本。教师还在集中教学活动和区域活动中引导幼儿设计了小兔子、羊、鳄鱼、河马等角色的出场白和表演动作，以及“森林狂欢会”等场景。家长的积极参与为整个戏剧活动提供了有力的支持。幼儿在本阶段中，语言表达能力、艺术表现力、想象力、创造力及审美能力都得到了提高。

第三阶段：戏剧的展演

“咕咚来了”创意戏剧活动已历时三个多月。在参与戏剧活动的过程中，幼儿渴望在舞台上呈现自己的表演。基于幼儿的心愿，我们开展了本阶段活动，鼓励幼儿竞选自己喜欢的角色，自制头饰和服装，自己设计海报和邀请函，邀请全园幼儿来观赏自己的演出，等等。

活动一　角色竞选准备

家庭活动

活动目标

· 能根据自己的意愿选择想要竞选的角色。

· 能为自己所要竞选的角色做好竞选准备。

活动准备

· 材料投放：“《咕咚来了》竞选报名表”。

指导要点

一、向家长介绍《咕咚来了》中的角色，发动家长与幼儿共同准备角色竞选。

二、请家长与幼儿交流幼儿想要竞选的角色。

三、请家长支持幼儿填写竞选报名表（详见“活动资料”），每名幼儿可选两个角色。

四、请家长指导幼儿针对自己所要竞选的角色做好竞选准备，包括自我介绍、竞选理由、与竞选角色相关的才艺展示等。

五、请家长根据自己竞选的角色（狮子）准备相关录像参与竞选，由幼儿现场为自己的家长拉票。

活动资料

《咕咚来了》竞选报名表

姓名：	座号：
角色 1	
角色 2	

活动二　我的角色我做主

教学活动
社会·自我成长

活动目标

· 能积极主动地参与角色竞选，在集体面前大胆讲述自己要竞选的角色及原因，并大胆演绎角色。

· 勇敢面对挑战，坦然接受竞选结果。

活动准备

· 经验准备：幼儿有过表演戏剧的经验，经历过角色竞选的活动，并已经事先选好、准备好自己想要演的角色。

· 材料投放：角色表，角色图片，幼儿照片和号数贴，家长竞选录像。

活动过程

一、师幼回顾幼儿在家的准备情况。

引导语：你们在家准备了自己喜欢的角色。你想扮演的是什么角色呢？那个角色有什么经典动作？

二、师幼共同讨论本次角色竞选的规则。

引导语：我们这学期的创意戏剧活动到了角色竞选的阶段了，在这一次角色竞选中，我们可以怎么做？

师幼共同讨论的规则如下：（1）一个人可以选两个想扮演的角色。（2）幼儿轮流上台讲述自己要竞选的角色及原因，并表演一段与角色相关的动作与台词。（3）观众支持哪个演员就将号数贴到他的照片下，选择完毕后，共同统计票数，人气最高的演员胜出。（4）同一角色得票相同的演员可再次竞选，观众再次投票，支持人数多者胜出。（5）第一轮没有被选上的演员，可继续选择自己心中想表演的第二个角色，参加随后的竞选。

三、组织幼儿根据角色顺序开始竞选，鼓励幼儿大胆参与竞选。

四、结合竞选情况，公布当选幼儿，培养幼儿“正确地看待自己，客观地评价别人”的心态。

五、播放家长竞选录像，由幼儿代表自己家长现场拉票，全体幼儿选出“狮子”的表演者。

活动延伸

· 游戏活动：引导幼儿在美工区制作戏剧邀请函。

活动三　制作角色头饰

游戏活动
美工区

活动目标

· 会使用绘画、剪裁、粘贴等方式制作头饰，提高艺术表现力。

活动准备

·材料投放：各角色图片，中间镂空的斗笠、鸭舌帽、发箍、酸奶盒、一次性纸碗、一次性纸盘、羽毛、毛根、吸管、彩带、叉子、颜料、双面胶、热熔胶、松紧带、不织布、海绵纸、卡纸等材料。

活动过程

一、介绍制作要求。

制作要求：(1) 观察角色的头部特征。(2) 根据自己的意愿，选择想要制作的角色头饰。(3) 根据角色的特征选择适合的材料，大胆制作。(4) 制作完成后将所有的材料都收拾好。

二、幼儿自主游戏，教师观察指导。

观察要点：(1) 幼儿能否根据角色的特征选择适合的材料制作头饰。(2) 头饰制作完成后，幼儿能否主动将剩余的材料收拾好。

图 1-8　幼儿作品一

图 1-9　幼儿作品二

活动四　装饰角色服装

家庭活动

活动目标

·能在家长的指导下，装饰自己扮演的角色的服装。

金教鞭

活动准备

· 材料投放：各种服装、装饰品。

指导要点

一、在班级微信群公布幼儿角色竞选的结果。

二、请家长根据幼儿扮演的角色，与幼儿协商如何装饰角色服装。

三、亲子合作装饰角色服装。

图 1-10　绵羊服装

图 1-11　木瓜服装

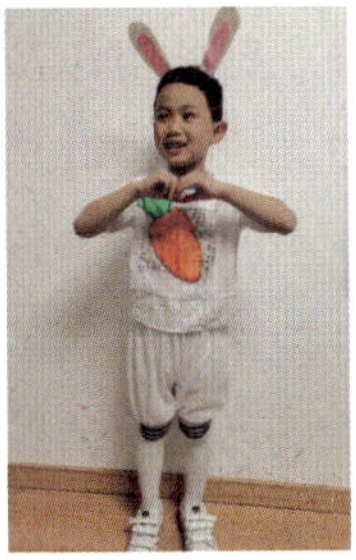

图 1-12　兔子服装

图 1-13　小鸟服装

图 1-14　鳄鱼服装

活动五　戏剧彩排

游戏活动
表演区

活动目标

· 能明确自己所扮演角色的台词、动作、出场顺序。

· 能与同伴讨论并确定出场顺序及站位。

· 能针对彩排中遇到的问题与同伴协商、讨论并解决问题。

活动准备

· 材料投放：剧目板，戏剧表演所需音乐，舞台表演背景，演出服装、头饰、道具，摄像机。

活动过程

一、师幼讨论应如何让戏剧展演顺利进行。

引导语：过几天我们就要进行最后的戏剧展演了，今天我们要来彩排，首先请小朋友们来说一说戏剧表演应该注意哪些问题。

小结：在戏剧表演之前小朋友们要戴好头饰、穿好服装、准备好道具，要熟悉自己所扮演的角色的台词、动作及出场顺序；表演时要知道自己从哪一边出场、从哪一边退场，要在台上大胆地表演；演出全部结束前，不能离开候场位置。

二、第一次彩排。

（一）幼儿跟随录制好的音乐进行彩排，教师录制幼儿彩排录像。

（二）幼儿观看教师回放的彩排录像，讨论彩排中遇到的问题及解决办法。

提问：你们在刚才的彩排中有哪些地方做得比较好？彩排中遇到了什么问题？可以怎么解决？老师发现刚才演员在出场和退场时容易碰在一起，怎么解决这个问题？

三、第二次彩排。

（一）针对第一次彩排中遇到的问题，师幼共同讨论，提出表演要求。

表演要求：（1）每个角色确定好出场位置，不能随意走动、离开所在位置。（2）演出过程中认真倾听音乐、观看同伴表演，快轮到自己出场时提前做好准备。（3）在舞台上演员之间不要站得太近。（4）表演过程中眼睛看观众，大胆地表演。

（二）第二次彩排。

（三）师幼共同回忆第二次彩排情况，提出问题及解决办法。

提问：你们在这一次的彩排中有哪些进步的地方？还发现了什么问题？可以怎么解决？

活动六　戏剧巡演

游戏活动
表演区

活动目标

·明确自己要扮演的角色，熟悉戏剧里所有的歌曲和舞蹈。

·愿意参加巡演活动，知道在巡演时要与同伴、观众有表情及动作等方面的互动。

活动准备

·材料投放：戏剧表演所需音乐，演出服装、头饰、道具，邀请函。

活动过程

一、师幼讨论此次巡演的准备事项、目的与要求。

（一）师幼讨论巡演的准备事项与目的。

引导语：今天我们的创意戏剧《咕咚来了》要进行全园巡演，你们知道巡演前要做什么准备吗？我们为什么要巡演？

小结：在巡演前，我们要规划巡演路线，熟悉如何穿脱演出服。巡演是为了让全园的老师和小朋友喜欢上我们的戏剧。我们要发放邀请函，邀请大家来观看我们的戏剧展演。

（二）师幼讨论巡演的要求。

巡演要求：（1）在巡演时要与同伴、观众有表情及动作等方面的互动。（2）知道演出时间，每到一个班级表演之后，需发放邀请函邀请教师、幼儿来观看戏剧表演。

二、幼儿在教师、同伴的帮助下按照自己竞选的角色进行装扮。

三、师幼按照预设的路线进行巡演活动；巡演的过程中教师引导幼儿大胆表现自己，并及时向其他班级教师、幼儿发放邀请函。

四、巡演结束，师幼讨论巡演中的问题，并想办法解决。

提问：在巡演的过程中，你们有遇到困难吗？发现了什么问题？可以怎么解决呢？

活动七　展演开始啦

游戏活动
表演区

活动目标

·熟悉所演角色的台词、动作、出场顺序等，和同伴合作完成戏剧表演任务。

·能借助标志、音乐等提示，有序地进行戏剧表演。

·表演时声音清楚、响亮，动作大方。

活动准备

·材料投放：幼儿接受采访以及参与创意戏剧活动的录像片段，课件，戏剧表演所需音乐，舞台表演背景，演出海报，演出服装、头饰、道具，奖品。

·环境创设：布置戏剧展示台，摆放幼儿作品等。

活动过程

一、幼儿用自己制作的服装、头饰、道具装扮自己，做好展演的准备。

二、播放幼儿接受采访以及参与创意戏剧活动的录像片段。

三、教师结合课件介绍创意戏剧活动的开展历程。

四、创意戏剧《咕咚来了》正式展演。

五、举行颁奖典礼，为每一个参演的幼儿颁奖。

第三阶段的反思

这一阶段，幼儿已经了解各个角色的性格特点和对话，在角色竞选的时候，能够明确知道自己要选什么角色、为什么要选择这个角色、这个角色在表演的时候有什么台词和动作等。角色竞选时，幼儿能够利用动作和语言大胆演绎。幼儿通过全员投票的方式，公平公正地选出每个角色的人选。在掌握情节的基础上，幼儿能各司其职地设计自己的头饰和服装；家长也参与这个过程，增强了亲子间的协作。幼儿在设计过程中，使用的材料各不相同。有的幼儿收集基础材料进行设计，有的幼儿收集半成品进行设计，无论是哪种，都充分体现了幼儿的创造性。教师将戏剧的彩排放在了表演区中进行。起初，彩排出现了音量过大、秩序混乱的问题。针对该问题，幼儿展开讨论、寻求解决方案，最终实现了自主有序表演，呈现出属于他们自己的独一无二的戏剧。通过这一系列的活动，幼儿在合作能力、理解能力、动手能力、表现能力、想象力和创造力等方面都得到了提升，还体验到努力完成戏剧表演所带来的成功与愉悦。

活动网络图

第一阶段：剧本的产生

（1）教学活动：咕咚来了（语言·早期阅读）
（2）教学活动：我是小编剧（语言·讲述活动）
（3）游戏活动：剧本创编、讲述（语言区）

第二阶段：戏剧的创作

（1）教学活动：小兔子（语言·文学活动）
（2）游戏活动：创编动物儿歌（语言区）
（3）教学活动：咕咚来了（艺术·歌唱）
（4）教学活动：森林狂欢会（艺术·韵律）

第三阶段：戏剧的展演

（1）家庭活动：角色竞选准备
（2）教学活动：我的角色我做主（社会·自我成长）
（3）游戏活动：制作角色头饰（美工区）
（4）家庭活动：装饰角色服装
（5）游戏活动：戏剧彩排（表演区）
（6）游戏活动：戏剧巡演（表演区）
（7）游戏活动：展演开始啦（表演区）

参考剧本

第一幕　可怕的“咕咚”

场景：森林里。

〔一天，太阳公公伸着懒腰起来啦。在阳光明媚的森林里，一群可爱的小兔子迈着轻快的步伐，蹦蹦跳跳地来了。他们一会和小花拥抱，一会和小草跳舞。〕

〔报幕员 1、报幕员 2 出场。〕

报幕员 1：冬天过去了，春天来了，小草绿啦，花儿开啦。

报幕员 2：快看呀，池塘边来了一群可爱的小兔子。

报幕员 1：对呀，小兔子们玩累了，在池塘边的大树下呼呼大睡。突然，美梦被惊醒，一件奇怪的事发生了！

报幕员 2：啊？是什么事情呢？我们快去看看吧！

报幕员 1 ：请欣赏第一幕“可怕的‘咕咚’”。

〔报幕员 1、报幕员 2 退场。背景音乐响起，大树、小花出场，一边做动作一边念台词。〕

小花：咦，可爱的小兔子们在哪儿呢？

大树：快看呀，在那儿呢！

〔背景音乐响起，小兔子们一边念儿歌，一边出场。〕

众小兔子：小兔子，白又白，两只耳朵竖起来，爱吃萝卜和青菜，蹦蹦跳跳真可爱。

小兔子 1：快看，那边有一个小池塘，还有一棵大树！

小兔子 2：对呀对呀，好适合睡懒觉啊，我们一起去午睡一会儿吧！

众小兔子：好呀好呀。

〔小兔子们在池塘边睡觉。突然“咕咚”一声，小兔子们被惊醒。〕

小兔子 3：呀！什么声音？你们听到了吗？

众小兔子：听到了，听到了！

小兔子 4：好像是“咕咚”来了！

众小兔子：啊！好可怕啊，“咕咚”来了！快跑！

〔背景音乐响起，小兔子们做跑的动作，退场。大树、小花退场。〕

第二幕 “咕咚”是什么？

场景：森林里。

〔森林里的宁静被打破，一群惊慌失措的小兔子在奔跑。〕

〔报幕员1、报幕员2出场。〕

报幕员2：小兔子睡觉睡得好好的，怎么吓得都跑啦？

报幕员1：好像他们遇到了一件奇怪的事情呢，你们想知道发生了什么事情吗？

报幕员2：让我们一起去看看吧！

报幕员1：请欣赏第二幕“‘咕咚’是什么？”。

〔报幕员1、报幕员2退场。背景音乐响起，小狐狸一边念儿歌，一边做动作出场。〕

小狐狸：小狐狸，笑眯眯，尾巴红红像火苗，爱吃葡萄和烧鸡，聪明伶俐真有趣。

〔背景音乐响起，小兔子出场。〕

小兔子：小狐狸，“咕咚”来了！快跑！

〔背景音乐响起，小鸟一边念儿歌，一边做动作出场。〕

小鸟：小小鸟，真可爱，一对翅膀飞呀飞，爱吃虫子爱做窝，叽叽喳喳飞鸟巢。

小狐狸：“咕咚”来啦！

小狐狸、小鸟：不好啦！“咕咚”来了！快跑！

〔背景音乐响起，小羊一边念儿歌，一边做动作出场。〕

小羊：我是小羊，头发卷卷的，软绵绵的身体，犄角弯弯的。爱吃青草，长得白白的，人见人爱，喜欢咩咩叫。

小鸟：“咕咚”来啦！

小鸟、小羊：不好啦！“咕咚”来了！快跑！

〔背景音乐响起，鳄鱼一边念儿歌，一边做动作出场。〕

鳄鱼：大鳄鱼，嗷嗷叫，尖尖的牙齿尾巴长。爱做运动爱游泳，爬来爬去真快乐。

小羊：“咕咚”来啦！

小羊、鳄鱼：不好啦！“咕咚”来了！快跑！

〔背景音乐响起，小猪一边念儿歌，一边做动作出场。〕

小猪：我是小猪胖乎乎，耳朵大大腿儿粗，尾巴翘翘肚子鼓，爱打瞌睡爱做梦，唱起歌来呼噜噜。呼噜噜噜噜，呼噜噜噜噜，我就是小猪。

鳄鱼：“咕咚”来啦！

鳄鱼、小猪：不好啦！“咕咚”来了！快跑！

〔背景音乐响起，河马一边念儿歌，一边做动作出场。〕

河马：大河马，身体大，短耳粗腿大嘴巴。爱玩泥巴爱玩水，勤洗澡来讲卫生。

小猪：“咕咚”来啦！

小猪、河马：不好啦！“咕咚”来了！快跑！

〔背景音乐响起，狮子做着动作出场。〕

狮子：我就是勇敢的森林之王，没有人比我强，你们说对吗？哈哈哈哈！

狮子：奇怪，奇怪，真奇怪！今天森林里发生了什么大事？大家怎么都慌慌张张地跑？动物们，快来告诉我，到底发生了什么事？

众动物：“咕咚”来啦！

狮子：河马，河马，你快来告诉我“咕咚”长什么样？

河马：我不知道呀，是小猪告诉我的！

小猪：我也不知道呀，是鳄鱼告诉我的！

鳄鱼：我也不知道呀，是小羊告诉我的！

小羊：我也不知道呀，是小鸟告诉我的！

小鸟：我也不知道呀，是小狐狸告诉我的！

小狐狸：我也不知道呀，是小兔子告诉我的！

小兔子：“咕咚”，“咕咚”，“咕咚”好可怕！我在池塘边睡觉，突然听到了“咕咚”的声音，可是我，我没看清他的样子！

狮子：大家不要怕，我会保护你们的，我们一起去池塘边看看！

众动物：好！

〔狮子带着动物们退场。〕

第三幕　虚惊一场

场景：池塘边。

〔报幕员 1、报幕员 2 出场。〕

报幕员 2：狮子带着动物们浩浩荡荡地来到池塘边，来看看“咕咚”究竟是什么。

报幕员 1：动物们找啊找，找啊找，他们能找到“咕咚”吗？

报幕员 2：“咕咚”到底是什么呢？

报幕员 1：让动物们给我们揭晓答案吧。

报幕员 2：请欣赏第三幕“虚惊一场”。

〔报幕员 1、报幕员 2 退场。背景音乐响起，动物们出场，来到池塘边。〕

狮子：“咕咚”在哪儿呢？我怎么没看到？

众动物：对呀对呀！

〔忽然，风婆婆又吹起了一阵风，木瓜树上突然掉下了一个大木瓜，“咕咚”一声巨响！木瓜掉进了池塘里，溅起了好多水花。这声音又把动物们吓了一跳。大家认真往水里一看，哈哈，原来“咕咚”就是木瓜。〕

小兔子：快看，那就是“咕咚”！

众动物：哈哈哈哈——原来，“咕咚”就是木瓜啊！

小狐狸：我们快到那边去看看，我看到树上还有好多好多木瓜呀！

众动物：好呀好呀！

〔报幕员 1、报幕员 2 出场。〕

报幕员 1：原来“咕咚”就是大木瓜呀！

报幕员 2：真的太搞笑了！

报幕员 1：瞧，森林里好热闹呀，盛大的狂欢会马上要开始了。

报幕员 2：那还等什么，我们也快快去凑个热闹吧！

〔报幕员 1、报幕员 2 退场。音乐响起，可爱的木瓜宝宝一边做动作，一边出场。木瓜宝宝越变越大，狮子爬上了树，挑选成熟的木瓜，成熟的木瓜掉落在池塘里。〕

〔音乐响起，木瓜宝宝在池塘里快乐地跳舞。〕

狮子：木瓜宝宝好可爱呀，我们一起找木瓜宝宝开狂欢会吧！

众动物：好呀好呀！

〔音乐响起，动物们和木瓜宝宝一起开心地唱呀、跳呀，一起开心地做游戏。音乐停，众演员谢幕，退场。〕

好喝的汤

设计、执教：高燕英　陈　路
指　　导：张美洁

活动缘起

图 2-1　《好喝的汤》封面

绘本《好喝的汤》讲述的故事是：有一只猪想喝萝卜汤，他在家里熬好了汤底，外出拔萝卜去了。小动物们纷纷跑到小猪的家，往汤里加上一样自己喜欢的食物。小猪回家后，一边好奇是谁在汤里加东西，一边把拔回来的萝卜放进锅里，熬成了一锅好喝的汤，最后邀请所有的小动物品尝。

该绘本故事情节生动有趣，动物形象可爱、憨厚，对话重复且趣味十足，深受幼儿的喜爱。以这一绘本为材料开展的戏剧活动中，我们将在幼儿理解绘本故事情节的基础上，引导幼儿以“友爱”“分享”为主题，以“爱喝汤的小猪—小动物煮汤—分享美味的汤”为主线，改编故事内容、丰富角色形象，并引导幼儿通过丰富的语言、肢体律动等方式演绎戏剧《好喝的汤》。

预期活动目标

一、愿意在集体面前大胆表达自己的想法，能用自己喜欢的方式扮演角色。

二、了解故事中的角色、对话以及情节，能根据线索丰富故事情节与对话，在教师和家长的帮助下创编简单的剧本。

三、能按照角色的出场顺序，运用语言、动作、表情等，与同伴合作表演戏剧。

四、喜欢参加表演活动，感受与同伴共同表演的乐趣。

预设活动网络图

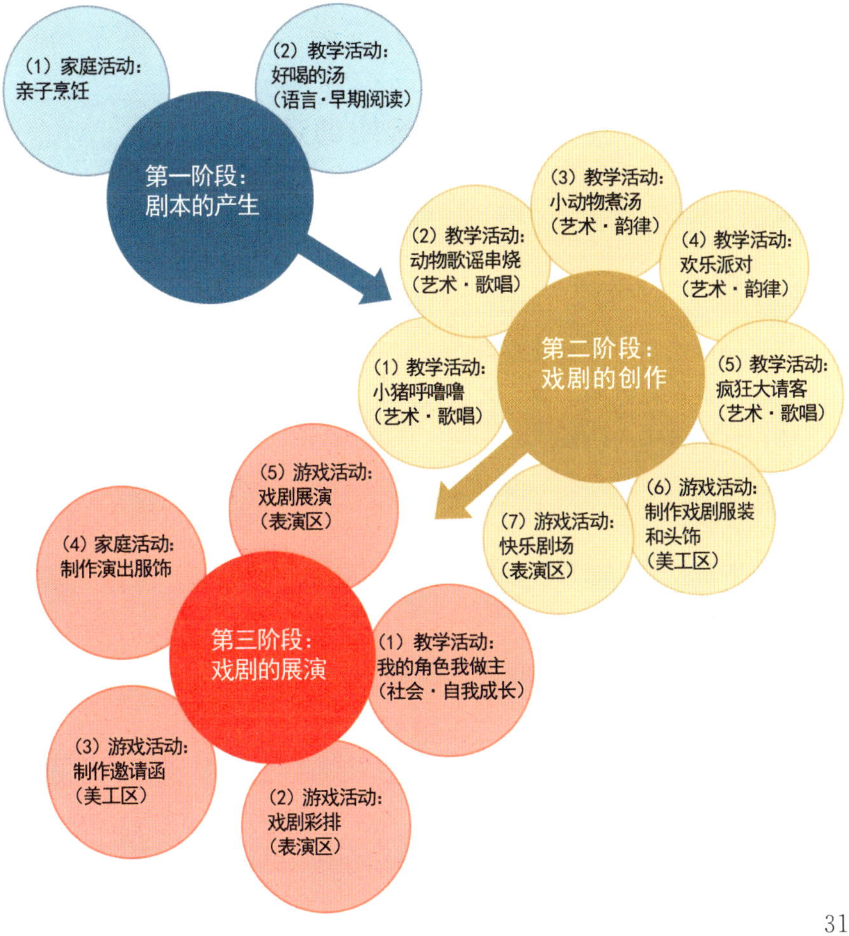

活动过程

第一阶段：剧本的产生

在戏剧活动开展之前，教师发出倡议，鼓励家长采购并烹饪绘本《好喝的汤》里的相关食材，帮助幼儿丰富相关的知识与经验。

小动物们来到小猪家后发生了什么事呢？他们分别往汤里加了什么东西呢？围绕绘本的主线，教师要求家长与幼儿展开一番讨论，引导幼儿创编富有特色的个人剧本。家庭活动后，教师将引导幼儿欣赏亲子共同创编的剧本。

随后，教师将通过集中教学活动引导幼儿自主阅读绘本，并组织幼儿在语言区以贴图的形式创编角色的出场顺序、台词与动作等，丰富剧本内容，同时将创编的内容表演给同伴看。最后，师幼共同确定戏剧内容。

活动一　好喝的汤

教学活动
语言·早期阅读

活动目标

· 认真阅读绘本，仔细观察画面，猜测小动物们各自喜欢吃的食物。
· 学说“是谁在煮汤？放××进去吧，一定很好喝！”。
· 体验分享带来的快乐。

活动准备

· 经验准备：(1) 幼儿已自主阅读绘本《好喝的汤》。(2) 幼儿与家长一起采购过相关食材，制作过喜欢的汤。
· 材料投放：绘本《好喝的汤》人手一册。
· 环境创设：利用食材、锅灶等玩具营造厨房的环境。

活动过程

一、导入故事，激发幼儿的阅读兴趣。

（一）引导幼儿回忆喝汤的经验，导入活动。

提问：你最喜欢喝什么汤？它是什么味道的？

（二）出示绘本《好喝的汤》，激发幼儿的阅读兴趣。

提问：图片上有谁，他们在干什么？他们的心情是什么样的？

二、引导幼儿阅读绘本第2～15页，初步理解故事内容。

（一）幼儿自主阅读绘本第2～15页，感知故事内容。

引导语：可以和身边的好朋友轻声说一说书里发生了什么事。

（二）出示绘本第2～15页，引导幼儿理解故事内容并学习故事中的角色语言。

1. 提问：（1）小猪想吃什么，他说了什么话？（2）谁来了，他想放什么东西进去？（3）最后谁回来了，他带了什么回来？小动物们把食物放进汤里时说了一句什么话？

2. 学习故事中的角色对话“是谁在煮汤？放××进去吧，一定很好喝！”。

三、引导幼儿阅读第16～17页，猜测故事的后续发展。

提问：最后汤煮好了，小猪会怎么做呢？

四、集体完整阅读绘本，感受小动物们相亲相爱的美好情感。

（一）幼儿自主完整阅读。

（二）师幼共读。

提问：在生活中，你们会和好朋友分享吗？你会分享什么给大家呢？

活动延伸

· 游戏活动：将绘本《好喝的汤》投放到阅读区，引导幼儿自主阅读。

· 家园共育：引导家长与幼儿共读绘本《好喝的汤》，帮助幼儿熟悉故事内容。

活动二　编剧本《好喝的汤》

游戏活动
语言区

活动目标

· 能根据教师提供的图片，简单创编、讲述剧本内容。

· 乐于与同伴分享，大胆讲述。

活动准备

·经验准备：幼儿在家里已有创编故事的经验。

·材料投放：自制操作底板，各种小动物图片、食材图片、表情图片、动作图片。

活动过程

一、介绍游戏玩法。

玩法：（1）按照自己创编的剧本的角色出场顺序、动作、表情等，在操作底板上贴出相应的小动物图片、食材图片、表情图片和动作图片，并尝试看着图片将相关内容讲述出来。（2）看着图片将剧本内容现场表演给同伴看，进一步熟悉剧本内容，练习角色台词，体验分享的快乐。

二、幼儿游戏，教师观察指导。

观察要点：（1）幼儿能否按照剧本中的角色出场顺序、动作、表情等来贴相应的图片。（2）幼儿是否一条一条地讲。（3）幼儿讲述和表演结束后能否将操作底板上的图片归回原位。

图 2-2　在操作底板上贴图

图 2-3　贴图完成，准备讲述和表演

三、幼儿分享创编情况，师幼评价。

引导语：你创编的剧本中小动物在干什么？请你来说一说。

四、师幼通过投票的方式共同决定戏剧的内容，具体如下。

第一幕：爱喝汤的小猪。

第二幕：小动物煮汤。

第三幕：分享美味的汤。

第一阶段的反思

本阶段，幼儿初步了解了故事情节，感受了故事中小动物们相亲相爱的美好情感。在理解故事内容的基础上，幼儿在语言区借助各种小动物图片、食材图片、表情图片、动作图片等，创编小动物的出场顺序、动作和表情，大胆模仿故事中角色的台词，不断改编与丰富剧本内容，使剧本《好喝的汤》趋于完善。

第二阶段：戏剧的创作

本阶段，教师将基于小班幼儿的年龄特点，与幼儿一起创编剧本，设计各种动物的出场动作和语言。教师计划借助《小猪睡觉》《十个印第安人》等歌曲，引导幼儿在倾听、感受的基础上，学唱歌曲，并替换歌词，将歌曲与剧中情节巧妙结合起来，让每个动物的出场表现有明显的角色特征。教师还计划利用《一起同行》《请你和我跳个舞》等歌曲，鼓励幼儿使用肢体动作自由大胆地表现锅煮汤的情景，引导幼儿和同伴一起跳邀请舞，表现随乐庆祝的情景。最后，教师将以区域活动的形式引导幼儿制作和装饰戏剧角色的有关服装和头饰。

活动一　小猪呼噜噜

教学活动
艺术·歌唱

活动目标

· 感受歌曲欢快的旋律，理解歌词的内容。
· 能用自然的声音和欢快的情绪演唱歌曲。

活动准备

· 经验准备：幼儿已初步了解小猪的外形特征。

· 材料投放：音乐《小猪睡觉》及图谱，小猪头饰若干。

活动过程

一、演唱歌曲《小猪睡觉》，引导幼儿欣赏并感受歌曲欢快的旋律。

提问：大家听完了歌曲，感觉怎么样？

二、借助图谱，帮助幼儿理解歌词内容。

（一）帮助幼儿逐句学习歌词，并理解歌词内容。

提问：（1）咕噜噜噜噜，小猪在干什么？（2）歌曲里的小猪做了哪些动作呢？

（二）出示图谱，帮助幼儿熟悉歌词。

（三）带领幼儿跟随歌曲的节奏朗诵歌词。

三、运用多种方式引导幼儿学唱歌曲。

（一）引导幼儿随乐轻声跟唱。

（二）带领幼儿按照图谱完整歌唱。

四、替换前两句歌词。

（一）引导幼儿替换歌词，体验创编歌曲的快乐。

提问：小猪肚子饿了，想要吃什么？小猪肚子饿了，会发出什么声音？和小猪睡觉的声音一样吗？那我们一起试试把替换掉的歌词唱出来吧！（将原歌词“小猪吃得饱饱，闭上眼睛睡觉”替换为“小猪肚子好饿，想要煮碗汤喝”。）

（二）组织幼儿跟随钢琴声，用自然的声音跟唱。

五、幼儿自主装扮，进行歌表演，体验边唱边表演的快乐。

（一）邀请几名幼儿佩戴小猪头饰扮演小猪，进行演唱。

引导语：唱“小猪肚子好饿”“大耳朵在扇扇”“小尾巴在摇摇”时，我们可以做什么动作呢？

（二）组织幼儿分组讨论并演唱歌曲片段，启发幼儿唱“咕噜噜噜噜”的时候表现出惊讶的表情。

（三）幼儿分组展示，大胆表现歌曲。

活动延伸

· 游戏活动：（1）将音乐《小猪睡觉》、图谱及小猪头饰投放在音乐区，引导幼儿自主表演唱。（2）在美工区投放纸杯、卡纸、马克笔等，鼓励幼儿制作可爱的小猪纸杯。

活动资料

小猪睡觉（歌曲）

1 =C $\frac{2}{4}$

刘明将　词曲

（5 1̇　5 3 | 5 1̇　5 3 | 5 1　3 2 | 1　1 ）| 3 5　3 5 | 1̇　5 |

小猪　吃得　饱　饱，

3 5 3 5 | 1̇　5 | 6 1̇ 1̇ 6 | 5　3 | 6 1̇ 1̇ 6 | 5　3 | 5 5 5 5 1̇ 0 |

闭上眼睛　睡　觉，　大耳朵在　扇　扇，　小尾巴在　摇　摇，　咕噜噜噜噜，

5 5 5 5 1̇ 0 | 5 1̇　5 3 | 5 1̇　5 3 | 5 1　3 2 | 1　1 ‖

咕　噜　噜　噜　噜，　咕　噜　咕　噜　咕　噜　咕　噜，小　尾　巴　在　摇　摇。

小猪睡觉（替换歌词后的图谱）

活动二　萝卜长大了

教学活动
艺术·韵律

活动目标

· 感受乐曲的旋律，了解乐曲 AB 结构，能随乐有节奏地做动作。

· 能迁移生活经验，随乐用动作表现萝卜长大的过程。

活动准备

· 经验准备：幼儿已初步了解萝卜生长的过程。

· 材料投放：音乐《花花仙童》。

· 环境创设：创设“小猪的快乐菜园”。

活动过程

一、引导幼儿完整欣赏乐曲，初步感受乐曲的欢快旋律。

（一）故事情境导入。

引导语：小猪的菜园里种了很多萝卜，小猪经常给萝卜浇水、施肥，萝卜慢慢地长大了。

（二）完整播放乐曲，引导幼儿初步感受乐曲的欢快旋律。

提问：乐曲带给你什么样的感觉？萝卜感到快乐时会做什么呢？

二、播放A段乐曲，引导幼儿倾听乐曲的欢快旋律，感受萝卜长大的过程。

（一）幼儿听A段乐曲，跟随乐曲节奏自由表现萝卜长大的动作。

提问：萝卜是怎样慢慢长大的？

（二）幼儿随乐重复表演。

三、播放B段乐曲，引导幼儿随乐合拍表现小猪选萝卜的情景。

（一）随乐示范表演，鼓励幼儿学习两两合作。

提问：萝卜成熟了，萝卜是怎么请小猪选自己的？小猪又是怎样选萝卜的呢？

（二）播放乐曲，引导幼儿两两结伴，自由表现小猪选萝卜的情景。

提问：你觉得萝卜被选中后心情怎么样？

（三）再次播放乐曲，引导幼儿有节奏地做动作。

四、完整播放乐曲，引导幼儿根据不同的乐句大胆用动作表现小猪和萝卜。

（一）引导幼儿分清乐句，了解动作的先后顺序。

引导语：小猪是什么时候出场呢？

（二）共同梳理动作顺序。

引导语：我们一起听着乐曲，完整地表现这个有趣的情景吧！

动作：萝卜出场，拍手，长大（重复四次长大造型）。小猪出场，把手放在额头上左看看、右瞧瞧，萝卜呐喊“选我选我”，小猪选中谁就拍谁的肩膀。

活动延伸

· 游戏活动：将音乐《花花仙童》投放在音乐区，鼓励幼儿自主表现。

· 家园共育：请家长引导幼儿随乐玩“萝卜长大了”的游戏，帮助幼儿熟悉乐曲，掌握节奏。

活动资料

花花仙童（乐曲）

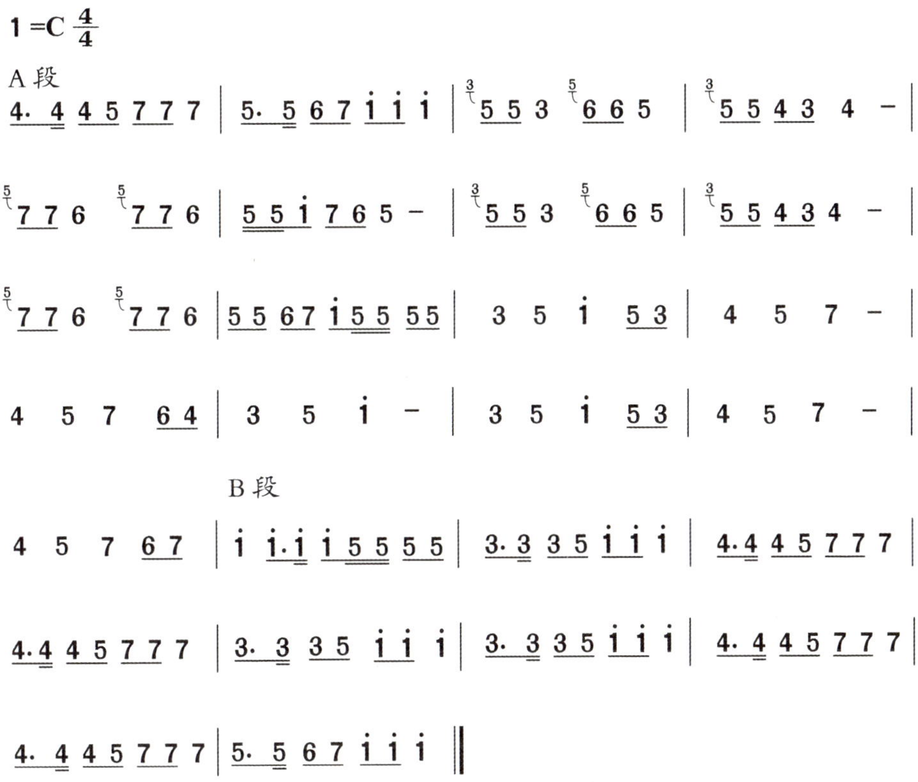

活动三　动物歌谣串串烧

教学活动
艺术·歌唱

活动目标

·能迁移生活经验，用动作表现不同动物的出场造型。

·感受歌曲欢快的旋律，体验演唱歌曲的乐趣。

活动准备

·经验准备：幼儿听过《十个印第安人》的音乐。

·材料投放：音乐《十个印第安人》（伴奏），小猫、小鸡、小兔、小鸭、小老鼠的图片和头饰若干，歌曲《动物歌谣串串烧》图谱。

活动过程

一、引导幼儿倾听乐曲《十个印第安人》。

引导语：这是我们已经听过的乐曲《十个印第安人》，今天我们要把《好喝的汤》里的小动物编进音乐里，我们先一起来听一听乐曲吧。

二、引导幼儿自选故事中的小动物角色，模仿小动物的声音。

（一）引导幼儿根据旋律，模仿各种小动物的声音。

提问：小动物们会发出什么声音呢？

（二）引导幼儿根据故事的发展，思考小动物出场会说些什么。

提问：小猫出场会怎么自我介绍呢？他发现一口大锅会想什么呢？

（三）师幼梳理提升，小结小猫的出场语言。

小结：我是一只可爱的小猫，喵喵喵喵，可爱的小猫。你们猜猜，我喜欢吃什么？

三、依次出示故事中的小动物图片，引导幼儿创编小动物的出场语言并跟随教师轻唱。

引导语：《好喝的汤》里还有好多的小动物，我们也像创编小猫歌词那样把他们编进歌曲里。

（一）逐一出示其他小动物的图片，引导幼儿按顺序创编歌词。

（二）幼儿尝试边看图谱边跟随教师轻唱，体验创编的快乐。

四、引导幼儿自主选择头饰并戴好，集体交流、展示，体验表演的快乐。

（一）幼儿分组随乐表演。

（二）幼儿集体随乐表演。

活动延伸

·游戏活动：将音乐《十个印第安人》（伴奏）及小动物头饰投放在音乐区，鼓励幼儿自主表演。

活动资料

动物歌谣串串烧（图谱）

活动四　小动物煮汤

教学活动
艺术·韵律

活动目标

·感受乐曲欢快、活泼的旋律，能随乐曲节奏表现锅煮汤的过程。

·掌握乐曲的节奏，学说“煮，煮，煮一煮”。

活动准备

·经验准备：幼儿看过汤在锅里沸腾时的录像或实景。

·材料投放：音乐《一起同行》（景山将太作曲）。

活动过程

一、倾听乐曲，感受乐曲活泼、欢快的旋律。

提问：听一听，乐曲让你感觉怎么样？

二、初步尝试随乐用肢体动作表现锅煮汤的情景。

（一）幼儿尝试自主创编锅煮食物的动作。

提问：煮一锅美味的汤，你觉得锅会做什么动作呢？

（二）鼓励幼儿尝试不同的动作，并随乐有节奏地舞动。

提问：你还会用什么动作表示快乐的锅呢？

三、随乐大胆地用肢体动作表现锅煮汤的情景，大声说出“煮，煮，煮一煮”的短句。

引导语：让我们一边念“煮，煮，煮一煮”，一边舞动起来吧！

四、随乐完整表现。

引导语：请小朋友们围成一个圆，变成一个大大的锅，听着音乐玩一玩有趣的“煮汤”游戏吧。

活动延伸

·游戏活动：在表演区投放音乐《一起同行》，鼓励幼儿大胆表现锅煮各种食材的情景。

· 家园共育：请家长与幼儿共同玩“煮汤”游戏，引导幼儿创编煮汤的动作，并用拍照的方式记录下来。

活动五　欢乐派对

教学活动
艺术·韵律

活动目标

· 倾听歌曲欢快的旋律，能随乐有节奏地做叉腰、拍手、跺脚等动作。
· 初步了解邀请舞的特点，学会听音乐找朋友。
· 能与同伴用动作进行交流，体验与同伴一起舞蹈的快乐。

活动准备

· 经验准备：幼儿已学会歌曲《请你和我跳个舞》。
· 材料投放：音乐《请你和我跳个舞》。

活动过程

一、播放歌曲，引导幼儿感受歌曲活泼、快乐的旋律。

引导语：听完歌曲后你们想邀请好朋友和你跳个舞吗？快行动起来吧！

二、再次播放歌曲，鼓励幼儿自主设计、表现邀请舞的动作。

三、提升动作，组织幼儿一起练习。

（一）教师与配班教师以角色身份随乐表演邀请舞，引导幼儿观察教师有节奏地叉腰、拍手、跺脚等动作。

提问：老师在邀请对方时做了哪些动作？

（二）幼儿跟随教师随乐练习。

四、带领幼儿随乐集体跳邀请舞。

五、引导幼儿随乐自由找舞伴跳邀请舞。

引导语：今天我们要开一个欢乐派对，让我们一起邀请好朋友开心地唱起来、跳起来吧！

活动延伸

·游戏活动：将音乐《请你和我跳个舞》投放在表演区，鼓励幼儿自主游戏。

·家园共育：鼓励家长与幼儿共同跳邀请舞，帮助幼儿熟悉歌曲、掌握节奏。

活动六　疯狂大请客

教学活动
艺术·歌唱

活动目标

·感受歌曲活泼、欢快的旋律，理解歌词内容。

·能说准确其中的闽南话“好呷”“真好呷”。

·能在集体面前大胆演唱，感受歌唱活动的快乐。

活动准备

·材料投放：音乐《疯狂大请客》及图谱。

活动过程

一、倾听歌曲，感受歌曲欢快的旋律。

提问：这首歌曲的旋律听起来让人感觉怎么样呢？

二、找出歌曲中独特的歌词，感受歌曲的趣味。

引导语：“好呷”“真好呷”唱起来是不是跟平时我们唱的不太一样呢？这是闽南语，我们一起找找看这句歌词会在歌曲的什么地方出现。

（一）鼓励幼儿尝试跟随教师练习闽南语“好呷”“真好呷”的发音。

（二）引导幼儿随乐轻声演唱，在“好呷”“真好呷”的歌词处大声演唱。

三、尝试找出歌曲中的其他歌词并学唱歌曲。

（一）根据幼儿的回答出示相应的图谱，并单句范唱，帮助幼儿熟悉歌词。

（二）引导幼儿看图谱演唱歌曲，熟悉歌曲内容。

四、以小组演唱的方式完整演唱歌曲。

活动延伸

·游戏活动：在角色区投放音乐《疯狂大请客》，引导一名幼儿用肢体动作表现好吃、吃饱等情节，其他幼儿猜测表演的内容。

·家园共育：鼓励幼儿在家随乐表现。

活动七　制作戏剧服装和头饰

游戏活动
美工区

活动目标

·能自主选择喜欢的材料，运用涂色、撕贴等方式制作服装和头饰，发展手眼协调能力。

活动准备

·材料投放：发箍、帽子、纯色衣服、银色锡箔纸、毛球、亮片、钻石贴纸、泡沫纸、棉花、毛根、红色绸布、绿色卡纸等材料若干，相机。

活动过程

一、介绍材料，提出制作任务。

二、幼儿分组，自主选择组别。

（一）头饰组：选择发箍、帽子等半成品加以装饰。

（二）服装组：在纯色衣服上加以装饰。

三、幼儿自主操作，教师观察指导并用拍照的方式记录幼儿创作的过程。

重点观察：（1）幼儿能否根据小动物的角色特征进行制作和装饰。（2）幼儿能否适量拿取材料，完成后能否分类收拾、摆放材料。

四、集体欣赏、评价幼儿作品。

图 2-4　幼儿作品一

图 2-5　幼儿作品二

活动八　快乐剧场

游戏活动
表演区

活动目标

· 能根据自己的角色进行装扮，并自主表演。
· 能轮流交换角色，体验与同伴合作表演的乐趣。

活动准备

· 材料投放：戏剧表演所需服饰、道具、音乐，剧目板，摄像机。
· 环境创设：创设“小猪的家”。

活动过程

一、出示服饰、道具，说明游戏玩法和要求。

（一）玩法。

1. 与同伴协商、分配角色。
2. 根据自己的角色，选择相应的服饰、道具装扮自己。

3. 明确自己的出场顺序与位置，随乐有序出场表演。

4. 与同伴交换角色，轮换表演。

（二）要求。

1. 爱护服饰、道具，轻拿轻放。

2. 根据戏剧的内容大胆表现自己扮演的角色。

二、幼儿游戏，教师观察指导。

（一）幼儿自由商定扮演的角色，并根据角色自主选择服饰、道具，与同伴合作表演。

（二）重点观察幼儿对角色台词、音乐的熟悉程度，以及幼儿的出场和退场路线、表演秩序等，适时指导。

三、游戏讲评，通过回放表演过程的录像，组织幼儿交流表演过程。

引导语：我们通过录像来看一看这次游戏中演员们哪里配合得很好，在今后表演中还需要注意些什么。

第二阶段的反思

在戏剧的创作阶段，“小猪呼噜噜”“萝卜长大了”等歌唱活动或韵律活动的开展，既丰富了戏剧内容，又增强了活动的游戏性和趣味性。区域活动中幼儿能大胆地自我表现、创作，共同制作、装饰戏剧角色的服装及头饰。这一阶段，幼儿体验了编剧、演员、服装设计师等不同的角色，他们的理解能力、动手能力、表现能力、想象和创造能力等都得到了发展，还感受到与同伴合作的快乐。

第三阶段：戏剧的展演

幼儿在家常常向家长说起自己在幼儿园表演的情况，家长也向教师反馈了看展演的需求。为了满足幼儿及家长的愿望，教师计划开展戏剧展演活动，鼓励幼儿通过竞选确定最后扮演的角色，并与家长一起制作服饰、与教师一起制作邀请函，为最后的展演做准备。在戏剧彩排时，教师将指导幼儿明确自己在台上的位置，练习角色的台词和动作等，以呈现一场属于幼儿自己的创意戏剧。

活动一　我的角色我做主

教学活动
社会·自我成长

活动目标

·能大胆地在集体面前介绍自己竞选的角色。

·体验竞选戏剧角色的乐趣。

活动准备

·经验准备：发放竞选报名表，鼓励家长倾听幼儿的想法，帮助幼儿确定竞选的角色，共同为幼儿的竞选做好准备。

·材料投放：竞选报名表若干，竞选总表一份，玩具麦克风，摄像机，投票工具。

·环境创设：布置竞选舞台。

活动过程

一、师幼共同讨论角色竞选的方式与规则。

引导语：今天我们进行《好喝的汤》角色竞选，我们需要制定一些方法和规则。

（一）想演同一个角色的幼儿在舞台一侧排队，轮流上台表演该角色的一小段动作与台词，表演之后要说几句话为自己拉票。

（二）观众支持哪个演员就将票投到他的盘子里，选择完毕后共同统计票数，票数最多的演员扮演该角色。

（三）同一角色得票相同的演员可再次进行比拼、接受观众投票，支持人数多者胜出。

（四）没有被选上的演员，可以继续选择自己心中想表演的第二角色，参加随后的竞选。

二、组织幼儿表演，并以自荐的形式为自己拉票。

鼓励幼儿努力表演，并大胆说出竞选理由进行拉票，争取自己喜欢的角色。

三、民主投票选角色。

鼓励幼儿为自己心中最喜欢的演员投票，初步培养幼儿“正确地看待自己，客观地评价别人”的心态。

四、公布投票结果，并肯定每个幼儿的表现。

活动延伸

· 家园共育：请家长帮助幼儿明确扮演的角色，并熟悉角色的台词和动作，为戏剧彩排做好准备。

活动二　戏剧彩排

游戏活动
表演区

活动目标

· 熟悉所演角色的台词、动作、出场与退场顺序等。

· 能根据标志的提示，有序地表演。

活动准备

· 经验准备：幼儿有在舞台上表演的经历。

· 材料投放：戏剧表演所需音乐、道具，舞台上的站位标志，出场与退场的路线图，摄像机。

活动过程

一、提出游戏要求，引导幼儿观察演出舞台，明确舞台中心和表演时的站位。

提问：哪里是舞台的中心？在表演时我们该站在什么位置呢？

二、幼儿游戏，教师观察指导。

（一）引导幼儿借助地面标志和舞台四周的参照物找到演出时的站位。

（二）根据出场顺序，组织幼儿开展“××表演站哪里”的游戏。

引导语：我们来玩一个游戏，叫“××表演站哪里”。我说到哪一个角色，就请出演那个角色的演员迅速站到舞台上的表演位置，并回答“××站这里”。

（三）梳理提升。

小结：演员们能通过观察地面和四周的一些标志，很快找到自己上台演出时的位置，面对着观众，大胆地把台词说出来、把动作做出来，真是一群合格的演员！

（四）引导幼儿明确不同角色出场与退场的要求。

引导语：这里有一张演员出场与退场的路线图，告诉我们从哪里出场、表演结束后又从哪里退场。我们来试一试。

（五）重点指导幼儿根据演出顺序，明确所演角色的候场位置、出场与退场路线，提醒幼儿出场与退场时注意角色间要衔接紧凑。

（六）引导幼儿在标志的提示下，合作排演戏剧。

提问：在候场时，我们应该注意些什么？

（七）幼儿合作表演，教师适时指导。

三、通过录像的方式记录彩排过程并组织幼儿交流。

引导语：我们通过录像来看一看这次彩排中小朋友们的表现如何，在今后演出时我们需要注意些什么。

活动三　制作邀请函

游戏活动
美工区

活动目标

· 能自主选择多种材料制作不同的“食材”，装饰邀请函的封面。

活动准备

· 材料投放：邀请函的底板、超轻黏土、毛球、彩笔、相机等。

活动过程

一、出示邀请函的底板，引导幼儿思考如何使用所提供的材料制作、装饰邀请函。

二、介绍投放的材料，提出操作要求。

（一）学习用超轻黏土搓圆、搓长条的方式制作不同的“食材”。

（二）能按蔬菜的特征选择对应颜色的彩笔进行涂色。

三、幼儿操作，教师观察指导并通过拍照的方式记录幼儿创作过程。

重点观察：（1）幼儿能否根据自己喜欢的蔬菜，选择相应颜色的超轻黏土。（2）幼儿能否用超轻黏土搓圆、搓长条的方式，制作自己喜欢的“食材”。

四、集体欣赏、评价幼儿作品。

图 2-6　幼儿作品一

图 2-7　幼儿作品二

活动四　制作演出服饰

家庭活动

活动目标

· 能在家长的帮助下制作演出服饰。

活动准备

·经验准备：幼儿已明确自己的角色并了解角色的形象特点。

·材料投放：布料、剪刀、各种美术装饰材料。

指导要点

一、要求家长积极参与，征集家长设计思路，鼓励家长参与服饰的准备工作。

二、请家长和幼儿一起设计合适的演出服饰。

三、请家长协助幼儿完成演出服饰的制作，并进行简单的装饰。

活动五　戏剧展演

游戏活动
表演区

活动目标

·能按照彩排时角色的台词、动作有序地表演，体验与同伴合作演出的快乐。

活动准备

·经验准备：(1) 事先让幼儿邀请家长参加此次戏剧展演。(2) 联系家长志愿者做好现场拍摄工作。

·材料投放：戏剧表演所需道具、服饰、音乐，摄像机。

活动过程

一、欣赏展演现场，激发幼儿表演的兴趣。

引导语：今天，爸爸妈妈、老师还有幼儿园其他班级的小伙伴们都来到了现场，观看我们的展演。

二、提出表演的要求。

（一）按照剧目的安排，在舞台两侧安静候场，然后按照顺序演出。

（二）表演时大胆地用动作、表情和语言表现自己扮演的角色。

（三）表演结束时，全体演员一同上台谢幕，感谢家长、教师和其他班级幼儿的认真观看。

三、幼儿展演，教师欣赏并观察幼儿的表现。

观察要点：（1）幼儿能否按照出场顺序上台表演。（2）幼儿在舞台上是否快乐地表演。

四、邀请家长、教师和幼儿共同进行展演后的评价与分享。

第三阶段的反思

此阶段我们开展了角色竞选、戏剧彩排、制作邀请函、制作演出服饰等活动。在角色竞选时，本着“我的角色我做主”的原则，每个幼儿通过试演，竞选自己最喜欢的角色，并通过同伴投票确定角色。在戏剧彩排中，幼儿不断克服困难，变得更加自信；在商议戏剧彩排中出现的问题时，幼儿能大胆发言、尝试解决问题，其人际交往能力、解决问题能力不断得到提高。在戏剧展演时，我们看到多数幼儿能在舞台上展示自我，成就最美的自己。

活动网络图

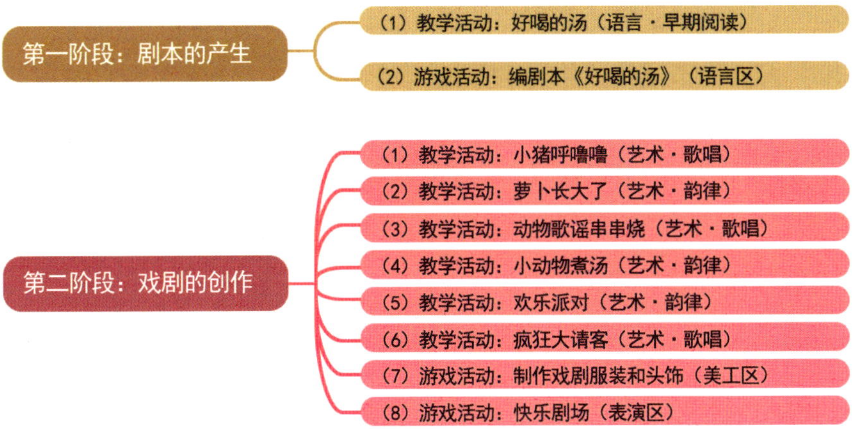

第三阶段：戏剧的展演

- （1）教学活动：我的角色我做主（社会·自我成长）
- （2）游戏活动：戏剧彩排（表演区）
- （3）游戏活动：制作邀请函（美工区）
- （4）家庭活动：制作演出服饰
- （5）游戏活动：戏剧展演（表演区）

参考剧本

第一幕　爱喝汤的小猪

场景：小猪家。

〔报幕员出场。〕

报幕员：有一天，小猪肚子好饿呀，他想煮一锅汤喝。请欣赏第一幕“爱喝汤的小猪”。

〔报幕员退场。小猪出场。〕

小猪：小猪肚子好饿，想要煮碗汤喝，大耳朵在扇扇，小尾巴在摇摇，咕噜噜噜噜，咕噜噜噜噜，咕噜咕噜咕噜咕噜，小尾巴在摇摇。

小猪：肚子好饿啊，我要去拔一个大萝卜，回来煮一锅香香的萝卜汤。

〔小猪退场。音乐《花花仙童》响起，萝卜边拍手边出场。小猪随萝卜出场。〕

萝卜：（双手打开）长大了，（双手拍自己的胸脯）选我，选我！

小猪：又红又大的萝卜，带回去煮萝卜汤喽。

〔几个萝卜跟着小猪，绕圈退场。〕

第二幕　小动物煮汤

〔报幕员出场。〕

报幕员：许多小动物被美味的汤吸引了过来，他们是怎么煮汤的呢？请欣赏第二幕“小动物煮汤”。

〔报幕员退场。小猫出场。〕

小猫：（一边唱歌一边做动作）我是一只可爱的小猫，喵喵喵喵，可爱的小猫。你们猜猜，我喜欢吃什么？

小猫：（走到灶台前）喵喵喵，是谁在煮汤？放一条鱼进去吧，一定很好喝！

〔小猫退场。音乐《一起同行》响起，锅一个个拍手出场，围成一个圈。小鱼出场。〕

小鱼：来喽，来喽！

锅、小鱼：（锅和小鱼两两互动）煮，煮，煮一煮。煮，煮，煮一煮。香喷喷，真美味。

〔锅和小鱼退场。小鸡出场。〕

小鸡：（一边唱歌一边做动作）我是一只可爱的小鸡，叽叽叽叽，可爱的小鸡。你们猜猜，我喜欢吃什么？

小鸡：（走到灶台前）叽叽叽，是谁在煮汤？放两棵青菜进去吧，一定很好喝！

〔小鸡退场。音乐《一起同行》响起，锅一个个拍手出场，围成一个圈。青菜出场。〕

青菜：来喽，来喽！

锅、青菜：（锅和青菜两两互动）煮，煮，煮一煮。煮，煮，煮一煮。香喷喷，真美味。

〔锅和青菜退场。小兔出场。〕

小兔：（一边唱歌一边做动作）我是一只可爱的小兔，咻咻咻咻，可爱的小兔。你们猜猜，我喜欢吃什么？

小兔：（走到灶台前）咻咻咻，是谁在煮汤？放三个蘑菇进去吧，一定很好喝！

〔小兔退场。音乐《一起同行》响起，锅一个个拍手出场，围成一个圈。蘑菇出场。〕

蘑菇：来喽，来喽！

锅、蘑菇：（锅和蘑菇两两互动）煮，煮，煮一煮。煮，煮，煮一煮。香喷喷，真美味。

〔锅和蘑菇退场。小鸭出场。〕

小鸭：（一边唱歌一边做动作）我是一只可爱的小鸭，呷呷呷呷，可爱的小鸭。你们猜猜，我喜欢吃什么？

小鸭：（走到灶台前）呷呷呷，是谁在煮汤？放四只虾进去吧，一定很好喝！

〔小鸭退场。音乐《一起同行》响起，锅一个个拍手出场，围成一个圈。

虾出场。〕

虾：来喽，来喽！

锅、虾：（锅和虾两两互动）煮，煮，煮一煮。煮，煮，煮一煮。香喷喷，真美味。

〔锅和虾退场。小老鼠出场。〕

小老鼠：（一边唱歌一边做动作）我是一只可爱的小老鼠，吱吱吱吱，可爱的小老鼠。你们猜猜，我喜欢吃什么？

小老鼠（走到灶台前）：吱吱吱，是谁在煮汤？放五粒豌豆进去吧，一定很好喝！

〔小老鼠退场。音乐《一起同行》响起，锅一个个拍手出场，围成一个圈。豌豆出场。〕

豌豆：来喽，来喽！

锅、豌豆：（锅和豌豆两两互动）煮，煮，煮一煮。煮，煮，煮一煮。香喷喷，真美味。

〔锅和豌豆退场。音乐《拔萝卜》响起，萝卜一个跟着一个，随小猪出场。〕

小猪：是谁放了这么多好吃的东西？那我把萝卜也放进去吧！

〔小猪退场。锅出场，和萝卜两两互动后一起退场。〕

第三幕　分享美味的汤

〔报幕员出场。〕

报幕员：好喝的汤煮好了，小猪邀请了所有的小动物都来品尝，请欣赏第三幕“分享美味的汤”。

〔报幕员退场。音乐《疯狂大请客》响起，小猪、小猫、小鸡、小兔、小鸭、小老鼠、萝卜出场，两两对站。〕

众角色：（边说边跳）请你跟我跳个舞，手拉手成好朋友。点点脚，点点脚，转个圈儿拍拍手。一二三四拍拍手，一二三四跺跺脚。点点脚，点点脚，转个圈儿抱一抱。

〔音乐《疯狂大请客》响起，所有角色一起出场，拍手、唱歌。音乐停，所有角色谢幕，退场。〕

中班

小粽子，小粽子

设计、执教：刘宇星　刘艳汇

指　　　导：陈丹鸿

活动缘起

图 3-1　《小粽子，小粽子》封面

《小粽子，小粽子》讲述的故事是：在小粽子世界里，小粽子发现原来还有和自己口味不同的小粽子。他们形成了甜粽子和咸粽子两方阵营，都觉得自己才是最好吃的，并由此争吵了起来。最后，他们在竹筒粽爷爷的教育下达成和解，知道他们都是中华小粽子，懂得彼此要团结协作。

在教师介绍绘本时，幼儿对绘本中的小粽子形象非常喜欢。粽子也是幼儿熟悉的食物。因此，教师想借助戏剧活动“小粽子，小粽子”，引导幼儿自然地迁移生活经验，大胆想象、创编，用自己喜欢的动作、语言等方式丰富戏剧内容，并学习正确处理同伴间的分歧。

预期活动目标

一、理解故事内容，尝试将绘本故事转化为剧本，感受与同伴共同创编和表演的乐趣。

二、尝试与教师、家长合作，为戏剧中的各幕场景选择自己喜欢的音乐，大胆想象，用动作、表情、语言创造性地表现自己对故事的理解。

三、与教师、家长、同伴共同商讨及解决戏剧活动中的动作编排、角色竞选、出场和退场顺序、队形设计等问题。

四、能选择自己喜欢的材料，与教师、家长、同伴合作制作戏剧中角色的服饰、道具以及舞台布景等。

五、熟悉所演角色的台词、动作、出场和退场顺序等，能与同伴配合，按照协商好的展演计划大胆参与活动，充分感受戏剧活动的乐趣。

预设活动网络图

- 第一阶段：剧本的产生
  - （1）教学活动：小粽子，小粽子（语言・早期阅读）
  - （2）教学活动：初步创编剧本（语言・文学活动）
  - （3）家庭活动：进一步创编剧本
- 第二阶段：戏剧的创作
  - （1）教学活动：小粽子的自我介绍（语言・文学活动）
  - （2）家庭活动：小粽子之歌
  - （3）教学活动：甜、咸粽子比赛（艺术・韵律）
  - （4）游戏活动：制作角色服饰（美工区）
- 第三阶段：戏剧的展演
  - （1）教学活动：我的角色我做主（社会・自我成长）
  - （2）游戏活动：戏剧排演（表演区）
  - （3）游戏活动：制作邀请函（美工区）
  - （4）游戏活动：展演开始啦（表演区）

活动过程

第一阶段：剧本的产生

活动开展前，教师事先向幼儿、家长介绍绘本内容，并向家长发出邀请，请求他们在戏剧活动开展过程中给予帮助。教师建议家长不要约束幼儿对绘本故事内容的解读，从而激发幼儿的想象。本阶段，教师将通过教学活动、家庭活动等，引导幼儿产生创编剧本的兴趣。

活动一　小粽子，小粽子

教学活动
语言·早期阅读

活动目标

- 能按顺序认真阅读绘本《小粽子，小粽子》，理解故事内容。
- 初步了解“遇事不争斗，齐心协力力量大”的道理。

活动准备

- 经验准备：幼儿已初步了解粽子有不同口味，知道有甜、咸粽子之分。
- 材料投放：绘本《小粽子，小粽子》人手一册。

活动过程

一、谈话引入。

提问：你吃过粽子吗？你最喜欢什么口味的粽子？

小结：原来粽子有这么多不同的口味，有的小朋友喜欢咸粽子，有的小朋友喜欢甜粽子。

二、完整欣赏故事，理解故事内容。

引导语：有一群小粽子争吵了起来，到底是怎么回事呢？让我们一起来看绘本《小粽子，小粽子》。

（一）结合绘本讲述故事。

提问：（1）故事里有哪些粽子？（2）谁是甜粽子，谁是咸粽子呢？（3）除了甜粽子、咸粽子，故事里还有谁？

（二）幼儿自主阅读绘本。

提问：（1）你们觉得甜粽子好还是咸粽子好？（2）你争我吵，有结果吗？（3）故事的最后谁来了？他说了什么？（4）小粽子们听了竹筒粽爷爷的话，齐心协力参加划龙舟比赛，你们觉得他们会赢吗，为什么？

（三）梳理提升。

小结：争吵是没有结果、没有意义的，齐心协力力量大。小朋友们也应该团结协作。

活动延伸

· 游戏活动：将绘本《小粽子，小粽子》投放在阅读区，鼓励幼儿继续阅读。

活动二　初步创编剧本

教学活动
语言·文学活动

活动目标

· 改编绘本《小粽子，小粽子》故事，增加故事角色，丰富故事情节。
· 体验与同伴合作创编剧本的快乐。

活动准备

· 材料投放：绘本《小粽子，小粽子》人手一册，记号笔、彩笔若干。

活动过程

一、引导幼儿阅读绘本，回忆故事内容。

提问：我们之前已经看过《小粽子，小粽子》了，你们记得故事里有谁吗？他们之间发生了什么事呢？

二、师幼共同阅读、讨论。

（一）通过提问，帮助幼儿理清故事内容。

提问：（1）故事中有什么味道的小粽子？他们之间发生了什么事？（2）后

面谁来了？最后小粽子们是怎么解决问题的？

（二）引导幼儿讨论故事中的角色、创编情节，将幼儿创编的内容加以记录。

1. 通过提问，引导幼儿创编情节，并用图画和图标的形式记录幼儿创编的内容。

提问：（1）小粽子们相遇了，会说些什么呢？当他们发现各自味道不同时会说些什么呢？（2）小鱼和小鸟会对小粽子们说些什么呢？竹筒粽爷爷会说些什么呢？

2. 欣赏教师的记录，初步了解剧本创作。

提问：（1）老师画了几幅画，它们的顺序是怎样的？你是怎么知道的？（2）从老师的画中你看到了什么？你是怎么知道的？

3. 梳理提升。

小结：为了让大家能分清楚画的顺序，我们要给刚才老师画的画标上数字。

三、提出创编要求，鼓励幼儿创编并分享。

（一）提出创编情节：（1）你希望在我们的故事里有哪些甜粽子、哪些咸粽子？（2）他们见面会怎么打招呼？（3）甜粽子、咸粽子会用什么方式证明自己是最好的，他们谁赢了？（4）竹筒粽爷爷说了什么让甜粽子、咸粽子不再争吵，最终齐心协力参加龙舟赛？

（二）提出创编要求：（1）可以选择一个或两个内容进行创编。（2）将创编内容大胆分享给同伴。

（三）交流与分享。

活动延伸

• 游戏活动：在语言区投放空白剧本、彩笔，鼓励幼儿将自己的创编内容画下来。

活动三　进一步创编剧本

家庭活动

活动目标

• 能在家长帮助下将自己喜欢的剧情或创编的剧情记录下来，感受亲子创编的乐趣。

活动准备

· 经验准备：幼儿已熟悉《小粽子，小粽子》的情节。

· 材料投放：白纸、画笔、《〈小粽子，小粽子〉情节创编倡议书》。

指导要点

一、与家长分享幼儿在园初步创编的《小粽子，小粽子》情节，并上传《〈小粽子，小粽子〉情节创编倡议书》（详见“活动资料”）。

二、鼓励家长在家中和幼儿一起将幼儿最喜欢的剧情画下来，并附上文字说明。

（一）鼓励家长和幼儿讨论剧情，并选择一两个情节进行创编。

（二）幼儿绘画剧情，家长记录幼儿对图画的解读。

三、请幼儿将亲子创编的剧情带到幼儿园分享。

图 3-2　亲子创编的剧本一

（亲子创编的剧本一：甜粽子和咸粽子在路上相遇了，他们因为口味的不同而发生了争吵。于是甜粽子和咸粽子决定通过比赛走迷宫的方式来一决高下。他们一起来到了一个大迷宫入口，可是走了好久都没走出来。后来他们遇到了竹筒粽爷爷，最后大家一起合作，走出了迷宫。）

图 3-3　亲子创编的剧本二

（亲子创编的剧本二：甜粽子和咸粽子发现彼此口味不同，都认为自己才是最好的，于是他们决定比赛。甜粽子邀请了变形金刚来帮忙，咸粽子邀请了机器人来帮忙，最后甜粽子获得了最终的胜利，乘坐龙舟旅游去了。）

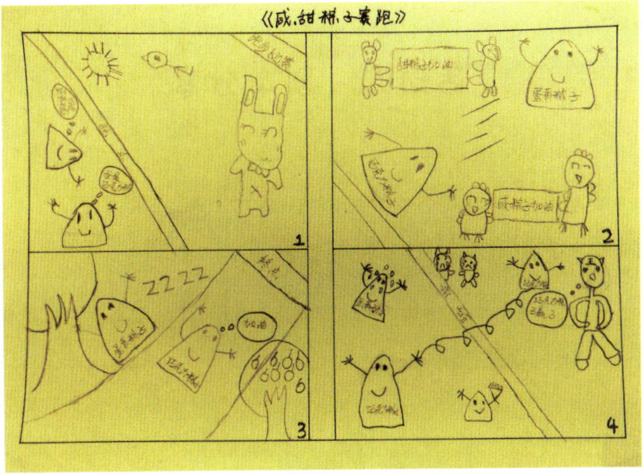

图 3-4　亲子创编的剧本三

（亲子创编的剧本三：甜粽子和咸粽子决定通过赛跑的方式来一决胜负。小兔子是裁判。比赛开始后，咸粽子因领先有些骄傲，停下休息，结果不小心就被甜粽子超过了。最后老虎宣布甜粽子获得了胜利。）

活动延伸

· 游戏活动：在语言区投放幼儿创编的剧本，鼓励幼儿和同伴讨论交流、继续创编。

活动资料

《小粽子，小粽子》情节创编倡议书

亲爱的家长：

这几天，我们和宝贝们一起尝试为《小粽子，小粽子》创编不同的情节。宝贝们对创编有了一定的了解。在《小粽子，小粽子》故事中，甜粽子和咸粽子相遇了。他们为了到底谁的味道更好而发生了争吵。有的宝贝说可以通过比赛的方式决定谁的味道更好，那么有哪些比赛方式呢？竹筒粽爷爷说了什么让小粽子们不再争吵，决定合力参加龙舟比赛呢？可以选择故事中的一两个片段进行创编，也可以增加一些有趣的情节。请宝贝们把创编的内容画下来，家长帮忙附上文字说明，我们会举办一个分享会，让宝贝们将自己创编的片段讲给大家听。相信家长和宝贝们的参与，一定会为这次的创意戏剧活动增添不少亮点！

活动四　剧本分享

教学活动
语言·文学活动

活动目标

· 进一步了解《小粽子，小粽子》中的故事情节，尝试创编具体的剧本内容。
· 通过讨论，初步确定剧本内容。

活动准备

· 经验准备：幼儿已熟悉《小粽子，小粽子》的故事内容。
· 材料投放：角色小图片、亲子创编的剧情图片。

活动过程

一、引导幼儿回忆绘本故事中的主要角色和内容。

（一）回忆主要角色。

提问：在《小粽子，小粽子》里有哪些角色？（有各种口味的甜粽子、咸粽子，小鱼，小鸟，竹筒粽爷爷。）

（二）回忆主要内容。

提问：《小粽子，小粽子》主要讲述了什么故事？

二、师幼共同讨论剧本。

（一）提出讨论任务。

引导语：如果我们要表演绘本中的故事，我们可以表演哪些内容？

（二）幼儿分组讨论。

（三）师生共同小结剧目：第一幕“热情洋溢的小粽子”，第二幕“激烈比拼的小粽子”，第三幕“齐心协力的小粽子”。

三、师幼共同协商剧本内容。

（一）展示亲子创编的剧情，以投票的形式选出幼儿喜欢的剧情。

引导语：小朋友跟爸爸妈妈一起创编了好多剧情，有“我们来斗舞”“看谁是棋王”“看谁跑得快”等，我们一起来看一看吧。

（二）师幼尝试将幼儿最喜欢的剧情融入剧本，教师用简笔画和符号的方式帮助幼儿记录。

1. 第一幕“热情洋溢的小粽子”。

提问：（1）在故事开始的时候出现了哪些小粽子？（2）小粽子之间会发生什么事情？

2. 第二幕“激烈比拼的小粽子”。

提问：（1）小粽子之间为什么争吵？（2）你觉得是甜粽子的味道好，还是咸粽子的味道好？（3）那你有什么办法来帮助他们解决这个问题呢？

3. 第三幕“齐心协力的小粽子”。

提问：（1）就在小粽子们激烈比赛的时候，谁来了？（2）他是怎么说的？（3）最后，小粽子们获得龙舟赛的胜利了吗？

活动延伸

· 游戏活动：（1）将幼儿创编好的《小粽子，小粽子》剧本投放在表演区，鼓励幼儿自由选择不同的剧情进行表演。（2）在语言区引导幼儿尝试根据不同口味的粽子的特点，为喜欢的粽子创编自我介绍。

第一阶段的反思

在第一阶段，教师通过师幼共读绘本、幼儿自主阅读绘本，让幼儿更了解绘本内容和角色。在初步尝试创编剧本的过程中，教师和幼儿共同讨论绘本中的故事情节，产生了不少新奇的想法。随后，幼儿在家里与家长一起创编了丰富多彩的剧情，并带到幼儿园分享交流。在集体分享活动中，师幼通过讨论，最终形成了“热情洋溢的小粽子”“激烈比拼的小粽子”“齐心协力的小粽子”三幕。幼儿经过本阶段的活动，进一步了解了绘本故事的内容，渐渐喜欢和同伴共同讨论、创编剧本。一些幼儿还能迁移自身的生活经验，和家长共同改编故事情节，并乐于和同伴分享自己的想法和创意。

第二阶段：戏剧的创作

在戏剧的创作阶段，教师将从绘本《小粽子，小粽子》的情节出发，引导幼儿尝试用不同的方式对绘本《小粽子，小粽子》的故事进行创编，同时引导幼儿迁移生活经验，鼓励幼儿根据自己的想法推进戏剧活动的发展。教师将根据活动中幼儿提出的新要求，不断生成新的活动。

活动一　小粽子的自我介绍

教学活动
语言 · 文学活动

活动目标

· 熟悉不同口味粽子的特点，尝试为小粽子创编自我介绍。

活动准备

· 经验准备：事先请家长协助幼儿熟悉不同口味粽子的特点，并指导幼儿用简单的语句表达。

· 材料投放：各种口味粽子的图片。

活动过程

一、引导幼儿认识不同口味粽子的特点。

提问：你最喜欢什么口味的粽子？它有什么特点？

二、出示红豆口味的粽子图片，并进行简单的创编引导。

引导语：老师最喜欢的是红豆口味的粽子，今天我为它创编了一段自我介绍，大家一起听听看。我是一个红豆粽子，肚里装着糯米红豆，又香又甜最好吃，小朋友们都爱我，都爱我。

三、幼儿初步尝试创编不同口味粽子的自我介绍。

引导语：可以怎么向大家介绍你喜欢的粽子？

活动延伸

·家园共育：请家长在家协助幼儿创编有关粽子的自我介绍，将内容记录在纸上并让幼儿带到幼儿园，与同伴交流分享。

活动二　小粽子之歌

家庭活动

活动目标

·能在家长的帮助下选择自己喜欢的音乐创编《小粽子之歌》，并用图画记录下来。

活动准备

·经验准备：幼儿与家长已有共同创编《小粽子，小粽子》情节的经验。

·材料投放：白纸、画笔、《〈小粽子之歌〉创编倡议书》。

指导要点

一、向家长发放《〈小粽子之歌〉创编倡议书》（详见“活动资料”），鼓励家长和幼儿大胆创编。

二、鼓励家长在家中和幼儿一起以图文的形式将创编的成果记录下来。

三、请幼儿将亲子创编的《小粽子之歌》带到幼儿园，与同伴分享。

活动延伸

·游戏活动：组织幼儿投票选出四首最受欢迎的《小粽子之歌》，将它们投放至表演区，鼓励幼儿根据不同的歌曲大胆尝试创编动作。

活动资料

《小粽子之歌》创编倡议书

亲爱的家长：

宝贝们有了创编的经验之后，在活动中喜欢自己创编各种动作以及台词，不同口味的粽子有了不同的自我介绍。可是，表演时可以用什么样的音乐进行搭配呢？宝贝们喜欢的歌曲中是否有合适的歌曲可以进行创编呢？快来支持宝贝们创编属于他们自己的《小粽子之歌》吧！可以选择自己喜欢的或者熟悉的歌曲进行创编，还可以给《小粽子之歌》配上好看的动作。请宝贝们把创编的内容画下来（家长帮忙附上文字说明），带到幼儿园。我们会举办一个分享会，引导宝贝们将自己创编的片段分享给大家，并以投票的方式选出四首最受欢迎的《小粽子之歌》。相信家长和宝贝们的参与，一定会为这次的创意戏剧活动增添不少亮点！

活动三　找朋友

教学活动
艺术·韵律

活动由来

在创编《小粽子之歌》的过程中，幼儿提出疑问："老师，为什么甜粽子和咸粽子不能做朋友呢？""他们不都是粽子吗？"……于是，教师和幼儿商讨，决定在小粽子自我介绍之前增加一个"找朋友"的情节，于是生成了"找朋友"的活动。

活动目标

· 尝试用歌唱和律动的方式，感受歌曲欢快的旋律。

· 在歌曲中感受找到朋友的喜悦之情。

活动准备

· 材料投放：音乐《好朋友》（贝瓦儿歌）。

活动过程

一、引导幼儿倾听歌曲《好朋友》，感受歌曲欢快的旋律。

引导语：小粽子们相遇后，找到了好朋友，那他们会做些什么呢？我们一起来听听歌曲。

二、幼儿演唱《好朋友》，用动作表现自己的感受。

引导语：找到好朋友后会做些什么？

三、完整播放歌曲，幼儿集体随乐律动。

引导语：我们现在每个人都跟着歌曲找到自己的好朋友。

活动延伸

· 游戏活动：将音乐《好朋友》投放在表演区，引导幼儿根据需要增加“找朋友”的情节。

活动四　斗舞

教学活动
艺术 · 韵律

活动由来

甜粽子、咸粽子用什么样的方式比试才是幼儿最喜欢的呢？我们引导幼儿通过自主投票的方式，最终确定以斗舞的方式来比试。

活动目标

· 感受乐曲旋律，并能用简单的动作表现乐曲。

·能与同伴商量动作顺序和队形变化，体验合作的乐趣。

活动准备

·材料投放：红白机游戏“功夫”的背景音乐，彩笔，空白卡片、图谱。

活动过程

一、以谈话引出活动要求，激发幼儿挑战的兴趣。

引导语：之前大家都为自己最喜欢的比赛方式投票了，得票最多的比赛方式是斗舞。甜粽子、咸粽子接下来就要通过跳舞比赛来决出胜负啦。

二、引导幼儿欣赏乐曲，并根据乐曲创编动作。

（一）欣赏教师随乐舞蹈。

1. 引导幼儿欣赏教师的动作，并模仿。

2. 根据幼儿的模仿，将动作用简单的线条画出来，制成动作图卡。

（二）鼓励幼儿创编动作，并制成动作图卡。

1. 启发幼儿创编动作。

提问：听到这段乐曲，小朋友有没有想到跟老师不一样的动作呢？

2. 点评部分幼儿的动作，选择有代表性的动作制成新图卡。

（三）介绍创编要求。

1. 分组，每组六人左右。

2. 一句乐曲配一个动作组合。

3. 整首乐曲要有两三个队形变化。

（四）幼儿分组创作，教师巡回指导。

1. 为每组幼儿提供教师和幼儿创作的动作图卡、空白卡片及空白图谱。

2. 请幼儿商量选择哪些动作图卡，并将图卡按顺序粘贴在空白图谱上。

3. 请幼儿在需要变换队形的地方画上队形图。

4. 引导小组成员按图谱练习舞蹈。

（五）分享交流。

请个别小组介绍自己的创作，并随乐舞蹈，教师、其他小组幼儿欣赏并评价。

活动延伸

· 游戏活动：在表演区投放创编好的动作图卡，鼓励幼儿选择喜欢的动作图卡进行表演。

活动五 龙舟赛

教学活动
艺术 · 韵律

活动由来

竹筒粽爷爷的出现，激起了幼儿对龙舟赛的兴趣。幼儿说："我知道划龙舟就是大家坐在一艘船上比赛。""我们的小粽子也要参加比赛。"……于是，师幼决定在创意戏剧活动中增加"龙舟赛"。

活动目标

· 尝试用律动的方式，感受歌曲欢快的旋律。

· 能根据歌曲的旋律，创编简单的划龙舟动作。

· 乐意与同伴合作，感受"龙舟赛"活动的乐趣。

活动准备

· 经验准备：幼儿已初步了解端午节的一些习俗，懂得端午节有吃粽子、挂香包、划龙舟等习俗。

· 材料投放：音乐《赛龙舟》，划龙舟图片，自制船桨、龙舟。

活动过程

一、引导幼儿欣赏歌曲《赛龙舟》。

引导语：小粽子们最后要一起去参加划龙舟比赛啦，现在就请大家一起来听歌，想想他们会做些什么动作。

二、出示划龙舟图片，引导幼儿了解划龙舟。

提问：图片上的人们在做什么？他们是怎么划龙舟的？

三、幼儿集体随乐律动。

引导语：现在，你们是要参加划龙舟比赛的小粽子，一起跟着歌曲来试试，看谁划得又好又快。

四、借助道具，分组比赛。

（一）借助道具进行律动。

引导语：刚才小朋友想到了不少划龙舟的动作，现在我们一起用你们制作好的龙舟和船桨来划龙舟吧。

（二）分组比赛，感受“龙舟赛”活动的乐趣。

引导语：接下来我们就要进行龙舟比赛啦，看看哪一队的选手会获胜。

活动延伸

· 游戏活动：将自制龙舟和船桨投放在表演区，供幼儿自主表演。

活动资料

赛龙舟*（歌曲）

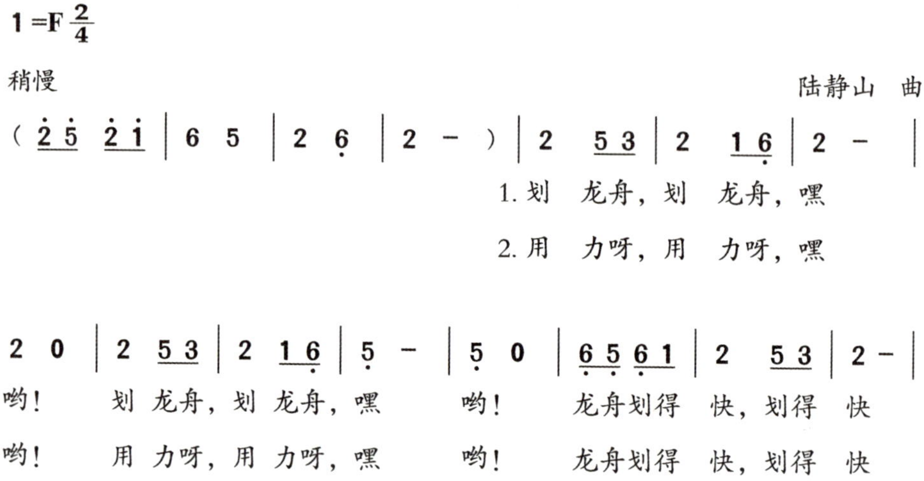

* 根据“福建省幼儿园教师教育用书”《领域活动指导》中班下册艺术领域《划船》旋律创编歌词。

2 0 | 2 5 2 1 | 6 5 | 1 2 6 | 5 - | 5 0 :||

哟！ 绕过这座小山，划过桥 哟！

哟！ 绕过这座小山，划过桥 哟！

活动六 制作角色头饰

游戏活动
美工区

活动由来

随着活动的发展，有的幼儿提出要有角色挂牌，也有不少女生提出要有一些好看的头饰来装扮自己扮演的小粽子，于是师幼决定在美工区中制作角色的头饰。

活动目标

· 能够选择自己喜欢的材料制作角色头饰。

· 能根据不同角色的特点，利用绘画、粘贴等方式为角色添上眼睛、鼻子、嘴巴等。

活动准备

· 材料投放：彩色卡纸、彩色布、剪刀、瓶盖、纸碗、卷纸芯、黑色绳子、皮球囊、超轻黏土、记号笔、颜料、水粉刷、热熔胶等。

活动过程

一、引导幼儿选择适合的材料制作头饰。

提问：（1）《小粽子，小粽子》中有哪些角色？（2）大枣粽子、蛋黄粽子、豆沙粽子、火腿粽子有哪些特点？你可以选择哪些材料制作他们的头饰？（3）还有小鱼、小鸟和竹筒粽爷爷，可以选择哪些材料制作他们的头饰？

二、幼儿操作，教师观察指导。

图 3-5　幼儿作品一

（幼儿作品一的制作过程：首先选择绿色布，将布裁成适合的大小，接着在布上画眼睛、鼻子、嘴巴和长长的胡子，最后找一个大号的卷纸芯，像包糖果一样用布将卷纸芯包起来，并用黑色绳子固定。）

图 3-6　幼儿作品二

（幼儿作品二的制作过程：首先使用颜料将皮球囊涂成黄色，当作小鱼的脑袋，接着选择辅助材料当作小鱼的眼睛、小鱼的嘴巴。）

活动七　我是小演员

游戏活动
表演区

活动由来

活动开展的过程中，幼儿虽然越来越熟悉每一幕的情节，但没有完整表演的经验，于是师幼经过商讨，决定尝试在表演区进行完整的表演。

活动目标

· 明确自己要扮演的角色及角色在表演时出场和退场的顺序，熟悉角色的台词与动作。

· 能在音乐的提示下，根据自己所扮演的角色进行表演，表现出角色的主要特征。

活动准备

· 材料投放：《小粽子，小粽子》戏剧表演所需音乐，角色头饰，自制龙舟和船桨。

· 环境创设：布置《小粽子，小粽子》表演背景。

活动过程

一、师幼共同回忆剧目顺序。

引导语：我们之前选出了三幕剧情——第一幕“热情洋溢的小粽子”，第二幕“激烈比拼的小粽子”，第三幕“齐心协力的小粽子”。今天在表演区里，我们按顺序来表演。

二、师幼共同回忆角色出场顺序。

提问：（1）第一幕有哪些角色？谁先出场、谁后出场？（2）第二幕有哪些角色？小鱼和小鸟什么时候出场？（3）第三幕有哪些角色？竹筒粽爷爷什么时候出场？

三、幼儿游戏，教师观察指导。

观察要点：(1) 幼儿能否相互协商，选择自己想要扮演的角色，并选择适合角色的头饰。(2) 幼儿是否熟悉不同角色的出场和退场顺序，能否根据音乐的提示进行表演。(3) 幼儿是否愿意和同伴合作。

活动延伸

·游戏活动：鼓励幼儿大胆选择自己想扮演的角色，并为角色准备一段简单的表演，为角色竞选做准备。

第二阶段的反思

在第二阶段，幼儿全程参与了教师开展的文学活动、韵律活动、美工活动、表演活动等。教师首先从幼儿熟悉的粽子口味入手，引导幼儿给自己喜欢的粽子创编自我介绍。随后，教师组织幼儿与家长共同创编《小粽子，小粽子》中的歌曲，引导幼儿用动作、表情等方式表现小粽子找朋友、斗舞、参加龙舟比赛的情节，丰富了《小粽子，小粽子》的剧本。在这个阶段，幼儿还共同制作了角色的头饰，并在表演区尝试合作，完整表演了戏剧《小粽子，小粽子》。幼儿在本阶段中语言表达能力、艺术表现力、想象力及创造力有了明显的提高。

第三阶段：戏剧的展演

通过第二阶段的活动，幼儿对创意戏剧的兴趣更浓厚了。同时，幼儿也提出新的要求，比如想邀请更多的人来欣赏表演，想扮演自己喜欢的角色，想穿上好看的服饰来表演，等等。于是，在戏剧的展演阶段，教师将给予幼儿更多自主选择的空间。教师提出如何才能邀请更多的人、要穿什么样的服饰表演等问题，和幼儿共同协商并决定这一阶段将要开展的活动。

活动一　我的角色我做主

教学活动
社会·自我成长

活动目标

·能积极参与角色竞选活动，大胆地在集体面前表现自己。

·享受与同伴公平竞选角色、合作表演的快乐。

活动准备

·经验准备：幼儿已熟悉自己竞选角色的台词和动作。

·材料投放：课件（显示相关背景），小音响，纸杯若干，冰棍棒人手一根。

活动过程

一、导入话题。

（一）抛出话题，激发幼儿参与表演的兴趣。

提问：（1）戏剧《小粽子，小粽子》中有哪些角色？你最想竞选哪个角色？（2）如果很多人竞选同一个角色，怎么办？

（二）引导幼儿使用角色竞选的方式选拔演员。

引导语：每个小朋友都有自己最想表演的角色，现在先请竞选同一角色的小朋友上台，轮流表演，请其他小朋友排队将自己手中的冰棍棒投到你最喜欢的演员的杯子里。谁获得的票数多，谁就当选这个角色。落选的小朋友，可以重新选择角色，参与随后的竞选。

二、幼儿根据意愿，自主参加竞选。

（一）竞选开始。

引导语：请竞选同一角色的选手到台上来，不参与竞选的小朋友都是评委。

（二）幼儿自愿报名，教师解说竞选规则。

引导语：选手们依次上台表演，表演结束后站成一排等待评委投票，没有选上的选手们准备随后的竞选。

三、竞选活动继续进行。

教师宣布成功竞选的演员名单，其余幼儿开始竞选剩余角色，根据票数统计，得票多者当选。

四、梳理提升。

小结：最后将热烈的掌声送给所有选手，无论成功或者失败，你们都是最棒的！

活动延伸

· 游戏活动：将角色竞选后的名单展示在表演区，鼓励幼儿多练习自己竞选上的角色的台词和动作。

活动二　戏剧排演

游戏活动
表演区

活动目标

· 能够明确全部的剧本内容，了解自己所表演的剧目。

· 能跟随音乐、旁白的提示有序出场和退场，遵守剧场的表演规则。

活动准备

· 材料投放：相机，戏剧所需音乐、头饰、道具等。

活动过程

一、提出游戏要求，讲解剧场表演规则。

要求重点：集中注意力，认真听教师的指令和提示，在指定的区域内安静候场。

二、幼儿游戏，教师观察指导。

（一）第一次彩排，幼儿根据音乐有序出场和退场，教师以照片的形式记录幼儿表演的情况。

（二）集中观看照片，共同讨论演出中的问题。

引导语：你觉得谁演得最认真？从哪里能看出来？那你懂得自己的出场顺序吗？

（三）再次彩排，解决第一次彩排中出现的问题。

（四）集体交流分享彩排出现的问题和感受。

活动三　制作邀请函

游戏活动
美工区

活动目标

· 能将喜欢的表演角色画在邀请函中，并选择自己喜欢的材料装饰，感受亲手制作邀请函的快乐。

活动准备

· 材料投放：其他戏剧邀请函的照片、彩色方形纸、记号笔、毛球、彩笔等。

活动过程

一、出示其他戏剧邀请函的照片，引导幼儿了解邀请函的制作方式。

（一）引导幼儿了解邀请函。

提问：我们马上就要进行最后的展演了，你们一定想邀请爸爸妈妈来观看吧？那我们需要用什么方式来邀请他们呢？

（二）出示不同戏剧邀请函的照片，引导幼儿讨论邀请函的制作方式。

二、师幼讨论邀请函的具体制作。

（一）师幼讨论如何制作邀请函。

引导语：我们可以用什么方式来制作戏剧《小粽子，小粽子》的邀请函呢？

（二）引导幼儿大胆想象、交流。

（三）梳理、提升。

小结：原来，我们可以通过剪贴、折纸的方式制作邀请函，还可以在邀请函里画上《小粽子，小粽子》里的角色。现在就让我们一起动手制作吧！

三、幼儿游戏，教师观察指导。

四、展示幼儿制作的邀请函，相互欣赏。

图 3-7　幼儿作品一

图 3-8　幼儿作品二

（幼儿作品一的制作过程：首先选择一张方形纸横着对折一次，打开后使用黑色记号笔画上小粽子，接着给小粽子涂上绿色，最后在空白处画小鱼和小鸟。）

（幼儿作品二的制作过程：首先选择一张方形纸，横竖各对折一次，打开后使用黑色记号笔画出小草和樱桃粽子，并用彩笔涂色，接着用红色纸剪出小圆，粘贴在小粽子周围。）

活动四　制作角色服装

家庭活动

活动目标

· 根据自己表演的角色，尝试和家长一起制作演出服装。

活动准备

· 材料投放：服装半成品、布、装饰材料、彩笔、剪刀等。

指导要点

一、请家长和幼儿共同欣赏教师在班级微信群里分享的不同角色的服装照片。

引导语：你想给自己的角色准备一件好看的演出服吗？老师找了一些哥哥姐姐和他们的爸爸妈妈共同制作的亲子作品，一起看看吧！

二、家长和幼儿共同讨论如何制作角色服装。

三、家长和幼儿动手设计、制作服装。请幼儿将制作好的服装带到幼儿园进行介绍和展示。

图 3-9　亲子作品一

图 3-10　亲子作品二

活动五　展演开始啦

游戏活动
表演区

活动目标

· 熟悉所演角色的台词、动作、出场和退场顺序等。

· 能借助标志、音乐等提示，有序地和同伴合作完成戏剧表演任务。

·表演时声音清楚、响亮，动作大方。

活动准备

·经验准备：幼儿有彩排的经验。

·材料投放：课件“小粽子，小粽子”，戏剧表演所需的音乐、头饰、服装、道具，奖品若干。

·环境创设：创设戏剧《小粽子，小粽子》情境。

活动过程

一、展演准备。

幼儿在教师、家长的帮助下，用自己制作的头饰、服装装扮自己，做好展演的准备。

二、介绍戏剧活动历程。

教师结合课件“小粽子，小粽子”，介绍该创意戏剧活动的历程。

三、戏剧展演正式开始。

创意戏剧《小粽子，小粽子》正式展演。鼓励幼儿大胆表现自己，成为戏剧中最闪亮的角色；鼓励家长积极回应幼儿，让幼儿充分感受展演的乐趣和成功的快乐。

四、举行颁奖典礼。

为每一个参演的幼儿颁发奖品。

第三阶段的反思

活动的最后阶段，幼儿在角色竞选活动中大方、自信地展示自己，努力争取自己心仪的角色，体验了竞选活动的乐趣。区域活动中，教师带领幼儿制作邀请函，邀请幼儿园其他教师和幼儿来观看展演。教师还发动家长，与幼儿一起制作有关角色的服装，体验亲子制作服装的快乐。正式展演时，幼儿全身心地投入表演，顺利完成展演任务的同时，充分感受了和同伴共同表演的乐趣。

活动网络图

- 第一阶段：剧本的产生
  - （1）教学活动：小粽子，小粽子（语言·早期阅读）
  - （2）教学活动：初步创编剧本（语言·文学活动）
  - （3）家庭活动：进一步创编剧本
  - （4）教学活动：剧本分享（语言·文学活动）
- 第二阶段：戏剧的创作
  - （1）教学活动：小粽子的自我介绍（语言·文学活动）
  - （2）家庭活动：小粽子之歌
  - （3）教学活动：找朋友（艺术·韵律）
  - （4）教学活动：斗舞（艺术·韵律）
  - （5）教学活动：龙舟赛（艺术·韵律）
  - （6）游戏活动：制作角色头饰（美工区）
  - （7）游戏活动：我是小演员（表演区）
- 第三阶段：戏剧的展演
  - （1）教学活动：我的角色我做主（社会·自我成长）
  - （2）游戏活动：戏剧排演（表演区）
  - （3）游戏活动：制作邀请函（美工区）
  - （4）家庭活动：制作角色服装
  - （5）游戏活动：展演开始啦（表演区）

参考剧本

第一幕　热情洋溢的小粽子

场景：河边。

〔报幕员1、报幕员2出场。〕

报幕员 1：一天，一群小粽子相遇了。

报幕员 2：他们之间会发生怎样的故事呢？

报幕员 1、报幕员 2：请欣赏第一幕“热情洋溢的小粽子”。

〔报幕员 1、报幕员 2 退场。改编音乐《粉刷匠》《王老先生》《小龙人》《春天在哪里》先后响起，火腿粽子、樱桃粽子、香肠粽子、草莓粽子先后一边唱歌一边跳舞出场。〕

火腿粽子：原来我们都是小粽子。

草莓粽子：那我们交个朋友吧。

火腿粽子、樱桃粽子、香肠粽子、草莓粽子：好嘞。

〔音乐《好朋友》响起，小粽子们一边唱歌一边蹦跳、拍手，最后两两握手、拥抱。小粽子们退场。〕

第二幕　激烈比拼的小粽子

〔报幕员 1、报幕员 2 出场。〕

报幕员 1：小粽子们成了好朋友，真替他们开心。

报幕员 2：小鱼和小鸟的出现，会让故事有怎样的发展呢？

报幕员 1、报幕员 2：请欣赏第二幕“激烈比拼的小粽子”。

〔报幕员 1、报幕员 2 退场。音乐《小鸟小鸟》响起，小鸟“飞”出场，小鱼“游”出场。〕

小鱼 1：小粽子们好幸福啊，有那么多的朋友。

小鸟 1：真想跟他们做朋友。

小鱼 2：我也想。

小鸟 2：我也想。

〔改编音乐《甜甜咸咸之歌》响起，小鱼和小鸟一边唱一边表演。〕

小鱼 3：可是到底是甜粽子好，还是咸粽子好呢？

众小鱼：甜甜粽子又甜又可口。

众小鸟：咸咸粽子又香又美味。

众小鱼：甜的好。

众小鸟：咸的好。

众小鱼、众小鸟：到底谁更好？要不你们比比谁更好，要不你们比比谁更好。

〔甜粽子、咸粽子出场。〕

甜粽子：比比就比比。

咸粽子：那就比赛跑步怎么样？

甜粽子：好啊，那我们从这棵树出发，看谁先跑到河边。

咸粽子：好的。

〔甜粽子和咸粽子根据哨声一同起跑。〕

众小鱼：甜粽子加油！

众小鸟：咸粽子加油！

众小鱼：甜粽子第一！

众小鸟：咸粽子第一！

众小鱼、众小鸟：哼！

〔众角色退场。〕

第三幕　齐心协力的小粽子

〔报幕员 1、报幕员 2 出场。〕

报幕员 1：到底是甜粽子好，还是咸粽子好？

报幕员 2：小鱼和小鸟能争出结果吗？

报幕员 1、报幕员 2：请欣赏第三幕“齐心协力的小粽子”。

〔报幕员 1、报幕员 2 退场。竹筒粽爷爷、甜粽子、咸粽子、小鸟、小鱼出场。〕

竹筒粽爷爷：别吵啦，别吵啦！不管是甜粽子还是咸粽子，都是好吃的小粽子。再过几天有一个划龙舟大赛，你们愿意代表我们粽子队，齐心协力参加比赛吗？

甜粽子、咸粽子：愿意，我们愿意！

竹筒粽爷爷：好，我相信你们。

众角色：加油！

〔众角色退场。报幕员 1 出场。〕

报幕员 1：小粽子们在竹筒粽爷爷的指导下，每天从太阳升起练到太阳落下，一直在为龙舟赛努力准备着。

〔报幕员 1 退场。音乐《赛龙舟》响起，甜粽子、咸粽子一边唱一边“划龙舟”出场。〕

甜粽子、咸粽子：划龙舟，划龙舟，嘿哟！划龙舟，划龙舟，嘿哟！龙舟划得快，划得快哟！绕过这座小山，划过桥哟！用力呀，用力呀，嘿哟！用力呀，用力呀，嘿哟！龙舟划得快，划得快哟！绕过这座小山，划过桥哟！

〔甜粽子、咸粽子退场。报幕员 2 出场。〕

报幕员 2：终于到了比赛的那一天，小鱼和小鸟也到划龙舟现场为小粽子们呐喊助威啦！

〔报幕员 2 退场。小鸟、小鱼出场。音乐《赛龙舟》响起，小粽子们拿着船桨“划龙舟”出场。〕

小粽子龙舟队：耶，我们赢啦，我们赢啦！

〔音乐《春节序曲》响起，众角色一起欢庆；音乐停，众角色谢幕，退场。〕

阿逗家的故事·木头朋友

设计、执教：万　舒　林兰燕
指　　导：池　频

活动缘起

图 4-1　《阿逗家的故事·木头朋友》封面

《阿逗家的故事·木头朋友》是有关情绪管理的绘本。绘本描述了木头十三虽然被小动物嘲笑、欺凌，但遇到危险依然愿意解救所有溺水的小动物的故事。故事中阿逗与十三不离不弃的友情，以及小动物与十三的友情转化，都极易引起幼儿的共鸣。

中班幼儿虽然有主动交往的意愿和行为，但缺乏交往技能。绘本中的故事能让幼儿明白每个人身上都有闪光点，不能光看人的外表，既要鼓起勇气去认识、接触新的朋友，又要乐于接纳新的朋友，学习朋友身上的优点，同时透过朋友看到自己的不足。教师希望在绘本阅读的基础上开展创意戏剧活动，借助创意戏剧活动让幼儿更加深刻地理解绘本所要表达的内容。

预期活动目标

一、理解绘本《阿逗家的故事·木头朋友》内容，根据故事线索，改编故事情节，与同伴合作创编剧本。

二、能根据自己的意愿选择合适的材料，与同伴合作制作表演服饰、道具及邀请函。

三、感受戏剧中十三、阿逗等不同角色的心理变化，用自己喜欢的动作、语言等与同伴配合表演，尝试表现角色之间的互动。

四、享受与同伴一同商讨、合作的乐趣。

预设活动网络图

第一阶段：剧本的产生

- （1）教学活动：阿逗家的故事·木头朋友（语言·早期阅读）

第二阶段：戏剧的创作

- （1）教学活动：十三找朋友（艺术·韵律）
- （2）教学活动：阿逗与十三的快乐生活（语言·文学活动）

第三阶段：戏剧的展演

- （1）教学活动：我的角色我做主（社会·自我成长）
- （2）游戏活动：戏剧展演（表演区）

活动过程

第一阶段：剧本的产生

在活动开展的初期，教师会向家长介绍绘本内容及需要提供的支持。因绘本故事充满转折，所以教师建议家长不要提前和幼儿讲述完整的故事，而是陪伴幼儿逐页观察绘本的画面，创设猜想的空间，激发幼儿想象与创编的兴趣。在这一阶段，教师将尝试通过家庭活动、教学活动、区域活动等，与幼儿一起创编多样的戏剧剧本，让每个幼儿都成为戏剧的主人。

活动一　阿逗家的故事·木头朋友

教学活动
语言·早期阅读

活动目标

·认真阅读绘本，理解故事内容，了解十三交友的主要经历。

·乐于观察绘本画面，大胆讲述自己对故事的理解。

活动准备

·经验准备：（1）幼儿在家进行了亲子阅读和自主阅读，初步了解了十三在交朋友的过程中遇到各种困难，最后获得友谊的故事。（2）幼儿在家完成了《阿逗家的故事·木头朋友》中“我最喜欢的角色”调查。

·材料投放：绘本《阿逗家的故事·木头朋友》人手一册。

活动过程

一、观察封面，回忆故事内容。

引导语：封面上有谁？这本绘本讲的是什么故事？

二、阅读绘本第 2～11 页，理解画面内容。

（一）幼儿自主阅读绘本第 2～11 页。

引导幼儿逐页观察故事画面，初步了解十三为什么离开小屋，以及离开小屋、走进森林之后发生了什么事情。

（二）师幼共读绘本第 2～7 页。

引导幼儿了解十三是什么（学习词语“废弃”）以及他离开小屋的原因。

（三）师幼共读绘本第 8～10 页。

提问：遇到蜘蛛时，十三说了什么？蜘蛛是怎么回答的？（学习词语“荒谬”。）遇到百灵鸟时，十三说了什么？百灵鸟有什么反应？（学习词语“光泽”。）遇到狐猴时，狐猴做了什么、说了什么？（学习词语“丑陋”“落荒而逃”。）

（四）师幼共读绘本第 11 页。

提问：十三遇到了谁？蜘蛛和阿逗说了什么？你们猜阿逗会怎么想、怎么做？

（五）引导幼儿回忆十三交友的经历，交流自己对前半部分故事的理解。

提问：十三是一个什么东西？他为什么心情不好？他在想念谁？十三在交友的途中遇到了哪些小动物？小动物们是怎样对待他的？十三在回家途中再次遇到了蜘蛛，还遇到了阿逗。让我们看看接下来会发生什么事情。

三、阅读绘本第 12～21 页，理解画面内容。

（一）幼儿自主阅读绘本第 12～21 页。

引导语：后来又发生了什么故事？请小朋友仔细阅读绘本，说说后面发生的故事。

提问：十三遇到阿逗以后，又发生了什么事情？

（二）师幼共读绘本第 12～16 页。

提问：十三遇到阿逗后，他们是怎么成为朋友的？成为朋友之后，他们做了什么？他们的心情怎么样？（一起生活、玩耍，非常开心。）

（三）师幼共读绘本第 17～21 页。

提问：大风刮起以后，小动物们遇到了什么危险？十三是怎么做的？你们猜最后怎么样了？

（四）师幼共读绘本第 22～23 页。

提问：十三救起了落水的小动物们，大家对十三说了什么、做了什么？十三有什么反应？为什么？（学习词语“绅士”。）

四、完整欣赏故事，随着故事情节的发展有序地阅读绘本，尝试讲述故事主要情节和对话。

引导语：这个故事的名字叫作《阿逗家的故事·木头朋友》。现在，我们一起完整地看一看、听一听、讲一讲这个故事。

提问：故事中，十三什么时候是开心、快乐的？什么时候是伤心、害怕的？为什么？

活动延伸

·游戏活动：（1）在语言区投放绘本《阿逗家的故事·木头朋友》，引导幼儿进一步理解故事内容，感受阿逗和十三的友谊。（2）在美工区为幼儿提供木头小人、彩色颜料、笔刷及毛球、贝壳、毛根、卡纸、皱纹纸等材料，鼓励幼儿大胆想象，利用材料给木头小人设计发型、衣服、鞋子等，体验设计、创作的乐趣。

·教学活动：开展教学活动“我的剧本我做主”。准备绘本《阿逗家的故事·木头朋友》、剧本底图、彩笔、投影仪等，引导幼儿阅读绘本，进一步感受绘本故事中的冲突，并根据绘本故事线索初步确定剧本内容，尝试与同伴共同创编剧本，体验创编的乐趣。师幼共同确定的剧目如下。

第一幕：十三的独白。

第二幕：找朋友。

第三幕：阿逗与十三的快乐生活。

第四幕：风暴来了。

第五幕：大家都是好朋友。

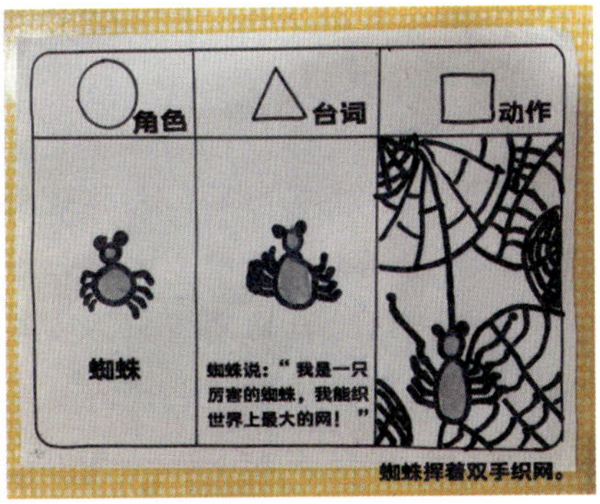

图 4-2　幼儿创编的剧本一

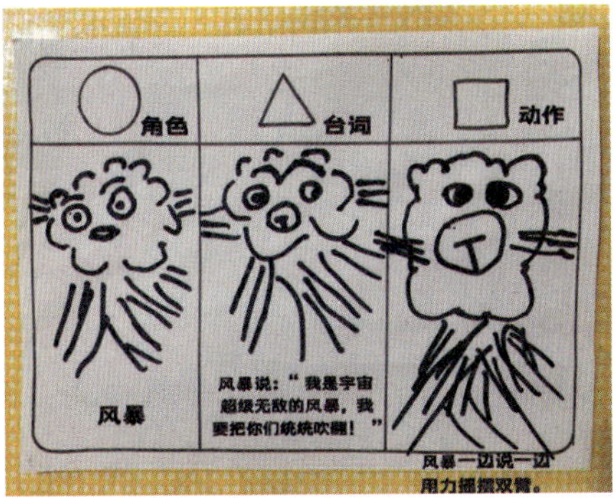

图 4-3　幼儿创编的剧本二

图 4-4　幼儿创编的剧本三

图 4-5　幼儿创编的剧本四

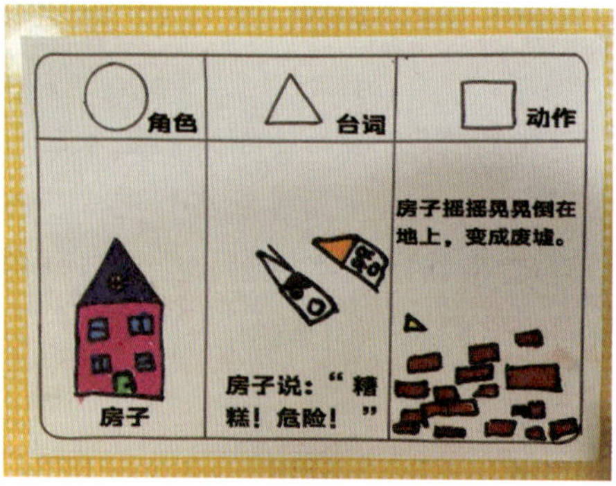

图 4-6　幼儿创编的剧本五

图 4-7　幼儿创编的剧本六

第一阶段的反思

本阶段历时四周。教师重点引导幼儿熟悉和理解绘本内容，大胆将绘本故事创编成剧本，并完整讲述自己创编的剧本。在幼儿通读绘本之后，教师引导幼儿体验十三开始时的孤单、阿逗和十三成为朋友之后的快乐，以及十三帮助小动物们脱险后小动物们向他表达的诚挚歉意。幼儿逐渐能完整地复述故事。在此基础上，教师有意识地引导幼儿尝试创编剧本，通过集中教学的提问、讨论等方式，梳理了剧本的分幕、角色、情节等。教师还鼓励幼儿在区域活动中将想法记录下来。

第二阶段：戏剧的创作

通过第一阶段的绘本阅读，幼儿初步创编了剧本。幼儿能独立思考，与同伴友好协商，将自己的想法记录下来。基于幼儿讨论的结果，教师将在第二阶段的活动中，鼓励幼儿大胆想象，用韵律、歌唱等形式表达自己的感受，并进行个性化的表达与创造；同时，教师将根据幼儿的需求，调整或生成相应的活动内容。

活动一　十三找朋友

教学活动
艺术·韵律

活动目标

·倾听歌曲，感受歌曲的旋律，能随 A 段歌曲用肢体动作大胆表现十三与小动物打招呼的情景。

·能随 B 段歌曲愉悦地与同伴玩猜拳游戏，感受十三找朋友的快乐。

活动准备

·经验准备：（1）幼儿已经熟悉绘本故事，能够根据自己的想法与同伴讨论、创编剧本。（2）幼儿初步了解百灵鸟、狐猴、蜘蛛的形态特征和生活习性。

·材料投放：课件“阿逗家的故事·木头朋友”，音乐《我的好朋友》（节选）及动作图谱。

活动过程

一、回忆绘本故事，感受歌曲旋律。

（一）以课件导入，引导幼儿回忆绘本故事，激发幼儿的兴趣。

提问：十三孤独地在屋子里想念着他的哪些好朋友呢？他这时候的心情怎么样？于是他离开屋子，到森林里找新朋友。他走呀走，找呀找，遇到了谁？遇到小动物之后，他会做什么呢？

（二）播放歌曲，引导幼儿感受歌曲旋律。

二、学习表现十三和百灵鸟、狐猴、蜘蛛招手问好及握手等动作。

（一）清唱 A 段歌曲，表现十三和百灵鸟、狐猴、蜘蛛招手问好及握手等动作。

引导语：小朋友们，你们想不想交新朋友呀？那我们一起跟着十三去找朋友吧！

（二）清唱 A 段歌曲，引导幼儿学习招手问好及握手等动作（动作图谱见“活动资料”），并感受歌曲旋律。

三、分角色表现十三和百灵鸟、狐猴、蜘蛛玩游戏的过程。

（一）清唱 B 段歌曲，鼓励幼儿分角色表现十三和百灵鸟、狐猴、蜘蛛玩游戏的过程（动作图谱见“活动资料”）。

引导语：现在老师来扮演十三，你们来扮演玩游戏的小动物。请你们分别扮演百灵鸟、狐猴、蜘蛛，用刚才的动作和十三一起玩游戏吧！

（二）幼儿两两面对面站立，一名幼儿扮演十三，一名幼儿扮演小动物，边唱 B 段歌曲边玩游戏。

四、播放完整歌曲，带领幼儿尝试随乐表演。

（一）播放歌曲，带领幼儿面对面站立，随乐表演。

（二）再次播放歌曲，组织幼儿面对面站立，随乐歌唱并表演。

引导语：小木头们、小动物们，我们一起跟随歌曲找朋友吧！

五、分组游戏。

（一）将幼儿分成两组，一组幼儿扮演十三，一组幼儿扮演小动物，随机“找朋友”。

引导语：刚才在表演的时候，你是怎样和好朋友玩游戏的？

（二）角色互换，再次游戏。

活动延伸

·游戏活动：（1）在语言区投放绘本《阿逗家的故事·木头朋友》中的角色指偶、背景图，引导幼儿选择自己喜欢的角色指偶，模仿角色的表情、动作，创编简单的故事情节。（2）在表演区投放情境布景、剧本，鼓励幼儿在充分感受十三心情的基础上表演十三的独白。（3）在美工区投放超轻黏土、毛根、剪刀等材料，引导幼儿用搓圆、压扁等手法将超轻黏土捏成蜘蛛的身体，并用毛根做蜘蛛的腿，提高动手能力。

活动资料

我的好朋友（歌词）（节选）

A：你好吗？我很好。
　　你是谁？我是我。
　　玩游戏，好不好？
　　握握手呀好朋友。
B：剪刀、石头、布，
　　咕噜噜噜，猜！

我的好朋友（动作图谱）

1. 歌词：你好吗

动作：双手放在两耳旁，左右摇摆掌心

2. 歌词：我很好

动作：双手捧在胸前

3. 歌词：你是谁

动作：左右摊手

4. 歌词：我是我

动作：双手放于胸前，手指并拢指向自己

5. 歌词：玩游戏，好不好

动作：左右摊手

6. 歌词：握握手呀好朋友

动作：身体转向同伴，伸出双手与同伴握手

7. 歌词：剪刀、石头、布

动作：一只手背在身后，另一只手伸出，分别做剪刀、石头、布的手势

8. 歌词：咕噜噜噜，猜

动作：身体转向同伴，一只手叉腰，一只手猜拳

活动二　阿逗与十三的快乐生活

教学活动
语言·文学活动

活动目标

·倾听诗歌，初步学会朗诵。

·在理解诗歌的基础上尝试仿编。

活动准备

·经验准备：幼儿初步了解春、夏、秋、冬四季的特点。

·材料投放：春、夏、秋、冬景色的图片及录像，背景音乐。

活动过程

一、播放春天景色的图片及录像，激发幼儿的兴趣。

（一）播放春天景色的图片及录像，引出诗歌《春之歌》。

引导语：（1）在不同的季节，我们周围的环境会有什么样的变化呢？让我们一起欣赏春天的景色吧！（2）今天老师带来了一首好听的诗歌，名字叫《春之歌》，请小朋友仔细听听诗歌里面说了些什么。

（二）幼儿完整欣赏《春之歌》，初步了解内容，感受《春之歌》的优美意境。

二、播放夏天景色的图片及录像，引导幼儿了解夏天的景色。

（一）播放夏天景色的图片及录像，引出诗歌《夏之舞》。

（二）幼儿完整欣赏《夏之舞》，初步了解内容，感受《夏之舞》的优美意境。

三、播放秋天景色的图片及录像，引导幼儿了解秋天的景色。

（一）播放秋天景色的图片及录像，引出诗歌《秋之色》。

（二）幼儿完整欣赏《秋之色》，初步了解内容，感受《秋之色》的优美意境。

四、播放冬天景色的图片及录像，引导幼儿了解冬天的景色。

（一）播放冬天景色的图片及录像，引出诗歌《冬之梦》。

（二）幼儿完整欣赏《冬之梦》，初步了解内容，感受《冬之梦》的优美意境。

五、运用多种形式，引导幼儿学习有感情地朗诵诗歌。

（一）结合图片，引导幼儿初步学习完整朗诵诗歌。

（二）结合音乐，引导幼儿有感情地朗诵诗歌。

（三）幼儿分组接念诗歌。

六、鼓励幼儿自主想象，结合自己的生活经验仿编诗歌。

（一）幼儿自由讨论、尝试仿编，教师根据幼儿的回答做适当引导。

（二）教师和幼儿一起梳理仿编的内容。

活动延伸

· 游戏活动：在语言区投放大转盘及与春、夏、秋、冬四季相关的图片，引导幼儿自主仿编诗歌。

活动资料

春　之　歌

春雨沙沙沙，竹笋发芽了，花儿盛开了，小树长高了。

夏　之　舞

荷花盛开了，荷叶转圈圈，青蛙荷叶跳，池塘真热闹。

秋　之　色

稻田金灿灿，树叶变黄了，风儿轻轻吹，落叶满天飞。

冬　之　梦

天上下雪了，落雪压枝头，河水结冰了，雪人打雪仗。

活动三　阿逗与十三的快乐生活——春之歌

教学活动
艺术·韵律

活动目标

· 欣赏乐曲轻柔的旋律，感受春天充满希望的意境，并用语言描述春天的景色。

·倾听乐曲，想象并随乐表现竹笋撑破地面的情景。

活动准备

·经验准备：(1) 家长、教师、幼儿共同收集音乐素材，经过幼儿投票，选定了春、夏、秋、冬四个主题的音乐。(2) 幼儿欣赏过春天多种多样的景色图片及录像，知道竹笋在春天长大；学习过诗歌《春之歌》。

·材料投放：春雨动画，音乐《Spring（春）》(久石让钢琴曲)。

活动过程

一、播放春雨动画，引导幼儿欣赏春天的景色，想象竹笋长大的情景，激发幼儿的表演兴趣。

引导语：春天来了，让我们一起来看一看春雨的样子吧！

二、引导幼儿完整欣赏乐曲《Spring（春）》，想象并表现竹笋努力撑破地面的情景。

（一）引导幼儿完整欣赏乐曲，想象竹笋努力撑破地面的情景。

引导语：春天，阿逗和十三一起倾听竹笋努力撑破地面的声音。那会是怎样的情景呢？让我们听着乐曲一起来想象一下吧！

（二）引导幼儿再次欣赏乐曲，大胆表现竹笋努力撑破地面的情景。

1. 引导幼儿用肢体动作表现竹笋努力撑破地面的情景。

提问：听完乐曲，你们觉得竹笋长大了吗？那会是一根什么样的竹笋呢？它的心情如何呢？

引导语：竹笋在春雨的灌溉下，变得有力气了，想要快快长大！谁能用动作来表现一下竹笋撑破地面的样子？

2. 鼓励幼儿用肢体做出不同的竹笋造型，用自己喜欢的方式表达对乐曲的感受和理解。

三、引导幼儿随乐表现。

引导幼儿完整随乐表现竹笋撑破地面以及阿逗、十三与竹笋一同舞蹈的情景。

活动延伸

·游戏活动：(1) 在表演区投放音乐、动作图谱，引导幼儿随乐用肢体大胆表现春天竹笋发芽、长大的情景。（2）在美工区投放彩纸、折竹笋的步骤图，引导幼儿认识竹笋的外形，并按步骤图折竹笋。

· 教学活动：（1）“阿逗与十三的快乐生活——夏之舞”。播放池塘蛙虫鸣叫的录音、音乐《Summer（夏）》（久石让钢琴曲），引导幼儿欣赏乐曲欢快的旋律，用语言大胆描述夏天的景色，并随乐表现荷花、荷叶长大的情景，感受乐曲欢快的旋律。（2）“阿逗与十三的快乐生活——秋之色”。播放树叶飘落的录像、音乐《夕暮れの風（晚风）》（久石让钢琴曲），引导幼儿欣赏乐曲，用语言大胆描述秋天的景色，并随乐创编落叶飞舞的动作，感受乐曲轻快、流畅的旋律。（3）“阿逗与十三的快乐生活——冬之梦”。投放雪花飞舞的录像、音乐《冬の夢（冬之梦）》（久石让钢琴曲），引导幼儿欣赏乐曲，用语言大胆描述冬天的景色，并随乐表现雪人滑雪和打雪仗的情景，感受乐曲优美、轻柔的旋律。

活动四　风暴来了

教学活动
艺术·韵律

活动目标

· 能倾听打雷下雨的音效，想象风暴来临的情景。

· 能自主运用动作随音效表现大风吹倒大树和房子的情景。

活动准备

· 经验准备：幼儿观看过刮台风的新闻和录像片段。

· 材料投放：打雷下雨的音效、图谱。

活动过程

一、谈话导入，回顾绘本故事。

提问：（1）在第四幕“风暴来了”中，阿逗和十三遇到了一场巨大的风暴。风暴来临时，森林会发生什么变化？（2）后来发生了什么事？他们是如何渡过难关的？

二、引导幼儿完整倾听打雷下雨的音效，想象大风来时的情景。

提问：刚才播放的声音中，什么时候刮起了大风？我们可以做什么动作来表示？大树和房子倒塌可以做什么动作来表示？

三、出示图谱，引导幼儿边看图谱边用肢体动作表现大风来时的情景。

引导语：（1）这里有一张图谱，画的就是你们想象出来的大风吹倒大树和房子的顺序。大风吹倒一批大树和房子后，又继续去吹倒其他大树和房子。最后，大风夹杂着大树和房子，变成了超级大风，把小动物们吹进了河里。（帮助幼儿了解图谱中不同图所表示的意思。）（2）我们一起看着图谱来做一做动作。（一边指图谱，一边带领幼儿做动作。）

四、引导幼儿跟随打雷下雨的音效有节奏地做动作，表演“风暴来了”。

（一）引导幼儿尝试随音效有节奏地做动作。

引导语：（1）小朋友已经知道大风是怎么吹倒大树和房子的了。我们听着打雷下雨的声音来做一做。（带领幼儿一起随音效做动作。）（2）小朋友们在跟着打雷下雨的声音做动作时，有什么困难？（3）我们一起听着打雷下雨的声音再做一次动作，大家要跟着打雷下雨的声音有节奏地做动作。（带领幼儿再次随音效有节奏地做动作。）

（二）引导幼儿随音效表演“风暴来了”。

引导语：我们听着打雷下雨的声音再表演一次“风暴来了”。

五、引导幼儿完整表演“风暴来了”，体验集体游戏的快乐。

引导语：想一想大树和房子被大风吹倒时我们应该站成什么队形，请大家准备好。（引导幼儿站成单圈，准备游戏。）我们一起听着打雷下雨的声音完整表演。

活动延伸

·游戏活动：在表演区投放打雷下雨的音效、服饰、舞台布景，引导幼儿随音效用肢体大胆表现大风吹倒大树、房子以及十三营救小动物的情景。

·教学活动：“风暴中的故事”。播放打雷下雨的音效，引导幼儿尝试随音效创造性地表现小动物落水时呼喊求救的动作和害怕的神情，以及十三营救小动物时的动作、神情和语言。

活动资料

风暴来了（图谱）

活动五　大家都是好朋友

教学活动
艺术·韵律

活动目标

- 能够随乐做简单的舞蹈动作。
- 体验与同伴合作表演的快乐。

活动准备

- 经验准备：幼儿听过音乐《哈鹿哈鹿哈鹿》。

·材料投放：音乐《哈鹿哈鹿哈鹿》（节选）及动作图谱。

活动过程

一、倾听歌曲，感受歌曲的欢快旋律，并根据教师的动作（动作图谱见“活动资料”）理解歌曲。

引导语：十三在风暴中救起了阿逗和小动物们，大家成了好朋友。今天老师带来一首歌，大家听一听，看看歌曲里阿逗、十三和小动物们会跳什么舞、做什么动作。

二、带领幼儿随乐做动作。

（一）引导幼儿坐在位子上，随教师做简单的舞蹈动作。

引导语：我们一起来听着歌曲，坐在位子上做一做这些动作。

（二）引导幼儿起立，随乐做动作。

引导语：这次我们站在位子前来跳一跳这个舞蹈。（提醒幼儿相互注意，避免碰撞。歌曲结束时，每个幼儿要做出不同的姿势。）

三、幼儿围圈站立，尝试集体舞蹈。

（一）与幼儿讨论阿逗与十三的姿势。

（二）与幼儿讨论蜘蛛、百灵鸟和狐猴的姿势。

（三）组织幼儿集体随乐完整舞蹈。

引导语：这次我们要听着歌曲连起来跳舞，最后请摆出自己喜欢的姿势。

活动延伸

·游戏活动：将音乐《哈鹿哈鹿哈鹿》及动作图谱投放在表演区中，引导幼儿自主表演。

活动资料

哈鹿哈鹿哈鹿（歌词）（节选）

鹿哈鹿哈哟，
鹿哈鹿哈鹿哈哟，
鹿哈鹿哈哟，
鹿哈鹿哈哟，
您了伸手，您了伸手，
您了伸手伸手伸伸手，

您了伸手，您了伸手，
哈鹿哈鹿哈鹿哈鹿，
您了伸手，您了伸手，
您了伸手伸手伸伸手，
您了伸手，您了伸手，
哈鹿哈鹿哈鹿哈鹿。

哈鹿哈鹿哈鹿（动作图谱）

1.歌词：鹿哈鹿哈哟

动作：双手叉腰

2.歌词：鹿哈鹿哈鹿哈哟

动作：双手在胸前连续拍掌

3.歌词：鹿哈鹿哈哟

动作：双手叉腰

4.歌词：鹿哈鹿哈哟

动作：双手在胸前连续拍掌

5.歌词：您了伸手，您了伸手

动作：左手摊手，右手摊手

6.歌词：您了伸手伸手伸伸手

动作：双手在胸前连续拍掌

7.歌词：您了伸手，您了伸手

动作：左手摊手，右手摊手

8.歌词：哈鹿哈鹿哈鹿哈鹿

动作：双手举高左右摇摆

9.歌词：您了伸手，您了伸手

动作：左手摊手，右手摊手

10.歌词：您了伸手伸手伸伸手

动作：双手在胸前连续拍掌

11.歌词：您了伸手，您了伸手

动作：左手摊手，右手摊手

12.歌词：哈鹿哈鹿哈鹿哈鹿

动作：双手举高左右摇摆

活动六　我们一起来表演

游戏活动
表演区

活动目标

·明确角色的出场顺序，大胆说台词、表演动作。

活动准备

·材料投放：手环，《阿逗家的故事·木头朋友》表演所需音乐、头饰、道具、剧本，春、夏、秋、冬的背景立牌。

·环境创设：布置舞台、化妆间、道具室。

活动过程

一、介绍布置好的场景，导入游戏。

（一）出示角色头饰、表演道具等，激发幼儿参与活动的兴趣。

（二）帮助幼儿回忆故事中角色的出场顺序，熟悉角色之间的对话。

二、提出表演游戏的要求，帮助幼儿做好表演前的准备。

（一）鼓励幼儿用协商的方式，按照小组成员的意愿协调、分配角色。

（二）引导幼儿选择适合的头饰装扮自己。

三、介绍游戏规则。

（一）戴上手环后进入区域开始游戏。

（二）与同伴协商表演内容，按角色挑选所需的头饰、道具，自主装扮。

（三）取放头饰、道具时，注意保持区域的整洁。

（四）游戏中与同伴相互配合、友好协商与合作。

（五）游戏后及时整理、归位材料。

四、幼儿游戏，教师观察指导。

（一）观察幼儿角色分配和道具使用情况。

（二）观察幼儿表演时的出场和退场顺序、台词、动作，以及角色与角色之间的互动、角色与观众之间的互动。

五、收拾材料与场地，交流与评价。

活动延伸

· 游戏活动：邀请家长参与制作表演服饰、道具的活动，鼓励幼儿与家长合作，体验亲子制作的乐趣。

图 4-8　亲子作品一

图 4-9　亲子作品二

图 4-10　亲子作品三

第二阶段的反思

幼儿在第二阶段的活动中与教师或家长一起寻找音乐、创编动作，表现了自己对绘本故事的理解，体验了合作表演的乐趣。活动中，幼儿不断迁移创作经验，丰富创作内容，通过动作、表情、语言，大胆地、创造性地演绎各种角色。基于中班幼儿的年龄特点，在制作服饰和道具时，我们以亲子活动为主要活动形式，充分利用家庭教育资源，让幼儿在亲子手工活动中体验成功与快乐，同时为后期戏剧的展演奠定基础。

第三阶段：戏剧的展演

在前两个阶段中，幼儿通过讨论，确定了戏剧每一幕的内容；通过搜集、投票，选出了戏剧表演的音乐。在韵律活动、文学活动等一系列活动中，师幼合作，逐步完成了戏剧的整体创作。幼儿在戏剧音乐的感知力、角色的表现力等方面都有很大的提升。接下来，活动将进入戏剧的展演阶段。首先，教师将通过“我的角色我做主”活动完成戏剧选角；其次，组织幼儿制作邀请函；最后，进行戏剧的彩排，为戏剧的展演做好准备。

活动一　我的角色我做主

教学活动
社会·自我成长

活动目标

·积极主动地参与角色竞选，并能在集体面前大胆、有创意地表现角色。

·能接受竞选结果，享受与同伴公平竞选角色、合作表演的快乐。

活动准备

·经验准备：（1）幼儿有过表演戏剧的经验，经历过角色竞选的活动。（2）幼儿已在家与家长共同商讨要竞选的角色，共同创编角色的动作、台词并认真练习。

·材料投放：幼儿上次竞选戏剧角色的录像、课件背景、角色表、角色图片。

活动过程

一、播放幼儿上次竞选戏剧角色的录像，回顾竞选的过程。

引导语：让我们一起看一看上次戏剧正式演出前我们开展过的角色竞选活动。

二、师幼共同讨论本次角色竞选的规则。

引导语：想一想，我们这次角色竞选可以怎么做？

师幼共同讨论的规则：（1）请竞选同一个角色的幼儿依次表演该角色的动作与台词。（2）观众支持哪个演员就站在他（她）的身后，选择完毕后统计人数，人气最高的演员胜出。（3）同一角色得票相同的演员可再次进行比拼、接受投票，支持人数多者胜出；当两人比拼后再次出现得票相同的情况，则由两人一起扮演同一个角色。（4）没有被选上的演员可重新选择角色，参加随后的竞选。

三、开始竞选。

（一）邀请竞选同一角色的幼儿在全班面前依次表演。

（二）其他幼儿以站队的方式进行投票。

（三）统计票数，每个角色得票最高的幼儿当选该角色。

（四）未当选的幼儿重新选择角色，参加随后的角色竞选。

四、公布竞选结果。

活动延伸

·游戏活动：（1）在语言区投放角色头饰等，引导幼儿自主练习扮演当选的角色。（2）在表演区投放《阿逗家的故事·木头朋友》戏剧表演所需音乐、舞台背景、舞台标志及角色出场和退场路线图等，引导幼儿熟悉表演台词与动作，了解自己所扮演的角色的出场和退场顺序，注意在表演时与同伴、观众有表情和动作等方面的互动。（3）在美工区投放自贴纸、卡纸、剪刀、双面胶、胶枪等，引导幼儿装饰展演道具——房子；在幼儿了解邀请函用途的基础上，投放卡纸、自贴纸、泡沫纸、超轻黏土、水粉颜料等，引导幼儿运用剪、贴、画等方式自主设计邀请函，体验创作的乐趣。

图 4-11　幼儿制作的邀请函一

图 4-12　幼儿制作的邀请函二

活动二　戏剧展演

游戏活动
表演区

活动目标

·明确自己表演时的舞台站位以及出场和退场路线，能迅速找到自己在舞台上的表演位置。

·能运用动作、表情、语言等，与同伴合作完成戏剧表演。

活动准备

·材料投放：《阿逗家的故事·木头朋友》戏剧表演所需音乐、服饰、道具，舞台背景、标志，角色出场和退场路线图，摄像机。

·环境创设：教师与家长一起安排观众席及摄像机位，与幼儿一起布置舞台。

活动过程

一、幼儿自主装扮；即将出场的幼儿安静有序地候场，未出场的幼儿在观众席就座。

二、提出游戏要求。

要求：（1）观察演出舞台，明确舞台中心和表演时的站位。（2）倾听背景音乐，牢记自己出场时的音乐、退场时的音乐。（3）在表演时与同伴、观众有互动。（4）按演出顺序安静候场，认真观看表演。

三、幼儿表演，教师观察指导。

（一）戏剧正式展演，幼儿在戏剧中表现所扮演的角色，享受舞台表演的乐趣。

（二）观察指导要点：（1）根据演出顺序，引导幼儿明确所演角色的候场位置、出场和退场路线，提醒幼儿出场和退场时注意角色间的衔接。（2）关注幼儿的动作、表情，适时给予暗示。

四、展演结束，分享与交流。

回放展演录像精彩片段，引导幼儿同教师、家长一起交流展演体会，体验舞台表演的乐趣。

图 4-13　正式演出

图 4-14　演员候场

第三阶段的反思

活动的最后阶段，除了进行舞台布置的相关活动外，教师鼓励幼儿共同协商、讨论。教师通过“我的角色我做主”活动，引导幼儿自主选择喜欢的角色，自我展示，自主投票确定角色。在美工区里，教师引导幼儿自主设计、制作活动邀请函，并在幼儿园里分发邀请函、介绍戏剧内容，邀请幼儿园里的园长、教师、其他班幼儿以及家长观看表演。在活动中，每一个幼儿都是编剧、导演、道具师、舞美设计师，更是表演的主角。他们自信、积极，做活动的主人，享受活动给他们带来的成就感和满足感。

活动网络图

第一阶段：剧本的产生

- （1）教学活动：阿逗家的故事·木头朋友（语言·早期阅读）

第二阶段：戏剧的创作

- （1）教学活动：十三找朋友（艺术·韵律）
- （2）教学活动：阿逗与十三的快乐生活（语言·文学活动）
- （3）教学活动：阿逗与十三的快乐生活——春之歌（艺术·韵律）
- （4）教学活动：风暴来了（艺术·韵律）
- （5）教学活动：大家都是好朋友（艺术·韵律）
- （6）游戏活动：我们一起来表演（表演区）

第三阶段：戏剧的展演

- （1）教学活动：我的角色我做主（社会·自我成长）
- （2）游戏活动：戏剧展演（表演区）

参考剧本

第一幕　十三的独白

〔背景轻音乐响起，报幕员出场。〕

报幕员：有一个叫作十三的刀架，住在一座废弃的屋子里。他会有什么故事呢？请欣赏第一幕“十三的独白”。

〔背景轻音乐声中，报幕员退场。十三出场。〕

十三：我的名字叫十三，我是一个刀架，这是我的家。这是一座废弃的屋子。我的主人很久以前就搬走了，屋子里所有的东西一股脑儿全被带走，唯独落下我。我觉得孤单极了，时常想起大家都在的时候的快乐情景。我一个人在这里生活了好久，太孤单了，好想念我的主人和朋友们啊！

〔音乐《天空之城》响起，十三孤独地坐在沙发上，边想边哭。音乐停止，十三退场。〕

第二幕　找朋友

〔报幕员出场。〕

报幕员：有一天，十三决定离开屋子，去森林里找朋友。他会遇到谁呢？他能交到朋友吗？请欣赏第二幕“找朋友”。

〔报幕员退场。十三出场。〕

十三：我要出去找朋友！（来回走动）

〔音乐《小蜘蛛》响起，蜘蛛出场。〕

蜘蛛：我是一只厉害的蜘蛛，看我织的网又大又牢固。（舞动手臂织网，双手、双脚张开）

十三：（用手指着自己）我可以当你的朋友吗？

蜘蛛：（双手叉腰，用鄙视的神情看着十三）我不要和你做朋友，你这块木头太可笑了！哈哈哈哈……（仰天长笑，退场）

十三：唉，我再去找找别人吧。

〔音乐《I Like to Move It》（《马达加斯加 1》电影插曲）响起，狐猴出场。〕

狐猴：我是聪明的狐猴，我有一条灵巧的尾巴！（转身摆动尾巴）

十三：（双手指向自己，再摊手指向狐猴）我可以当你的朋友吗？

狐猴：（用力地指向十三，跺脚）烂木头，丑陋的家伙，滚出我的森林！哼！（捡起地上的石头扔向十三，退场）

〔**十三双手抱着头，跑到舞台右前方。蜘蛛、阿逗出场。**〕

阿逗：（双手指向自己，再摊手指向蜘蛛）你愿意当我的朋友吗？

蜘蛛：（一只手叉腰，一只手指向阿逗）我才不想当你的朋友呢，你就是个土豆啊，真是太荒谬了。哈哈哈哈……（仰天长笑，退场）

阿逗：（双手指向自己，再摊手指向十三）你愿意当我的朋友吗？

十三：（使劲点头）我愿意！

十三、阿逗：（十三和阿逗拍着手，抱在了一起，手拉着手笑着转圈）太好了！太好了！我们是好朋友了！

〔**十三、阿逗退场。**〕

第三幕　阿逗与十三的快乐生活

〔**报幕员出场。**〕

报幕员：从此以后，阿逗与十三成了好朋友。春天的时候，他们一起来到竹林，倾听竹笋努力撑破地面的声音。夏天的时候，他们一起躲在荷叶下避暑。秋天的时候，他们一起收集漂亮的叶子。冬天的时候，他们一起围着炉子取暖。请欣赏第三幕“阿逗与十三的快乐生活”。

〔**报幕员退场。阿逗与十三出场，站在舞台的中央。音乐《Spring（春）》响起，小草出场。**〕

小草：春雨沙沙沙，草地绿油油，小草在发芽，冲出泥土啦！（以双手合拢举高的造型出场后蹲下，慢慢变高，站起摇摆身体，站成圈拉起手转圈，退场）

〔**音乐《Summer（夏）》响起，荷叶、荷花出场。**〕

荷叶、荷花：阳光照大地，荷花都开了，青蛙荷叶跳，池塘真热闹。（荷叶、荷花集体蹲下；荷叶先慢慢起身，张开双臂，转圈，摆造型，然后手拉手围住荷花；荷花慢慢站起来，张开双手，转圈；荷叶和荷花一起转圈，退场）

〔**音乐《夕暮れの風（晚风）》响起，落叶出场。**〕

落叶：树叶换红装，稻田金灿灿，向日葵抬头，风吹落叶飞。（站成满天星队形后蹲下，轮流站起做飞舞动作，退场）

〔音乐《冬の夢（冬之梦）》响起，雪人出场。〕

雪人：雪花翩翩舞，落雪压枝头，大地穿银装，雪人打雪仗。（奔跑出场后站成一横排，摆造型；接着站成一纵队，搭肩膀，做滑雪的动作；然后散开变成两队，打雪仗；最后拥抱，退场）

〔十三、阿逗退场。〕

第四幕　风暴来了

〔报幕员出场。〕

报幕员：有一天，阿逗和十三遇到了一场巨大的风暴。风暴摧毁了他们的房子。阿逗被大风吹到了河里，小动物们也被大风吹到了河里。他们能够渡过难关吗？请欣赏第四幕“风暴来了”。

〔报幕员退场。打雷下雨的音效响起，大风出场。〕

大风：我是力大无比的风，我可以把所有东西都吹走，看我的厉害！呼——（挥舞着双手，跺脚；退场）

第五幕　大家都是好朋友

〔报幕员出场。〕

报幕员：真的太惊险了！小动物们被大风吹进了河里，十三不顾一切地朝他们游过去，驮着小动物们游啊游，终于游到了岸边。蜘蛛、狐猴向十三道歉，十三反而不好意思了，害羞地挠着脑袋，笑着原谅了小动物们。请欣赏第五幕“大家都是好朋友”。

〔报幕员退场。阿逗、十三、蜘蛛、狐猴出场。〕

蜘蛛、狐猴：谢谢你救了我们，请原谅我们之前的无礼。

十三：不用客气，我最擅长游泳了，因为我是一块木头嘛。

十三、阿逗、蜘蛛、狐猴：哈哈哈……（抱在一起，欢快地笑）

〔众角色谢幕，退场。〕

狮 子 王

设计、执教：黄冰青　邓秀琴
指　　　导：张美洁

活动缘起

图 5-1　《狮子王》电影海报

在票选戏剧活动的主题时，《狮子王》得到幼儿的一致好评，高票当选。《狮子王》讲述的是狮子王木法沙的儿子辛巴在好朋友的帮助下逐渐成长，最终回到荣耀国战胜刀疤，成为新一任狮子王的故事。电影中活泼可爱的卡通形象、震撼人心的壮丽场景、优美的配乐，及其所描述的感人至深的亲情、友情与责任等内容，深受幼儿喜欢，也让幼儿萌发了将电影《狮子王》改编为戏剧的想法。教师顺应幼儿的兴趣，决定把《狮子王》作为班级创意戏剧活动的“底本”。

预期活动目标

一、理解《狮子王》的故事，尝试以师幼合作、幼幼合作、亲子合作等形式改编故事，创编角色对话、动作等，完成戏剧剧本的创作。

二、尝试与教师、家长合作，为戏剧选择自己喜欢的音乐和表现形式，充分感受自主参与戏剧活动的乐趣。

三、能选择自己喜欢的材料，与教师、家长、同伴合作制作戏剧中各角色的服饰以及舞台布景等。

四、学习与教师、同伴共同商讨及解决活动中的动作编排、角色竞选、出场和退场顺序、队形设计等问题。

五、能按照协商好的展演计划大胆地参与戏剧展演活动，充分感受参与创意戏剧的乐趣。

预设活动网络图

- 第一阶段：剧本的产生
  - （1）教学活动：狮子王（语言·讲述活动）
  - （2）家庭活动：创编剧本
  - （3）教学活动：我们的剧本（语言·谈话活动）
  - （4）游戏活动：剧本创编、讲述（语言区）
- 第二阶段：戏剧的创作
  - （1）教学活动：我是狮子王（艺术·歌唱）
  - （2）教学活动：哈库呐玛塔塔（艺术·歌唱）
  - （3）教学活动：狡猾的土狼（语言·文学活动）
  - （4）教学活动：辛巴庆生（艺术·韵律）
  - （5）教学活动：王者对决（艺术·韵律）
  - （6）家庭活动：制作角色服装和道具
  - （7）游戏活动：狮子王（表演区）
  - （8）游戏活动：制作角色头饰（美工区）
- 第三阶段：戏剧的展演
  - （1）教学活动：我的角色我做主（社会·自我成长）
  - （2）游戏活动：制作邀请函（美工区）
  - （3）游戏活动：戏剧彩排（表演区）
  - （4）游戏活动：戏剧演出（表演区）

活动过程

第一阶段：剧本的产生

在第一阶段，教师将会通过亲子观影、谈话等活动帮助幼儿理解影片《狮子王》的角色及故事。在此基础上，教师还将通过集中教学活动中的师幼创编、家庭活动中的亲子创编、区域游戏中的幼幼创编，引导幼儿创编剧本。

活动一　狮子王

教学活动
语言·讲述活动

活动目标

· 能清楚讲述影片《狮子王》中自己最喜欢的角色和片段。

· 能倾听他人发言，并遵守轮流发言的规则。

活动准备

· 经验准备：幼儿已在家与家长共同观看了影片《狮子王》，基本了解了影片中的角色及剧情。

· 材料投放：《狮子王》海报一张，张贴有各个角色图片的展板，号数贴。

活动过程

一、出示《狮子王》海报，激发幼儿的兴趣。

提问：这是谁，是什么电影的主角？

二、引导幼儿说一说最喜欢的角色。

（一）引导幼儿自由交流自己最喜欢的角色，了解幼儿的谈话情况。

引导语：请你和同伴说说里面有哪些角色，以及你最喜欢哪个角色、为什么喜欢他。

（二）幼儿投票选出最喜欢的角色。

（三）总结投票结果。

三、引导幼儿说一说最喜欢的片段。

（一）幼儿自由交流自己最喜欢的片段。

引导语：《狮子王》这部影片里有许多有趣的片段，哪个片段给你留下了深刻印象？请你跟你的好朋友分享一下。

（二）幼儿集体分享。

活动延伸

· 游戏活动：在语言区投放绘本《狮子王》和桌面手偶，引导幼儿尝试讲述和创编《狮子王》。

· 家园共育：鼓励幼儿回家与家长一起创编《狮子王》的故事，将它画出来，并请家长帮忙用文字记录下来。

活动二　创编剧本

家庭活动

活动目标

· 能在家长帮助下将自己喜欢的剧情或创编的剧情记录下来。

· 感受亲子创编的乐趣。

活动准备

· 经验准备：幼儿已有创编剧本的经验，并熟悉影片《狮子王》剧情。

· 材料投放：白纸、画笔、《〈狮子王〉情节创编倡议书》。

指导要点

一、向家长发放《〈狮子王〉情节创编倡议书》（详见“活动资料”），请家长引导幼儿说一说自己最喜欢的剧情，并鼓励幼儿将自己最喜欢的剧情画下来。

（一）请家长引导幼儿讨论剧情。

（二）请家长鼓励幼儿用绘画的方式记录自己最喜欢的剧情。

二、请家长用文字记录幼儿解读图画的内容。

三、请幼儿将亲子创编的剧情带到幼儿园分享。

图 5-2　亲子创编的剧情一

（亲子创编的剧情一：看，这是我们国家的王子，也就是我们未来的国王，他的名字叫辛巴。看，辛巴，有阳光的地方都是我们的王国，国王作为统治者总是像太阳一样升起和落下。有一天，辛巴，我会像太阳一样落下，那你就会作为新国王，像太阳一样升起。）

图 5-3　亲子创编的剧情二

（亲子创编的剧情二：刀疤当上国王后，还是觉得不开心，于是就把辛巴召回来了。他问辛巴快乐的秘密，辛巴告诉他是“哈库呐玛塔塔”，并建议动物们轮流当国王，保卫荣耀国。刀疤采纳了他的建议，从此他们过着幸福快乐的生活……丁满说：“明天是不是轮到我当国王了？”彭彭说：“不，应该是我了。”辛巴：“那你们石头剪刀布吧，谁赢了谁当。哈哈哈……”）

图 5-4　亲子创编的剧情三

（亲子创编的剧情三：辛巴离开了荣耀国后，认识了彭彭和丁满。他们让辛巴懂得了“哈库呐玛塔塔”。彭彭和丁满还教会辛巴吃虫子。辛巴放下过去恩怨，回到荣耀国，拯救了即将饿死在刀疤统领下的族民，也救了叔叔刀疤一命。从此，被辛巴感化的刀疤和所有荣耀国的动物们以虫为食，再无杀戮。叔叔刀疤辅佐辛巴成为荣耀国的国王，一家人幸福快乐地生活在一起。）

图 5-5　亲子创编的剧情四

（亲子创编的剧情四：一天，太阳公公升起来了。哇，今天的天气可真好呀！呼——风吹在脸上特别舒服。小辛巴在这一天出生了！森林里的动物们听到这个消息都非常开心。花儿们迎接辛巴的出生，瞧，他们挥舞着绿叶，绽放着红脸蛋，欢迎辛巴的到来。）

活动资料

《狮子王》情节创编倡议书

各位家长：

宝贝们对《狮子王》已经有了一定的了解，《狮子王》也将成为我们的创意戏剧主题。本周请家长带着宝贝一起讨论自己最喜欢的剧情，并将最喜欢的剧情画下来。家长帮忙附上文字说明。

在上次幼儿园的活动中，有宝贝说不希望国王木法沙死掉，那可以怎么改变它呢？快来发挥你们的创意吧，创编属于你们的《狮子王》剧情。

活动三　我们的剧本

教学活动
语言·谈话活动

活动目标

- 根据故事线索，初步确定剧本内容。
- 尝试创编角色对话、动作、表情。
- 愿意与同伴协商，能接纳别人的意见。

活动准备

- 经验准备：幼儿已有创编剧本的经验，并熟悉影片《狮子王》剧情。
- 材料投放：剧本底图，角色图片，亲子创编的剧情图片。

活动过程

一、引导幼儿回忆《狮子王》的内容，讨论故事中的主要角色和情节。

提问：《狮子王》这部影片里有哪些角色？它讲了一个什么故事？

二、师幼共同协商剧本的内容。

（一）展示亲子创编的剧情，以投票的形式选出幼儿最喜欢的创编剧情。

引导语：小朋友跟爸爸妈妈一起创编了好多剧情，有《木法沙归来》《爱吃龙虾的辛巴》《无忧无虑的森林》等。我们一起来看一看，并把票投给你最喜欢的创编剧情。

（二）师幼共同讨论剧本内容。

提问：如果我们要表演这个故事，我们可以演哪些内容，让别人看到我们的表演就可以了解这个故事？

（三）师幼共同小结剧本内容。

第一幕：辛巴出世。

第二幕：刀疤的圈套。

第三幕：哈库呐玛塔塔。

第四幕：王者归来。

三、幼儿分组创编《狮子王》剧本，教师观察指导。

引导语：现在请小朋友选择其中一幕，和同伴一起讨论、创编它的角色、对话、动作。

四、分享创编的剧本。

图 5-6　小组一的剧本

（小组一的剧本：在非洲大地的荣耀国中，小狮子辛巴出生了，动物们前往荣耀石参加庆典。木法沙、沙拉碧、斑马、鳄鱼、长颈鹿、火烈鸟、大象

金教鞭

等动物都来庆祝辛巴出生。拉飞奇说："这是未来的狮子王辛巴。"小动物们说："国王万岁！"）

图 5-7　小组二的剧本

（小组二的剧本：小狮子辛巴和娜娜一起来到了大象墓地，他们遇到了凶恶的土狼。土狼想要吃掉辛巴。辛巴很害怕，幸好木法沙救了他们，赶跑了土狼。）

图 5-8　小组三的剧本

（小组三的剧本：辛巴以为是自己害了爸爸，非常伤心难过。辛巴逃离了荣耀国，来到了一片美丽的森林里，遇到了两位新朋友——丁满和彭彭。丁满和彭彭帮助了辛巴，和辛巴一起玩游戏，让辛巴变得快乐起来。）

图 5-9　小组四的剧本

（小组四的剧本：辛巴和娜娜还有很多的小狮子一起玩游戏。辛巴觉得游戏不好玩，他们想去大象墓地。娜娜问："那个地方美丽吗？"辛巴说："我也不知道，我想，一定是个神奇、好玩的地方吧。"）

活动延伸

·游戏活动：在语言区投放幼儿创编的剧本，鼓励幼儿在此基础上不断丰富剧本的内容，并大胆和同伴讲述。

活动四　剧本创编、讲述

游戏活动
语言区

活动目标

·能认真阅读绘本《狮子王》，进一步理解故事的主要角色及内容。
·尝试用绘画、粘贴等方式继续和同伴创编剧本。

活动准备

·经验准备：幼儿熟悉影片《狮子王》剧情。
·材料投放：绘本《狮子王》、剧本底图、彩笔、剪刀、胶水、沙盘、自制手偶。

活动过程

一、提出游戏要求，介绍玩法和规则。

（一）阅读。

玩法：自主阅读绘本《狮子王》，进一步了解故事的主要角色及内容，并尝试创编剧本。

（二）创编。

玩法：用绘画、粘贴等方式，在剧本底图上和同伴创编剧本。

（三）讲述。

玩法：（1）利用沙盘讲述自己创编的故事，提高语言表达能力。（2）与同伴一起，利用自制手偶进一步熟悉剧本内容，练习角色对话，体验分享的快乐。

二、幼儿游戏，教师观察指导。

观察要点：（1）幼儿能否根据故事内容创编剧本。（2）幼儿能否根据自己的意愿，用绘画、粘贴等方式创编剧本。（3）幼儿能否利用沙盘讲述自己创编的剧本。

三、组织幼儿投票选出最想表演的剧本。

展示幼儿创编的各类剧本，并引导幼儿为最喜欢的剧本投票，最终确定幼儿最想表演的剧本。

第一阶段的反思

在第一阶段，幼儿在理解影片《狮子王》的故事情节及角色的基础上，尝试改编故事情节、创编剧本，在师幼创编、亲子创编、幼幼创编中形成了多种创意戏剧剧本。幼儿创编的丰富多样的剧本已经成为语言区中的素材。幼儿在区域活动中能够按意愿创编剧本，并利用故事沙盘大胆地与同伴讲述剧本内容。最后，幼儿通过协商、投票，确定了最终想要表演的戏剧剧本（详见“参考剧本”）。

第二阶段：戏剧的创作

在第二阶段，教师将充分调动幼儿的想象力与创造力，结合幼儿第一阶段创编的剧本，引导幼儿与家长共同参与活动。幼儿将会在教师与家长的支持下，创编《狮子王》的系列歌曲、儿歌，并参加“狡猾的土狼”双簧表演、“动物狂欢会”亲子鼓圈游戏等活动。为了更好地满足幼儿的需要，教师还将为幼儿提供丰富的材料，供幼儿制作角色的服饰、道具等。

活动一　我是狮子王

教学活动
艺术・歌唱

活动目标

・理解歌词内容，尝试用 RAP（说唱）的形式演唱歌曲，体验说唱的乐趣。

・感受歌曲中辛巴自信、勇敢的个性特点。

活动准备

・经验准备：幼儿熟悉影片《狮子王》的情节，知道辛巴是影片里的角色，是未来的狮子王。

・材料投放：辛巴玩偶、课件、小鼓、鼓槌、音乐《狮子王》（贝瓦儿歌）。

活动过程

一、出示辛巴玩偶并提问，引导幼儿了解故事角色的性格特点。

提问：这是谁？他是一只什么样的狮子呢？

小结：他就是辛巴。他是一只自信、勇敢的狮子。

二、引导幼儿完整欣赏歌曲，感受 RAP 的风格，理解歌曲的内容。

（一）引导幼儿完整欣赏歌曲，初步感受 RAP 的风格。

引导语：辛巴除了敢于冒险，还特别喜欢唱歌。今天他要给大家唱一首《狮子王》，一起来听听看。

提问：辛巴唱的这首歌跟我们平时听到的歌曲有什么不一样的地方？

小结：前面是有节奏地说话，后面是唱歌。这种有节奏地说话的演唱形式叫说唱。

（二）引导幼儿再次完整欣赏歌曲，理解歌词内容。

（三）完整演唱歌曲，引导幼儿进一步理解歌词内容。

引导语：请小朋友听老师唱一遍，听听歌曲里唱了什么。

三、引导幼儿尝试用 RAP 的形式演唱歌曲。

（一）集体朗诵歌词。

（二）引导幼儿尝试说唱，表现出 RAP 的节奏感和韵律感。

引导语：现在老师用鼓敲出节奏，请小朋友跟着鼓的节奏念出歌词。

（三）引导幼儿随乐演唱歌曲。

四、集体演唱歌曲《狮子王》。

引导语：现在你们每个人都是狮子王，让我们一起跟着音乐，边做动作边演唱歌曲吧。

活动资料

狮子王（歌词）（节选）

现在轮到我出场，
聚焦全宇宙目光。
我脚踩太阳、手捧月亮，
把尖叫声调到最响。
To be No. 1.
世界在我的手掌。
啦啦啦啦啦啦啦，
我是骄傲狮子王。
To be No. 1.
这就是我的主场。
啦啦啦啦啦啦啦，
我是骄傲狮子王。

活动二　我们的国度

教学活动
艺术·歌唱

活动目标

· 理解歌曲的内容，感受歌曲轻松、愉快的旋律。

· 能用问答对唱的方式演唱歌曲。

活动准备

· 材料投放：木法沙带着辛巴站在荣耀石上眺望国度的图片，音乐《我们的国度》（根据音乐《Le Papillon》改编）。

活动过程

一、图片导入，激发幼儿的兴趣。

引导语：在《狮子王》中，木法沙带着辛巴站在荣耀石上，眼前的一切都是木法沙的国度，他们说了些什么？

二、引导幼儿完整欣赏歌曲，理解歌曲结构并记忆歌词。

引导语：他们唱了一首好听的歌曲叫《我们的国度》，我们一起来听一听。

（一）引导幼儿完整欣赏歌曲。

提问：（1）歌曲有两个声音，你们觉得这两个声音分别是谁呢？（2）你们猜猜，辛巴跟木法沙会唱些什么呢？

小结：歌曲是辛巴与木法沙的对话，这种一问一答的歌曲叫问答歌。

（二）引导幼儿再次完整欣赏歌曲，进一步理解歌曲一问一答的结构。

（三）引导幼儿第三次完整欣赏歌曲，尝试记忆歌词。

三、引导幼儿分角色学唱歌曲。

（一）教师演唱辛巴部分的歌词，鼓励幼儿学习演唱木法沙部分的歌词。

引导语：现在老师来唱辛巴的部分，小朋友跟着音乐学习演唱木法沙的部分。木法沙在唱歌的时候声音是什么样的？我们一起来试试看。

（二）教师演唱木法沙部分的歌词，鼓励幼儿学习演唱辛巴部分的歌词。

引导语：现在我们来交换一下角色，你们来当辛巴，老师来当木法沙。

四、引导幼儿分角色演唱歌曲。

（一）将幼儿分成两组，一组幼儿演唱辛巴的歌词，另一组幼儿演唱木法沙的歌词。

（二）两组幼儿交换角色再次演唱。

活动延伸

· 游戏活动：将音乐《我们的国度》投放在表演区，鼓励幼儿随乐进行戏剧表演。

· 家园共育：请家长与幼儿共同改编音乐《我们的国度》。

活动资料

我们的国度（歌词）

辛巴：哪儿是我们的国度？

木法沙：太阳照到的地方。

辛巴：一切都属于我吗？

木法沙：总有一天那都是你的。

辛巴：如果太阳照不到的呢？

木法沙：那里不属于我们。

辛巴：可是，它会是什么地方呢？

木法沙：你永远都不能去那些地方。

辛巴：可我成为国王不是想做什么就做什么吗？

木法沙：不，国王可不能为所欲为。

活动三　哈库呐玛塔塔

活动目标

·理解歌曲的内容，学会用轻松、愉快的声音演唱歌曲。

·体验歌唱活动的快乐。

活动准备

·材料投放：音乐《哈库呐玛塔塔》。

活动过程

一、以《狮子王》故事导入，激发幼儿兴趣。

引导语：在《狮子王》中，辛巴离开荣耀国后遇到了丁满和彭彭。那时候辛巴很难过，以为是他害得他的父亲掉落悬崖死了。这时候丁满和彭彭告诉辛巴一个神奇的词语“哈库呐玛塔塔”，你们知道“哈库呐玛塔塔”是什么意思吗？

二、播放歌曲《哈库呐玛塔塔》，引导幼儿欣赏歌曲，初步理解歌词内容。

（一）提出欣赏要求，引导幼儿欣赏。

引导语：“哈库呐玛塔塔”就是无忧无虑、没有烦恼的意思。我们来欣赏歌曲《哈库呐玛塔塔》，这是我们班希希宝贝和她妈妈看完《狮子王》之后创作的，我们一起来听听看。

（二）引导幼儿完整欣赏歌曲，感受歌曲轻松、愉快的旋律。

提问：听了这首歌，你的心情怎么样？

（三）引导幼儿再次欣赏歌曲，理解歌词内容。

提问：歌曲里唱了什么？

（四）引导幼儿第三次完整欣赏歌曲。

引导语：还有几个地方小朋友没有听出来，让我们一起再来听听看。

三、引导幼儿完整学唱歌曲。

（一）引导幼儿跟随伴奏，学唱歌曲。

引导语：我们跟着伴奏来演唱歌曲吧。

（二）引导幼儿完整学唱歌曲。

四、组织幼儿多形式地演唱歌曲。

（一）鼓励幼儿按照性别分组演唱歌曲。

（二）邀请部分幼儿上台演唱歌曲。

活动延伸

· 游戏活动：将音乐《哈库呐玛塔塔》投放在表演区，鼓励幼儿随乐表演。

活动资料

哈库呐玛塔塔（歌曲）

1=C $\frac{4}{4}$

黄若静 词曲

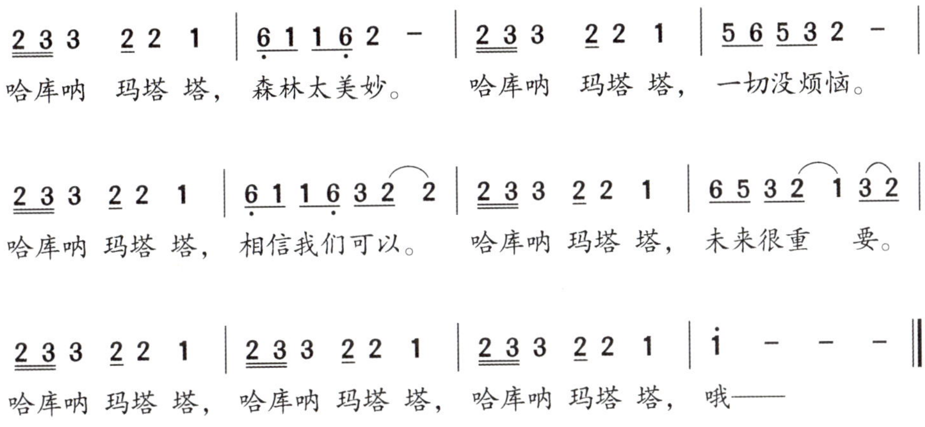

活动四　刀疤的荣耀国

教学活动
艺术·歌唱

活动目标

·理解歌词内容，能用 RAP 的形式演唱歌曲。

活动准备

·材料投放：音乐《刀疤的荣耀国》（由音乐《低碳贝贝》改编）、鼓、鼓槌。

活动过程

一、回忆《狮子王》的故事，导出歌曲。

引导语：辛巴在离开荣耀国后遇到了丁满和彭彭，他们在森林里一起过着无忧无虑的生活。辛巴长大后，他遇到了小时候的好朋友娜娜。娜娜把荣耀国这几年发生的事情都告诉了辛巴。老师把荣耀国发生的事情编成了一首好听的歌，请你们来听一听。

二、演唱歌曲《刀疤的荣耀国》，带领幼儿感受 RAP 的风格。

（一）示范演唱歌曲，引导幼儿欣赏。

（二）再次演唱歌曲，引导幼儿感受 RAP 的风格。

（三）播放歌曲，引导幼儿再次完整欣赏歌曲。

提问：歌曲里唱了什么？

三、引导幼儿学习演唱歌曲。

（一）用鼓敲击节奏，鼓励幼儿学唱歌曲。

（二）鼓励幼儿尝试说唱，表现出 RAP 的节奏感和韵律感。

四、引导幼儿分角色演唱歌曲。

（一）教师扮演娜娜、幼儿扮演辛巴演唱歌曲。

（二）幼儿扮演娜娜、教师扮演辛巴演唱歌曲。

（三）女生扮演娜娜、男生扮演辛巴演唱歌曲。

活动延伸

· 游戏活动：将音乐《刀疤的荣耀国》投放在音乐区，鼓励幼儿大胆演唱歌曲。

活动资料

刀疤的荣耀国（歌词）

娜娜：辛巴辛巴遇见你，真是快乐的事情。
原来你还记得我，就是你的好朋友。
那时我们一起玩，生活过得真快乐。
荣耀国是你的家，那里还有你妈妈。
但你走后出事了，刀疤毁了荣耀国。
辛巴：怎么回事？娜娜你快告诉我！
娜娜：辛巴，听我跟你说！
娜娜：刀疤设计了圈套，他害死国王木法沙。
从此带领着土狼，一起称霸荣耀国。
狮子、大象和斑马，全部毁在他手上。
辛巴：怎么会这样呢？
娜娜：辛巴，快跟我回荣耀国吧，一起拯救我们的家，成为我们的国王，像你爸爸一样伟大！

活动五　狡猾的土狼

教学活动
语言·文学活动

活动目标

· 能根据土狼的外形特征、生活习性与同伴合作创编《狡猾的土狼》。
· 能有表情地朗诵自己创编的《狡猾的土狼》。

活动准备

·经验准备：幼儿已有创编儿歌的经验，且初步了解土狼的外形特征及生活习性。

·材料投放：《狮子王》中土狼出场的录像片段。

活动过程

一、播放土狼出场的录像片段，引出土狼角色。

提问：这是谁？他长什么样？他最喜欢吃的东西是什么？最喜欢做的事情是什么？

二、引导幼儿根据土狼的外形特征和生活习性创编《狡猾的土狼》。

引导语：刚才小朋友们说了很多关于土狼的外形特征和生活习性。接下来，让我们结合土狼的外形特征和生活习性，编一首关于土狼的儿歌吧。

三、引导幼儿自由分组，尝试与同伴合作创编儿歌。

（一）幼儿按意愿分成若干组，与同伴合作创编儿歌；教师指导幼儿创编。

（二）每个小组推选一名代表分享创编的儿歌。

四、结合幼儿创编情况进行小结，帮助幼儿梳理经验。

结束：今天小朋友们一起创编了土狼的儿歌，知道要把土狼的样子、喜欢吃什么和性格特点都编到儿歌里，还把儿歌编得很幽默、搞笑。我们会将儿歌图谱投放到表演区，小朋友可以在表演区中朗诵和表演这首儿歌。

活动延伸

·家园共育：请家长带领幼儿将创编的《狡猾的土狼》置入不同的歌曲中。

活动资料

狡猾的土狼（幼儿创编的儿歌一）

我是土狼最强壮，
耳朵尖尖肚子圆。
动作快速牙齿尖，
动物世界我老大。

狮子老虎都过来，
今晚我要吃大餐。

狡猾的土狼（幼儿创编的儿歌二）

我是土狼最厉害，
躲在洞中抓不着。
阴险狡猾跑得快，
狮子王来都不怕。
陷阱等着木法沙，
今晚准备吃大餐。

活动六　狡猾的土狼

教学活动
艺术·歌唱

活动目标

·尝试用双簧表演中前脸与后背的表演方式与同伴合作表演。

·在熟悉歌曲《狡猾的土狼》旋律的基础上，能将双簧表演融入歌唱表演中。

活动准备

·经验准备：（1）幼儿已与家长共同创编音乐《狡猾的土狼》（根据音乐《饿狼传说》改编）并学会演唱。（2）幼儿已投票选出“我最喜爱的歌曲——《狡猾的土狼》”。

·材料投放：亲子改编的歌曲图谱、音乐，土狼披风、头饰，双簧录像等。

活动过程

一、复习儿歌《狡猾的土狼》，激发幼儿参与活动的兴趣。

二、播放幼儿最喜爱的《狡猾的土狼》歌曲，引导幼儿回忆歌曲旋律。

三、播放双簧录像，引导幼儿感知双簧的表演方式。

（一）播放双簧录像，引导幼儿观看。

引导语：今天，老师带来一段表演，请小朋友们来欣赏。

（二）引导幼儿讨论。

提问：你喜欢他们的表演吗？为什么？他们是怎么表演的呢？

（三）梳理提升。

小结：这种两个人演得像一个人的表演叫双簧。站在前面的人叫前脸，躲在后面的人叫后背。双簧表演中前脸的动作、表情很夸张，后背的语言很有趣。

四、鼓励幼儿两两结对，尝试将双簧表演融入《狡猾的土狼》歌唱表演中。

（一）引导幼儿讨论、了解双簧表演的技巧。

提问：（1）双簧表演过程中，表演前脸的演员用什么来表演？（2）表演后背的演员用什么来表演？

（二）梳理提升。

小结：前脸用脸部及身体来表演，后背只用语言来表演。

（三）邀请部分幼儿与教师配合进行双簧表演。

引导语：老师来表演后背，请一个小朋友来跟老师配合表演前脸。

提问：刚才老师和小朋友在配合表演时出现了什么问题？同时出现四只手，应该怎么办呢？

（四）梳理提升。

小结：在后面的小朋友手要背到身后去，只留前面的小朋友的手做动作。

（五）引导幼儿两人一组，商量好角色后尝试合作表演。

1. 幼儿自由分组表演。

2. 幼儿讨论表演中遇到的问题。

3. 幼儿再次表演。

4. 幼儿互换角色再次表演，感受与同伴合作进行双簧表演的乐趣。

五、鼓励幼儿穿上土狼披风、戴上土狼头饰，随乐表演。

活动延伸

·游戏活动：将音乐《狡猾的土狼》及土狼披风、头饰投放在表演区，鼓励幼儿随乐进行双簧表演。

活动资料

狡猾的土狼（歌词）

我是土狼我最奸诈，
空空的肚子饿得慌，
尖尖的牙齿眼睛亮，
非洲大地我最勇猛，
大象墓地是我的家，
狮子大餐最美味，
今晚就要吃掉他，吃掉他。

活动七　辛巴庆生

教学活动
艺术·韵律

活动目标

- 尝试随乐自由创编动作，大胆用动作表达对乐曲的理解与感受。
- 能与同伴用目光、动作进行交流，体验与同伴一起舞蹈的快乐。

活动准备

- 材料投放：非洲人跳舞狂欢的录像、非洲动物图片、音乐《Carnaval De Futebol》等。

活动过程

一、谈话导入。

提问：（1）《狮子王》电影里，辛巴出世的时候，动物们的心情怎么样？（2）你高兴的时候，会做什么呢？

二、播放非洲人跳舞狂欢的录像，引导幼儿感受非洲舞的动作。

（一）播放非洲人跳舞狂欢的录像。

（二）讨论非洲舞的特点。

提问：（1）在非洲，人们遇到高兴的事情，他们会怎么做呢？（2）非洲人的舞蹈跟我们平时跳的舞蹈有什么不一样？

（三）梳理提升。

小结：非洲人的舞蹈非常热情、欢快，动作狂野。

三、引导幼儿完整欣赏乐曲《Carnaval De Futebol》，感受乐曲热情、欢快的旋律。

引导语：辛巴庆生的狂欢会马上就要开始了，让我们一起来听听这首热情的乐曲吧。

四、引导幼儿模仿非洲动物的动作。

（一）出示非洲动物图片，引导幼儿自由选择自己想扮演的动物角色。

引导语：荣耀国里许多动物来参加辛巴的庆典，你想扮演什么动物来参加辛巴的庆典呢？请你用动作来告诉大家你扮演的是什么动物。

（二）鼓励幼儿用肢体动作大胆表现。

1. 鼓励幼儿随乐创编自己喜欢的动物的动作，其他幼儿猜想。

引导语：非洲动物可喜欢跳舞了，请你们把刚刚学的舞蹈跳起来，让大家来猜猜你扮演的是什么动物。

2. 循环播放乐曲，鼓励幼儿随乐大胆创编自己喜欢的动物的动作。

（三）再次播放乐曲，鼓励幼儿寻找舞伴进行斗舞。

引导语：动物们跳得太好了，到底谁跳得更好呢？要比比才知道。动物们可自由结伴，当乐曲响起的时候开始斗舞，看看谁跳得更好。

五、师幼共同扮演非洲动物进行表演，引导幼儿充分感受乐曲的热情、欢快，体验与教师、同伴一同表演的乐趣。

活动延伸

·游戏活动：将音乐《Carnaval De Futebol》投放在表演区，鼓励幼儿继续随乐表演。

活动八　森林小精灵

教学活动
艺术·韵律

活动目标

·熟悉乐曲的旋律，尝试随乐有节奏地用手部动作表现乐曲，体验手部表演带来的乐趣。

·感受乐曲生机勃勃、无忧无虑的意境。

活动准备

·经验准备：幼儿看过《千手观音》录像片段。

·材料投放：仙人掌镂空背景板、音乐《Angry Birds Theme》、绿色手套、摄像机。

活动过程

一、以手部表演导入活动，激发幼儿的兴趣。

（一）引导幼儿欣赏教师的手部表演。

引导语：瞧，我的手会跳舞，欢迎来观看我的舞蹈。

（二）师幼互动交流。

提问：你们喜欢我刚才的表演吗？它和你们以前看到的表演有什么不一样的地方？

（三）梳理提升。

小结：这是一种很特别的表演形式，表演者躲在幕后，没有露出自己的头和身体，只用手部动作进行表演，很像我们之前看过的《千手观音》。

二、播放完整乐曲，引导幼儿感受乐曲热情、欢快的特点。

（一）情境导入，引导幼儿完整欣赏乐曲，初步感受乐曲热情、欢快的特点。

引导语：今天“狮子王剧场”要带大家到无忧无虑的森林去，听说那里住着一群快乐的小精灵。小精灵在干什么呢？我们一起听一听吧。

（二）引导幼儿再次完整欣赏乐曲。

提问：你觉得小精灵在干什么呢？他们的心情是怎么样的？

三、播放完整乐曲，鼓励幼儿用动作表现对乐曲的理解。

（一）完整欣赏乐曲，鼓励幼儿用动作表现对乐曲的理解。

1. 提问：乐曲给我们带来什么感觉？小精灵发生了什么事情？

2. 梳理提升：有一群森林小精灵慢慢苏醒，无忧无虑地聚集在一起。

3. 鼓励幼儿大胆随乐用动作表现对乐曲的理解。

（二）再次完整欣赏乐曲。

1. 提问：小精灵还有哪些快乐的事情？

2. 梳理提升：小精灵见到了辛巴、娜娜、丁满、彭彭。他们一起无忧无虑地在森林里唱歌、跳舞。

3. 鼓励幼儿大胆随乐用动作表现对乐曲的理解。

四、借助仙人掌镂空背景板，引导幼儿迁移经验，尝试跟随乐曲的节奏进行手部表演。

（一）鼓励幼儿尝试与同伴合作，初步感受手部表演的乐趣。

提问：我们要怎样与同伴合作，随着乐曲用特别的手部表演方式表现我们心中的小精灵呢？

（二）录像回放，引导幼儿欣赏自己的表演并发现问题。

提问：（1）刚才在和小伙伴的合作中遇到什么问题，你是怎么解决的？（2）你觉得你们小组表演得好吗？怎样表演会更好？你们需要哪些帮助？

五、幼儿自由结伴，分组完整表演。

活动延伸

·游戏活动：将音乐、仙人掌镂空背景板和绿色手套投放在表演区，鼓励幼儿继续随乐表演。

活动九　王者对决

教学活动
艺术·韵律

活动目标

- 能认真倾听乐曲，了解 ABC 段的乐曲结构。
- 大胆想象，探索用声音、动作创造性地表现辛巴和刀疤的战斗。

活动准备

- 材料投放：音乐《狮王进行曲》。
- 环境创设：布置森林的场景。

活动过程

一、引导幼儿完整欣赏乐曲，初步感受乐曲 ABC 段的音乐结构。

引导语：请小朋友听一段乐曲，听完后告诉大家乐曲里有什么声音、可能会有谁、发生了什么事。

二、引导幼儿跟随故事情境再次完整欣赏乐曲，加深对乐曲的理解。

引导语：辛巴回到了荣耀国，他向刀疤发起了挑战。于是辛巴和狮子家族组成的战队向刀疤和土狼组成的战队发起了战斗。在战斗过程中他们会说什么、做什么动作呢？我们一起再来听听看。

三、引导幼儿分段欣赏乐曲，尝试创编双方战斗的动作。

（一）欣赏 A 段乐曲，鼓励幼儿随乐做观察对方及前进的动作。

提问：紧张的战斗就要开始了，辛巴战队和刀疤战队要观察对方到底有多少成员、战斗力怎么样。他们会怎么观察对方？怎么前进才能体现出自己是最强的战队呢？

（二）欣赏 B 段乐曲，鼓励幼儿随乐边唱边做动作。

1. 教师清唱“我就是那森林之王，没有人能比我强”帮助幼儿理解乐曲。

引导语：辛巴和刀疤在战斗的时候要宣告自己是森林之王，听听看他们是怎么唱的。

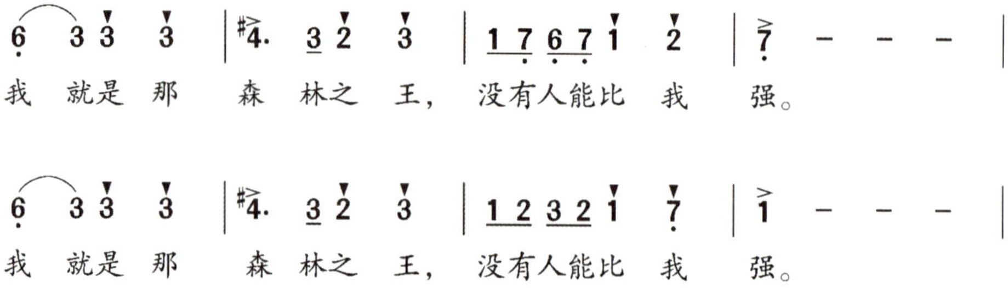

2. 请幼儿跟随乐曲唱 2～3 遍，鼓励幼儿边唱边做出神气的动作。

3. 组织幼儿练习“狮吼”及“攻击”的动作。

（三）欣赏 C 段乐曲，鼓励幼儿尝试用动作表现。

引导语：最后哪个战队胜利了？辛巴会怎么庆祝自己的胜利呢？一起用动作来庆祝胜利吧！

四、引导幼儿完整欣赏《狮王进行曲》，进一步理解乐曲的意境，并进行多形式的表演。

（一）教师扮演辛巴战队、幼儿扮演刀疤战队进行表演。

（二）教师扮演刀疤战队、幼儿扮演辛巴战队进行表演。

（三）幼儿分两组，分别扮演辛巴战队及刀疤战队进行表演。

活动延伸

·游戏活动：将音乐《狮王进行曲》投放在表演区，鼓励幼儿分别扮演辛巴战队和刀疤战队进行表演。

活动十　动物狂欢会

教学活动
艺术·演奏

活动目标

·了解鼓圈游戏，能在鼓圈游戏中互相聆听，与引领者互动。

·能在引领者的带领下掌握基本节奏型，并能随乐演奏。

·体验亲子鼓圈游戏的乐趣。

活动准备

- 经验准备：幼儿已经熟悉常见乐器并掌握基本的演奏方法。
- 材料投放：课件，音乐《Waka Waka》，大鼓等乐器。
- 资源利用：邀请家长入园参与鼓圈游戏。

活动过程

一、出示课件，讲解鼓圈游戏。

引导语：上次宝贝们提出想让家长一起来感受我们创意戏剧的快乐，今天我们邀请了很多家长参与鼓圈游戏。我是你们的鼓圈引领者。

二、情境带入，引导家长、幼儿与乐器亲密接触，激发幼儿操作乐器的兴趣。

引导语：可爱的动物们，辛巴战胜了刀疤，成为新的国王，你们高兴吗？让我们一起为辛巴庆祝吧！辛巴给每只小动物发放了乐器，请你们把乐器拿出来自由地演奏，看看你手里的是什么乐器，听听你的乐器会发出什么声音。

三、幼儿和家长听从教师的指挥演奏节奏型。

教师用大鼓敲击节奏，引导幼儿与家长学习演奏以下节奏型：

节奏型 1：$\underline{X\ X}$　X | $\underline{X\ X}$　X |

节奏型 2：$\underline{X\ X}$　$\underline{X\ X}$ | $\underline{X\ X}$　$\underline{X\ X}$ |

节奏型 3：X　X | $\underline{X\ X}$　X |

四、幼儿和家长跟随教师的指挥进行分声部演奏。

（一）三声部分组练习节奏型。

1. 教师通过手势带领各声部练习节奏型。

第一声部：$\underline{X\ X}$　X | $\underline{X\ X}$　X |（教师伸出 1 根手指）

第二声部：$\underline{X\ X}$　$\underline{X\ X}$ | $\underline{X\ X}$　$\underline{X\ X}$ |（教师伸出 2 根手指）

第三声部：X　X | $\underline{X\ X}$　X |（教师伸出 3 根手指）

2. 教师通过手势的转换，带领各声部演奏。

（二）三声部合奏。

1. 三个声部根据引领者手势的转换，轮流演奏。

引导语：请演奏者认真观察引领者手势的变化，引领者伸出 1 根手指时请第一声部演奏，引领者伸出 2 根手指时请第二声部演奏，引领者伸出 3 根手指时请第三声部演奏。

2. 三声部随乐齐奏。

引导语：请演奏者在音乐的伴奏下共同演奏乐器。

3. 三声部根据引领者手的位置高低切换音量，合作演奏。

引领者通过手的位置高低来提醒演奏者演奏声音的大小。当引领者手抬高时，演奏声音变大；引领者手放低时，演奏声音变小。

（三）幼儿与家长跟随音乐的节奏以及教师变换的手势演奏节奏型。

活动延伸

· 家园共育：引导幼儿与家长在家随乐合作玩鼓圈游戏。

活动十一　制作角色服装和道具

家庭活动

活动目标

· 能在家长的帮助下，为自己最喜欢的角色设计、制作服装和道具。

· 能选择合适的材料制作角色服装、道具，提高艺术表现力。

活动准备

· 材料投放：戏剧角色的图片。

指导要点

一、请家长引导幼儿思考自己最喜欢的角色的特点。

二、鼓励家长和幼儿讨论要设计什么样的角色服装和道具。

三、家长和幼儿共同准备制作角色服装和道具的材料。

四、亲子共同制作角色的服装和道具。

五、请家长鼓励幼儿将制作好的服装和道具带到幼儿园向教师、同伴介绍。

活动十二　狮子王

游戏活动
表演区

活动目标

· 能根据自己意愿选择喜欢的角色进行表演，并能与同伴商量角色的分工。

· 熟悉戏剧中的音乐，能自主选择音乐进行表演。

活动准备

· 材料投放：《狮子王》戏剧的相关音乐、乐器、服装、道具、剧本、角色扮演表。

活动过程

一、介绍游戏玩法与规则。

（一）介绍游戏玩法。

玩法：（1）根据意愿选择自己喜欢的角色进行表演。（2）选择合适的服装和道具装扮自己。（3）选择喜欢的剧本与同伴合作表演。

（二）提出游戏规则。

游戏规则：（1）与同伴共同协商要表演的内容。（2）与同伴合作表演。

二、幼儿自主游戏，教师观察指导。

观察要点：（1）幼儿能否根据自己的意愿大胆地表演。（2）幼儿能否根据角色的特征选择合适的服装和道具装扮自己。（3）幼儿在表演过程中是否大方、主动。

活动十三　制作角色头饰

游戏活动
美工区

活动目标

·能够根据角色的特征选择材料，制作角色的头饰。

·会使用绘画、剪贴等方式制作头饰，提高艺术表现力。

活动准备

·材料投放：角色图片、中间镂空的斗笠、鸭舌帽、发箍、酸奶盒、一次性纸碗、一次性纸杯、一次性纸盘、羽毛、毛根、吸管、彩带、叉子、颜料、双面胶、热熔胶、松紧带、不织布、海绵纸、卡纸等。

活动过程

一、出示角色图片，引导幼儿观察角色的头部特征。

二、提出制作要求。

要求：(1) 根据角色的特征，选择合适的材料制作头饰。(2) 使用绘画、剪贴等方式制作头饰。(3) 在制作过程中需注意安全。

三、幼儿自主游戏，教师观察指导。

观察指导要点：(1) 幼儿能否根据角色的特征选择适合的材料制作头饰。(2) 提醒幼儿在使用热熔胶固定吸管、毛根等材料时要注意安全。

四、展示幼儿作品，引导幼儿互相欣赏。

图 5-10　幼儿作品一

图 5-11　幼儿作品二

（幼儿作品一的制作过程：将纸碗刷上棕色的颜料，用棕色纸杯做一个鼻子固定在碗的下半部分，用不织布剪出两只大耳朵粘贴在碗的两边，用纸盘剪出两颗长长的獠牙固定在鼻子的两边，在纸碗上贴上卡纸剪出的眼睛和羽毛制成的鬃毛，固定松紧带。彭彭的头饰制作完成。）

（幼儿作品二的制作过程：将纸碗刷上橙色的颜料，在上面固定自制的眼睛、鼻子、嘴巴，在顶部贴上用海绵纸剪成的长耳朵，再贴上亮色的彩带，固定松紧带。丁满的头饰制作完成。）

活动十四 制作背景板

游戏活动
美工区

活动目标

· 能用绘画、拓印等方式与同伴制作“森林小精灵”的背景板。

活动准备

· 材料投放：万通板、颜料、排笔、彩色纸、白乳胶。

活动过程

一、提出制作“森林小精灵”背景板的要求。

要求：（1）与同伴讨论制作背景板的方法。（2）选择需要的材料来制作背景板。（3）在创作的过程中保持衣物、画面的整洁。

二、幼儿游戏，教师观察指导。

观察要点：（1）幼儿能否自主选择颜料进行创作。（2）幼儿在活动中能否保持作品、衣物的整洁。（3）幼儿能否与同伴友好合作。

三、欣赏、评价作品。

引导幼儿欣赏制作好的背景板，鼓励幼儿用新的背景板表演森林小精灵。

图 5-12　幼儿在万通板上刷颜料

图 5-13　幼儿用手掌印画仙人掌

[幼儿作品的制作过程（图 5-12 至图 5-13）：先在万通板上刷上七彩的颜料，待它干透后，再用手掌印画仙人掌，最后在教师的帮助下挖出六个小洞。新的背景板制作完成。]

第二阶段的反思

在第二阶段，幼儿与家长在教师组织的集中教学活动及家庭亲子活动中创编了《狮子王》戏剧中的歌曲，丰富了《狮子王》的剧本。在戏剧创作的过程中，幼儿全程参与，体现了幼儿在创意戏剧活动中的主体地位。幼儿创编了《狮子王》《我们的国度》《哈库呐玛塔塔》《狡猾的土狼》等歌词及有关土狼、丁满、彭彭的儿歌，参与了"森林小精灵"手部舞蹈、"狡猾的土狼"双簧表演、王者对决韵律表演、"动物狂欢会"鼓圈游戏等丰富的活动。同时，幼儿还在家庭活动和区域活动中制作了角色的服饰、道具及表演背景板。教师的用心引领和家长的积极参与为幼儿提供了有力的支持。幼儿在本阶段中语言表达能力、艺术表现力、想象力、创造力及审美能力得到了很大的提高。

第三阶段：戏剧的展演

历时三个多月的创意戏剧活动"狮子王"已经进入了最后阶段。这个戏剧活动凝聚了教师、幼儿、家长的心血，每个人都期待着最后的演出。为了呈现最棒的演出，教师鼓励家长在家庭活动中引导幼儿思考自己想要竞选的角色，为竞选做准备，并鼓励家长参与拉飞奇（《狮子王》中的巫师）的角色竞选，为戏剧表演添彩。在角色竞选后，幼儿将制作邀请函，邀请园长、其他班的教师和幼儿来观看演出，最终呈现一场属于幼儿自己的精彩的戏剧演出。

活动一　我的角色我做主

教学活动
社会·自我成长

活动目标

·能积极主动地参与角色竞选，在集体面前大胆地说明自己要竞选的角色及原因，并表现角色。

·勇敢面对挑战，坦然接受竞选结果。

活动准备

·经验准备：（1）幼儿有过表演戏剧的经验，经历过角色竞选的活动。（2）幼儿已事先报名自己想要扮演的角色。

·材料投放：相机、摄像机、角色表、角色图片、选票、贴有幼儿照片的盘子、家长竞选录像。

活动过程

一、师幼共同回忆之前戏剧活动中角色竞选的过程。

提问：在之前的戏剧活动中，我们是怎么竞选角色的呢？

二、师幼共同讨论本次角色竞选的规则。

提问：这一次角色竞选，我们可以怎么做？

师幼共同讨论的规则如下：（1）竞选同一个角色的幼儿轮流上台说明自己所要竞选的角色及原因，并表演一小段该角色的动作与台词。（2）观众支持哪个演员就将票投到他（她）的盘子里，该角色竞选完毕后统计票数，得票最多的演员胜出。（3）同一角色得票相同的演员可再次参与竞选、接受投票，得票多者胜出。（4）没有被选上的演员，继续选择自己心中想要表演的角色，参加之后的竞选。

三、根据角色顺序开始竞选，鼓励幼儿大胆参与竞选。

给予幼儿充分的肯定，并用拍照、录像等方式记录幼儿的表现。

四、结合竞选情况，引导幼儿现场投票、唱票，公布当选幼儿，培养幼儿“正确地看待自己，客观地评价别人”的心态。

五、播放家长竞选录像，由相关幼儿代表自己的家长在现场拉票，幼儿集体选出“我最喜爱的家长表演者”。

活动延伸

· 家园共育：请家长协助幼儿做好戏剧表演的准备。

活动二 制作邀请函

游戏活动
美工区

活动目标

· 能根据自己的意愿，用绘画、手工等方式设计并制作邀请函，感受亲手制作邀请函的快乐。

活动准备

· 材料投放：酒精胶、记号笔、牛皮纸、卡纸、超轻黏土、包装绳、写有邀请函相关文字的纸片等。

活动过程

一、谈话导入，激发幼儿制作邀请函的兴趣。

提问：(1) 我们马上就要公开演出了，我们要怎么做才能让更多的人来观看我们的演出？(2) 邀请函上要有什么内容，才能让大家知道我们的演出内容、演出时间、演出地点？

二、提出制作要求。

制作要求：(1) 邀请函要体现戏剧《狮子王》中的角色特征。(2) 可以用绘画、手工等方式制作邀请函。(3) 制作的邀请函上要有演出时间和地点。

三、幼儿制作邀请函，教师观察指导。

观察要点：(1) 幼儿能否在邀请函上用自己喜欢的方式展示戏剧《狮子王》中的角色特征。(2) 幼儿能否将“邀请函”三个字及写有演出时间、地点的纸片贴在适当的位置。

四、欣赏、评价作品。

引导语：请小朋友向大家介绍自己设计、制作的邀请函。

图 5-14　幼儿作品一

图 5-15　幼儿作品二

(幼儿作品一的制作过程：用记号笔在牛皮纸的正面画上狮子王，将“邀请函”三个字贴在狮子王的旁边，将写有演出时间和地点的纸片贴在牛皮纸反面。最后，将牛皮纸卷成筒状，用包装绳固定。邀请函就做好了。)

(幼儿作品二的制作过程：用橙色超轻黏土做成狮子王的脸，用黄色超轻黏土搓出一根根的长条固定在脸的四周，用黑色超轻黏土制作眼睛固定在狮子王的脸上，用白色超轻黏土做出狮子王的腮帮子，用棕色超轻黏土做出狮子王的胡子。狮子王的形象就做好了。将制作好的狮子王用酒精胶固定在卡纸上，贴上“邀请函”三个字，并在卡纸背面贴上写有演出时间和地点的纸片。邀请函便制作好了。)

活动三　戏剧彩排

游戏活动
表演区

活动目标

·能明确自己所演角色的台词、动作、出场和退场顺序。

·能与同伴讨论并确定出场和退场位置及舞台站位。

·能针对彩排中遇到的问题与同伴协商、讨论并解决问题。

活动准备

·材料投放：戏剧表演所需音乐、头饰、服装、道具、舞台背景录像、“森林小精灵”背景板、乐器、绿色手套等，摄像机。

活动过程

一、师幼讨论如何让戏剧展演顺利进行。

引导语：过几天我们就要进行最后的戏剧展演了，今天我们要彩排。首先，请小朋友们说一说在戏剧表演中我们应该注意哪些问题。

小结：在戏剧表演之前小朋友们要戴好头饰、穿好服装、准备好道具；熟悉自己所扮演角色的台词、动作及出场和退场顺序，认真表演；确定好出场和退场的位置，知道自己是从哪一边出场、从哪一边退场，并且在演出没有全部结束时不能离开候场位置。

二、进行第一次彩排。

（一）引导幼儿彩排，教师录制幼儿彩排录像。

（二）组织幼儿观看彩排录像，讨论彩排中遇到的问题及解决办法。

提问：刚才的彩排中，哪些地方做得比较好？彩排中遇到了什么问题？可以怎么解决？

三、进行第二次彩排。

（一）针对第一次彩排中遇到的问题，师幼共同讨论，提出表演要求。

要求：（1）每个演员确定好出场和退场位置，不能随意走动、离开位置。（2）演出过程中认真倾听音乐，观看同伴表演，快轮到自己出场时提前做好准备。（3）在舞台上表演时，演员要站在固定的位置上。（4）表演过程中眼睛要看着观众，大胆表演。（5）用尤克里里演唱的“狮子家族”在使用完尤克里里后要将它们收好；“小精灵”要将道具摆放在舞台画好的线上，结束后把道具推到舞台后方。

（二）进行第二次彩排。

（三）师幼共同回忆第二次彩排情况，提出问题及解决问题的办法。

提问：这次彩排有什么进步的地方？还有什么地方需要改进？

四、梳理提升。

小结：今天每一个演员都很投入。希望在我们正式演出的时候你们都能够认真表演。

活动四　戏剧演出

游戏活动
表演区

活动目标

· 熟悉所演角色的台词、动作、出场和退场顺序等，和同伴合作完成戏剧表演任务。

· 能借助标志、音乐等提示，有序地表演。

· 表演时声音清楚、响亮，动作大方。

活动准备

· 材料投放：课件、乐器、戏剧表演相关音乐、舞台表演背景、演出海报、演出服饰、演出道具、摄像机、奖品等。

· 环境创设：布置戏剧作品展示台等。

· 资源利用：邀请部分教师和家长担任演员、观众或摄影师。

活动过程

一、提出展演要求。

展演要求：（1）熟悉自己所演角色的台词、动作、出场和退场顺序，与同伴合作表演。（2）演出过程中认真倾听音乐，观看同伴表演，快轮到自己出场时提前做好准备。（3）表演过程中眼睛要看着观众，大胆表演。（4）用尤克里里演唱的“狮子家族”在使用完尤克里里后要将它们收好；“小精灵”要将道具摆放在舞台画好的线上，结束后把道具推到舞台后方。

二、展演开始，教师观察幼儿展演情况。

观察要点：（1）幼儿能否熟悉所演角色的台词、动作、出场和退场顺序等，和同伴合作完成表演。（2）幼儿能否跟随音乐，大胆、有序地表演。（3）幼儿能否积极地与台下观众互动。

三、集体分享与点评。

（一）针对幼儿的表现进行评价。

（二）为幼儿颁奖。

第三阶段的反思

在戏剧展演阶段，幼儿在家长的帮助下自由报名想要扮演的角色，并通过竞选来确定最终戏剧展演的演员。幼儿还亲手制作了邀请函，邀请全园教师、幼儿及家长来观看戏剧展演。最后，全体幼儿经过反复的彩排、反思、调整，给全场观众呈现了一场精彩的演出。在这一阶段，幼儿的合作能力、理解能力、动手操作能力、表现能力、想象能力和创造能力都得到提高。幼儿感受到通过努力完成戏剧表演的成就感与喜悦。活动基本达到了预设的目标。

活动网络图

- 第一阶段：剧本的产生
  - （1）教学活动：狮子王（语言·讲述活动）
  - （2）家庭活动：创编剧本
  - （3）教学活动：我们的剧本（语言·谈话活动）
  - （4）游戏活动：剧本创编、讲述（语言区）
- 第二阶段：戏剧的创作
  - （1）教学活动：我是狮子王（艺术·歌唱）
  - （2）教学活动：我们的国度（艺术·歌唱）
  - （3）教学活动：哈库呐玛塔塔（艺术·歌唱）
  - （4）教学活动：刀疤的荣耀国（艺术·歌唱）
  - （5）教学活动：狡猾的土狼（语言·文学活动）
  - （6）教学活动：狡猾的土狼（艺术·歌唱）
  - （7）教学活动：辛巴庆生（艺术·韵律）
  - （8）教学活动：森林小精灵（艺术·韵律）
  - （9）教学活动：王者对决（艺术·韵律）
  - （10）教学活动：动物狂欢会（艺术·演奏）
  - （11）家庭活动：制作角色服装和道具
  - （12）游戏活动：狮子王（表演区）
  - （13）游戏活动：制作角色头饰（美工区）
  - （14）游戏活动：制作背景板（美工区）
- 第三阶段：戏剧的展演
  - （1）教学活动：我的角色我做主（社会·自我成长）
  - （2）游戏活动：制作邀请函（美工区）
  - （3）游戏活动：戏剧彩排（表演区）
  - （4）游戏活动：戏剧演出（表演区）

参考剧本

第一幕　辛巴出世

场景：非洲大地的荣耀国。

〔背景音乐响起，木法沙、沙拉碧、斑马、鳄鱼、长颈鹿、火烈鸟、大象等从场下边与同伴打招呼边走到台上，在台上跟随音乐做相互打招呼、展示自己的动作。报幕员1、报幕员2出场。〕

报幕员1：炽热的太阳刚刚升起，辽阔的大地上出现了一幅令人震撼的景象。

报幕员2：快看呀，数不清的动物正赶往荣耀石。

报幕员1：对呀！听说今天荣耀国要举办庆典，庆祝小狮子辛巴出生。

报幕员2：那还等什么，我们也跟着动物们去看看吧！

报幕员1：请欣赏第一幕"辛巴出世"。

〔报幕员1、报幕员2退场。《狮子王》电影插曲《生生不息》响起，拉飞奇抱着辛巴出场。〕

拉飞奇：我是拉飞奇，我郑重宣布，这孩子就是荣耀国的小王子——辛巴，也就是未来的国王。

〔音乐《Waka Waka》响起，动物们狂欢，做高兴、欢呼的动作后退场。辛巴留在台上。娜娜等狮子家族出场，跟随音乐《狮子王》边弹奏尤克里里边高兴地唱歌，随后随乐玩"木头人"游戏。〕

辛巴：小伙伴们，我们到那边去玩吧！

娜娜等狮子家族：好啊好啊！

〔辛巴、娜娜等狮子家族退场。木法沙、沙拉碧从另一边出场。〕

木法沙、沙拉碧：辛巴，辛巴，快过来。

〔辛巴出场。〕

辛巴：来啦，爸爸妈妈。

木法沙：辛巴，瞧，这都是我们的国度！

辛巴：哇，好美啊！

〔音乐《我们的国度》响起，辛巴、木法沙演唱歌曲。演唱结束后，沙祖等犀鸟家族出场。〕

沙祖：立正，向前看齐，朝前，起飞！我是一只小犀鸟，名叫沙祖。大家选我做皇家顾问，说实在，这年头，当个顾问不容易，就说今天开会，大家有分歧。

其余犀鸟：啥分歧？

沙祖：你一言，我一语……我，我听谁的呀！

木法沙：沙祖……

沙祖：早上好，陛下，我给您做一个晨间报告。

木法沙：好的，说吧。

沙祖：蜜蜂的嗡嗡声为豹子带来了困扰……

〔**电话铃声响起……**〕

沙祖：（接通电话）喂，什么？（挂断电话）报告陛下，最新情报，土狼来犯荣耀国！

木法沙：什么？我要去看看。沙祖，带辛巴回家。

辛巴：爸爸，我也要去！

木法沙、沙拉碧：不行，你哪儿都不能去。

沙祖等犀鸟家族：小主人，我们快回去吧！

〔**众角色退场。**〕

第二幕　刀疤的圈套

〔**报幕员1、报幕员2出场。**〕

报幕员1：土狼来犯荣耀国，木法沙为了保护自己的国度，勇敢地与土狼战斗。

报幕员2：这一边，辛巴在荣耀国遇到刀疤，却不知他正一步一步地陷入刀疤的圈套中。

报幕员1：请欣赏第二幕“刀疤的圈套”。

〔**报幕员1、报幕员2退场。刀疤、辛巴出场。**〕

刀疤：我是刀疤，这荣耀国本该属于我。

辛巴：刀疤叔叔，爸爸妈妈带我参观了整个荣耀国，将来这里的一切都归我统治。

刀疤：是吗？这么说，你爸爸带你看过边界外面的地方？

辛巴：没有。他不让我去那里。

刀疤：他说得太对了，那里只有最勇敢的狮子才能去。

辛巴：那里有什么？

刀疤：我最疼爱你了，我不能告诉你，小王子可不敢去大象墓地。

〔**刀疤退场。娜娜等狮子家族出场。**〕

娜娜等狮子家族：辛巴，你在干吗呢？我们来找你玩啦！

〔音乐《石头剪刀布》响起，辛巴、娜娜等狮子家族玩“石头剪刀布”游戏。〕

辛巴：嘿，我带你们去一个好玩的地方。

娜娜等狮子家族：好啊好啊！

〔辛巴、娜娜等狮子家族退场。音乐《狡猾的土狼》响起，土狼以双簧的形式出场，后背唱歌，前脸对口型、做动作。音乐停止后，前脸与后背分成两只独立的土狼。〕

土狼1：别唱了别唱了，小心被那群小狮子听到。

土狼2：哈哈哈，晚餐快送上门啦，好激动，好激动。

土狼2：嘘，他们来了，我们赶紧躲起来。

〔土狼躲到大象墓地的角落。辛巴、娜娜等狮子家族出场。〕

娜娜：辛巴，是这里吗？

狮子1：这里看起来很危险！

辛巴：危险？笑对危险，你们跟着我！

〔土狼跳出来，追赶辛巴、娜娜等狮子家族。〕

土狼1：哈哈哈哈！看看，谁送上门来了？

辛巴：我可是未来的国王。

土狼2：你是我们的晚餐。

〔木法沙出场与土狼决斗，打败了土狼。土狼、娜娜等狮子家族退场。报幕员1出场。〕

报幕员1：太惊险了，还好木法沙及时赶到，不然辛巴就要成为土狼的晚餐啦！刀疤知道自己的计划没有成功，于是他又展开了新的计划。刀疤让土狼驱赶动物，动物们冲散了辛巴和木法沙，他们有危险！

〔报幕员1退场。动物们做各种动作出场，冲散了辛巴与木法沙后退场。刀疤出场，趁机把木法沙推下悬崖，自己迅速后退。〕

木法沙：刀疤！弟弟救我！

刀疤：国王万岁。

辛巴：不！爸爸！

刀疤：辛巴，你做了些什么？

辛巴：爸爸想救我，可是他……

刀疤：如果不是你，他还活着！快逃吧，辛巴！逃得远远的，再也别回来了！

〔木法沙、辛巴、刀疤退场。〕

第三幕　哈库呐玛塔塔

〔报幕员1、报幕员2出场。〕

报幕员1：木法沙跌落悬崖不知所踪，辛巴带着困惑和伤心逃走了……

报幕员2：当天夜里，刀疤登上荣耀石，把这一切都嫁祸给辛巴，并宣布自己是荣耀国的新国王。

报幕员1：辛巴在逃跑以后会遇到什么事情呢？

报幕员2：请欣赏第三幕“哈库呐玛塔塔”。

〔报幕员1、报幕员2退场。丁满、彭彭边念儿歌边出场。辛巴出场。〕

彭彭：嘿，丁满，看，那是什么？

丁满：哇，是一只小狮子！

辛巴：这……这是哪儿？

丁满：这是森林。

辛巴：谢谢你们救了我。

丁满、彭彭：不客气，你不开心吗？

丁满：没关系，记住——哈库呐玛塔塔，你会忘记烦恼。

彭彭：走，我们一起去玩。

〔音乐《哈库呐玛塔塔》响起，森林小精灵出场伴舞，丁满、彭彭和辛巴歌唱。歌曲进行到第二遍时，娜娜出场，加入他们的合唱。〕

娜娜：辛巴，是你吗？

辛巴：你是？你是娜娜？

娜娜：是啊，辛巴，我有好多话想跟你说呢！

〔音乐《刀疤的荣耀国》响起，娜娜与辛巴互动演唱歌曲。演唱结束后，众角色退场。〕

第四幕　王者归来

〔报幕员1、报幕员2出场。〕

报幕员1：辛巴在回荣耀国的路上感到很震惊！

报幕员2：荣耀国在刀疤的统治下寸草不生，到处都是动物的尸骨。

报幕员 1：你们觉得辛巴回来能够战胜刀疤和土狼吗？

报幕员 2：请欣赏第四幕“王者归来”。

〔报幕员 1、报幕员 2 退场。辛巴、刀疤、娜娜、丁满、彭彭、土狼等出场，形成两方对峙的局面。〕

刀疤：荣耀国是我的！

土狼：参见陛下！

〔辛巴吼叫。〕

刀疤：你是木法沙？不，辛巴，你还活着？

辛巴：对，我回来了，我给你选择的机会，要么离开，要么战斗！

刀疤：那就来吧！

〔音乐《狮王进行曲》响起，辛巴战队和刀疤战队展开战斗，做各种战斗的动作，最终辛巴战队胜利。动物们出场，以鼓圈游戏的形式庆祝最后的胜利。鼓圈游戏结束后，众角色谢幕，退场。〕

啪啦啪啦——砰

设计、执教：邓秀琴　薛洁婷
指　　导：池　频

活动缘起

图 6-1 《啪啦啪啦——砰》封面

绘本《啪啦啪啦——砰》讲述了小鼹鼠在找新家的过程中，遇到了生长在地下的各种动植物的故事。绘本情节有趣、充满悬念，引起了幼儿的探究兴趣。他们边阅读边猜想小鼹鼠在找新家的过程中会碰到什么、会说什么等。基于幼儿对绘本的兴趣，教师改编了绘本的开头，设计了“小鼹鼠的家漏雨了”的情节，引导幼儿以小鼹鼠找新家发出的“啪啦啪啦——砰”的声音为线索，丰富故事情节、对话，鼓励幼儿与家长、教师、同伴一起创编剧本、创编动作、制作服饰和道具，用自己喜欢的方式表达对戏剧《啪啦啪啦——砰》的理解，充分感受创意戏剧的乐趣。

预期活动目标

一、以小鼹鼠找新家发出的“啪啦啪啦——砰”的声音为线索，猜想并丰富故事情节与对话，与同伴合作创编剧本。

二、能倾听同伴对话，运用连贯的语言和适宜的语气、语调、动作、表情等表现小鼹鼠遇到不同动植物时的情绪变化。

三、能选择自己喜欢的材料，在教师、家长的帮助下制作表演服饰与道具，并愿意与同伴、教师和家长交流分享。

四、了解自己和同伴所扮演角色之间的关系，能按照商定的出场和退场顺序参与表演。

五、喜欢参加戏剧表演活动，感受与同伴共同表演的乐趣。

预设活动网络图

- 第一阶段：剧本的产生
  - (1) 教学活动：啪啦啪啦——砰（语言·早期阅读）
  - (2) 家庭活动：初步创编剧本
  - (3) 游戏活动：进一步创编剧本（语言区）
- 第二阶段：戏剧的创作
  - (1) 教学活动：可爱的小鼹鼠（语言·文学活动）
  - (2) 教学活动：快乐的小鼹鼠（艺术·韵律）
  - (3) 教学活动：大雨和小雨（艺术·演奏）
  - (4) 游戏活动：制作角色服饰（美工区）
  - (5) 教学活动：朋友，你好（艺术·歌唱）
- 第三阶段：戏剧的展演
  - (1) 教学活动：我的角色我做主（社会·自我成长）
  - (2) 游戏活动：制作邀请函（美工区）
  - (3) 游戏活动：戏剧彩排（表演区）
  - (4) 游戏活动：戏剧演出（表演区）

活动过程

第一阶段：剧本的产生

师幼共同阅读绘本后，教师鼓励幼儿与家长通过各种方式查阅相关资料，完成问卷调查，初步了解生活在地下的动植物；接着以“小鼹鼠的家漏雨了，他在寻找新家的路上会遇到谁？”的问题引导幼儿创编《啪啦啪啦——砰》的剧本。

活动一　啪啦啪啦——砰

教学活动
语言·早期阅读

活动目标

- 能认真阅读绘本，理解绘本故事。
- 学习说短句“小鼹鼠碰到了一个××的××”。

活动准备

- 材料投放：小鼹鼠玩偶一个，绘本《啪啦啪啦——砰》人手一册，红薯、萝卜、土豆、花生等实物若干，纸箱一个。

活动过程

一、出示小鼹鼠玩偶，激发幼儿兴趣。

引导语：今天我带来了一位动物朋友，大家一起来猜猜看他是谁。（小鼹鼠。）你们知道小鼹鼠的家住在哪里吗？

二、师幼共读绘本《啪啦啪啦——砰》，初步了解绘本故事。

（一）阅读绘本的开始部分（教师创编）。

引导语：春暖花开，小鼹鼠舒服地躺在地下的家里。突然有一天，天空下起了大雨，地面上积满了水。

1. 提问：发生什么事了？小鼹鼠在做什么呢？

2. 梳理提升。

小结：水滴滴答答地漏到了地下小鼹鼠的家里。小鼹鼠的家被水淹了，他不能再住下去了，他决定去找新家。

（二）阅读绘本的中间部分（第 2～22 页）。

1. 阅读小鼹鼠挖到红薯和萝卜的情节。

引导语：小鼹鼠要去找一个新家，在找新家的过程中，他会碰到什么呢？

逐页阅读，提问：啪啦啪啦，小鼹鼠在找新家时碰到了什么？

小结：（1）他碰到了长在地下的红薯，小鼹鼠张开大嘴巴“喀嚓”一口，红薯真甜呀。（2）他又碰到了长在地下的萝卜，小鼹鼠“啊呜”咬了一口，好辣，呸呸。

2. 阅读小鼹鼠挖到蚯蚓和大蛇的情节。

提问：小鼹鼠又碰到了什么？

小结：原来啊，地底下不仅长着好多好吃的东西，还生活着许多的动物呢！

（三）阅读绘本的结尾部分（第 23～24 页）。

提问：（1）突然，小鼹鼠听到对面也有“啪啦啪啦”的声音，是谁也在挖洞呢？（2）两个好朋友见面会说什么呢？

三、师幼完整阅读绘本，帮助幼儿熟悉故事内容。

引导语：小鼹鼠在找新家的过程中碰到这么多有趣的动植物，我们一起看着绘本再听老师讲一遍故事吧。

四、开展游戏“我是小鼹鼠”，引导幼儿猜测小鼹鼠还会碰到什么动植物。

（一）介绍游戏玩法。

玩法：幼儿扮演小鼹鼠，从“地下”（纸箱里）摸出一个物体，并用短句“小鼹鼠碰到了一个××的××”（如“小鼹鼠碰到了一个圆圆的土豆”）来描述。

（二）幼儿游戏。

活动延伸

· 游戏活动：将绘本《啪啦啪啦——砰》投放在阅读区，引导幼儿在阅读区自主阅读，并猜想小鼹鼠在地下还会碰到什么动植物。

· 家园共育：请家长与幼儿在家继续阅读绘本，并共同查阅资料，了解生长在地下的动植物，完成相关的问卷调查。

活动二　初步创编剧本

家庭活动

活动目标

· 能在家长的指导下创编剧本，用绘画的方式将创编的剧本记录下来。

活动准备

· 经验准备：幼儿已熟悉绘本《啪啦啪啦——砰》的故事。

· 材料投放：白纸、画笔、《活动倡议书》。

指导要点

一、提示家长阅读《活动倡议书》（详见“活动资料”），并按要求亲子共读绘本《啪啦啪啦——砰》。

二、引导家长与幼儿共同创编剧本，将所创编的剧本画在画纸上，家长附上文字说明。

三、请家长鼓励幼儿将创编好的剧本带到幼儿园与教师、同伴分享。

图 6-2　亲子创编的剧本一

图 6-3　亲子创编的剧本二

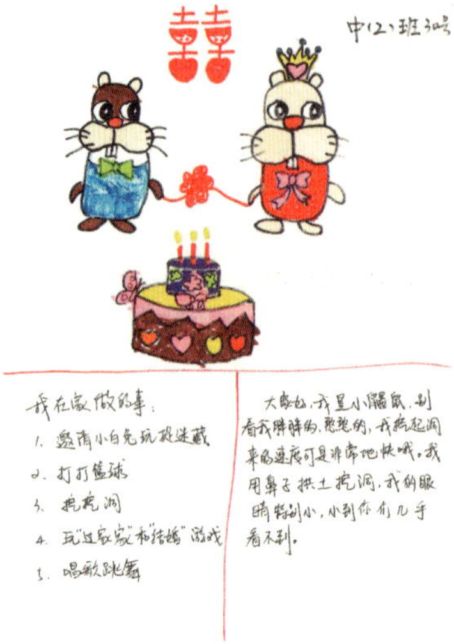

图 6-4　亲子创编的剧本三

图 6-5　亲子创编的剧本四

活动资料

活动倡议书

尊敬的家长：

本周孩子们在幼儿园阅读了绘本《啪啦啪啦——砰》。孩子们非常喜欢。我们希望家长能一起帮助他们，把《啪啦啪啦——砰》绘本编成剧本，让孩子们成为故事中的角色，一同演绎自编自导的戏剧，体验创作、展示的快乐。请家长带着孩子一起想一想：小鼹鼠在找新家的过程中会遇到谁？小鼹鼠遇到新朋友会怎么介绍自己？请家长鼓励孩子大胆发挥想象，用孩子喜欢的方式把想法和创意记录下来吧！

活动三　进一步创编剧本

游戏活动
语言区

活动目标

·能够根据绘本故事及角色，运用绘画、图片粘贴等方式与同伴合作创编《啪啦啪啦——砰》的剧本。

活动准备

• 材料投放：剧本底图、彩笔、剪刀、固体胶、角色图片、背景板等。

活动过程

一、介绍创编剧本的方法。

（一）根据自己的意愿，创编小鼹鼠出场的自我介绍及表情、动作，小雨滴和小鼹鼠的对话，以及小鼹鼠在找新家时与碰到的动植物的对话。

（二）将创编的内容用绘画、图片粘贴等方式呈现在剧本底图中。

（三）与同伴分享交流自己创编的剧本。

二、幼儿游戏，教师观察指导。

观察要点：（1）幼儿能否根据故事的线索，用绘画、图片粘贴等方式创编剧本。（2）幼儿能否大胆向同伴讲述自己创编的剧本。

三、游戏讲评。

（一）请幼儿分享自己创编的剧本。

图 6-6　幼儿创编的剧本一

（幼儿创编的剧本一：在美丽的森林里，住着一群可爱的小鼹鼠，他们每天都会从地洞里冒出头来，和小伙伴一起玩游戏。小鼹鼠说："你好！我是小鼹鼠，我最喜欢挖洞、吃蚯蚓了。我家住在地洞里，欢迎到我家玩。"小鼹鼠在睡觉的时候，突然下雨了，小鼹鼠的家到处都在漏雨，已经没法住了。于是，小鼹鼠决定重新找一个新家。）

图 6-7　幼儿创编的剧本二

（幼儿创编的剧本二：啪啦啪啦……小鼹鼠又挖洞了。他碰到了一只可爱的小兔子，小兔子说："你是谁呀？"小鼹鼠说："我是小鼹鼠。"小兔子说："小鼹鼠，你好呀，我们一起玩游戏吧！"小鼹鼠说："好呀，那我们一起玩'123 木头人'的游戏吧。"）

图 6-8　幼儿创编的剧本三

（幼儿创编的剧本三：我是一只可爱的小鼹鼠。我喜欢种花，喜欢画画，喜欢把我的家装饰得漂漂亮亮的，还喜欢和小伙伴一起玩游戏。）

图 6-9　幼儿创编的剧本四

（幼儿创编的剧本四：小鼹鼠碰到了一个大红薯，他问："你是谁呀？"大红薯说："我是又甜又脆的大红薯，我们一起玩吧！"）

（二）请幼儿为最喜欢的剧本投票，确定最终展演的剧本。

1. 展示幼儿创编的剧本，引导幼儿欣赏并为自己最喜欢的剧本投票。

引导语：小朋友们创编了这么多的剧本，你最喜欢哪个剧本，就把票投给它，得票数最多的剧本，将会成为我们创意戏剧的剧本。

2. 统计票数。

3. 师幼共同确定最终展演的剧本。

第一幕：哎呀，漏雨啦。

第二幕：小鼹鼠找新家。

第三幕：遇见新朋友。

第一阶段的反思

第一阶段的活动中，幼儿与家长共同完成了地下的动植物调查问卷，获得了相关的经验。在家庭活动及游戏活动中，幼儿与家长、教师、同伴共同创编剧本，不断丰富角色台词、动作及戏剧情节等。经过投票，幼儿确定了最终展演的剧本。

第二阶段：戏剧的创作

本阶段，师幼将从剧本出发，围绕“如何让小鼹鼠在观众面前精彩亮相？”“小鼹鼠在寻找新家的过程中会遇到哪些伙伴？”“小鼹鼠遇到伙伴后又会做些什么事？”等问题共同商讨并开展一列戏剧活动。在这些活动中，教师是幼儿创意戏剧的支持者和鼓励者。

活动一　可爱的小鼹鼠

教学活动
语言·文学活动

活动目标

· 能根据小鼹鼠的特征创编儿歌。
· 能有感情、有节奏地朗诵自己创编的儿歌。

活动准备

· 经验准备：幼儿已了解小鼹鼠的外形特征、习性。
· 材料投放：超轻黏土制作的小鼹鼠、空白图谱、白纸、画笔、响板。

活动过程

一、出示超轻黏土制作的小鼹鼠，引导幼儿观察小鼹鼠的外形特征。

提问：这是谁？小鼹鼠长什么样？

二、引导幼儿根据小鼹鼠的外形特征、习性来创编儿歌。

（一）引导幼儿模仿小鼹鼠进行自我介绍。

提问：如果你是一只小鼹鼠，你会怎么介绍自己？

（二）提炼幼儿的回答，引导幼儿创编儿歌。

引导语：在我们学过的儿歌中，我们发现很多儿歌每一句的字都一样多，读起来很顺口。那么我们怎么把刚才小朋友的回答，编成一首儿歌呢？

（三）带领幼儿一起讨论、确定儿歌内容，并用图谱记录儿歌内容。

三、引导幼儿运用多种形式，学习朗诵创编的儿歌。

（一）带领幼儿边看儿歌图谱，边学习朗诵儿歌。

（二）鼓励幼儿边做动作边朗诵儿歌，加深对儿歌内容的理解。

（三）减少图谱，帮助幼儿记忆儿歌。

（四）加入响板，鼓励幼儿有节奏、有感情地朗诵儿歌。

引导语：小鼹鼠讲话可有节奏感了，今天他还请来了一位好伙伴——响板，我们来听听小鼹鼠是怎么介绍自己的吧。

四、引导幼儿运用多种形式表演儿歌《可爱的小鼹鼠》。

活动延伸

· 游戏活动：在表演区投放响板，鼓励幼儿在表演区中边打响板边有节奏、有感情地朗诵儿歌。

活动资料

可爱的小鼹鼠（幼儿创编的儿歌）

我是一只小鼹鼠，
自己挖洞自己住。
我是一只小鼹鼠，
圆圆身体短短腿。
别看我的腿脚短，
爪子锋利刨土快。

活动二　快乐的小鼹鼠

教学活动
艺术·韵律

活动目标

· 感受乐曲的旋律，了解乐曲 ABA′C 的结构。

· 尝试跟随乐曲旋律的变化，创编小鼹鼠挖洞、休息等动作。

活动准备

·材料投放：音乐《Bummelpetrus》片段（节选一个完整的ABA′C结构片段）。

活动过程

一、带领幼儿扮演小鼹鼠，激发幼儿的兴趣。

引导语：小鼹鼠除了会念儿歌，还会跳舞呢，今天，我们扮演小鼹鼠一起出去玩吧。

二、完整欣赏乐曲，引导幼儿感受乐曲ABA′C的结构。

引导语：小鼹鼠真是太开心了，他在出去玩的路上会做什么呢？老师带来了一首乐曲，请小朋友们认真听，试试能不能从乐曲里找到答案。

（一）完整欣赏乐曲。

（二）表达自己的感受。

提问：听完这首乐曲你有什么感受？你觉得小鼹鼠在做什么？

（三）再次完整欣赏乐曲。

引导语：这首乐曲前后有没有什么变化呢？我们一起再来听听。

三、分段欣赏乐曲，进一步感受作品的结构和内容，并启发幼儿用动作和表情表现。

（一）欣赏A段乐曲，感受A段乐曲的节奏感，创编A段乐曲的情节和动作。

提问：这一段乐曲中小鼹鼠在做什么？

引导幼儿跟随A段乐曲自主表现。

（二）欣赏B段乐曲，创编B段乐曲的情节和动作。

提问：这一段乐曲中小鼹鼠会做什么？

引导幼儿跟随B段乐曲自主表现。

（三）欣赏C段乐曲，感受C段乐曲舒缓的旋律，创编C段乐曲的情节和动作。

提问：听完这段乐曲，你有什么感受？小鼹鼠会做什么呢？

四、完整表现。

引导语：小鼹鼠边走边挖洞，挖累了就捶捶腿、揉揉肩，休息好了继续边走边挖洞，累了就擦擦汗、喝喝水。我们跟着乐曲一起动起来吧。

活动延伸

· 游戏活动：将音乐投放在表演区，让幼儿自主随乐表演。

活动三　大雨和小雨

教学活动
艺术 · 演奏

活动目标

· 感受 AB 两段乐曲的不同旋律，尝试选择合适的乐器表现大雨和小雨。

· 能够听乐曲演奏乐器，体验与同伴合作演奏的快乐。

活动准备

· 经验准备：幼儿对乐器的音色有所了解，懂得如何使用乐器。

· 材料投放：音乐《大雨和小雨》[由歌曲《小雨滴》（李昕竹演唱）片段和 3D 交响乐《Viva La Vida 》（配雷雨）片段剪辑合成]，空白图谱，四铃板镲、八音课铃、沙锤、沙鼓、手串铃等乐器。

活动过程

一、完整欣赏乐曲，感受乐曲的变化。

（一）完整播放《大雨和小雨》，引导幼儿欣赏。

引导语：老师带来一首好听的乐曲，请小朋友们听一听乐曲中发生了什么吧。

（二）再次播放乐曲，引导幼儿感受乐曲的变化。

1. 引导幼儿欣赏乐曲，感受乐曲的变化。

提问：乐曲里的雨声有没有变化呢？我们可以用什么方法来模仿雨越下越大时的声音？

2. 梳理提升。

小结：可以调整拍手的力度来表现雨的大小，还可以控制拍手的速度来表现雨的大小。

二、分段欣赏乐曲。

（一）引导幼儿欣赏小雨的乐曲（A段），感受乐曲的意境，并鼓励幼儿为乐曲伴奏。

1. 播放小雨的乐曲，引导幼儿安静地欣赏乐曲。

引导语：现在我们来感受一下小雨美妙的声音，请大家边听边想一想可以用什么乐器来给小雨声伴奏。

2. 引导幼儿自主选择合适的乐器，为乐曲伴奏。

3. 引导幼儿分别尝试不同的伴奏节奏型，并为幼儿记录图谱。

提问：你的乐器加在乐曲的什么地方会更好听呢？

4. 引导幼儿跟随节奏图谱，随乐合奏。

四铃板镲：X　X | X　X |

沙　锤：X　XX | X　XX |

八音课铃：X·X　X·X | X　– |

（二）引导幼儿欣赏大雨的乐曲（B段），感受乐曲的急促、紧张，并尝试为其伴奏。

1. 播放大雨的乐曲，请幼儿安静地欣赏乐曲。

引导语：大雨可以用什么乐器来伴奏呢？一起来听一听吧。

2. 引导幼儿用沙鼓、手串铃、四铃板镲为乐曲伴奏，并为其记录图谱。

3. 引导幼儿尝试叠加不同的乐器声音，表现雨越下越大。

4. 引导幼儿跟随节奏图谱，尝试随乐合奏。

沙　鼓：X – – – | X – – – | X – – – |

手串铃：0 0 0 0 | XX XX XX 0 | XX XX XX 0 |

四铃板镲：0 0 0 0 | 0 0 0 0 | X X X X |

三、引导幼儿选择乐器，跟随乐曲完整演奏。

（一）引导幼儿自由选择乐器，边看图谱边听乐曲演奏。

引导语：请每个小朋友选择自己喜欢的乐器，跟着图谱完整演奏乐曲。

（二）教师指挥，幼儿集体演奏。

（三）请某个幼儿担任指挥，带领幼儿集体演奏。

（四）鼓励幼儿交换乐器，再次演奏。

活动延伸

· 游戏活动：在表演区投放乐器及音乐《大雨和小雨》，鼓励幼儿随乐演奏乐曲。

活动四 猜谜歌

教学活动
艺术·歌唱

活动目标

· 感受歌曲欢快的旋律，理解歌词的内容。

· 能随乐用问答的形式说唱。

· 尝试仿编歌词，体验说唱的快乐。

活动准备

· 材料投放：音乐《猜谜歌》（伴奏）、地下动植物的图片。

活动过程

一、以面具舞会的情境引入，激发幼儿的兴趣。

引导语：小鼹鼠举办了一个面具舞会，谁会来参加舞会呢？参加舞会的动植物都给自己编了有趣的谜语，如果我们猜对了就能请他们摘下面具。我们来听听第一个出场的会是谁。

二、按节奏朗诵谜面，引导幼儿猜想、回答。

引导语：叶子绿绿的，身体橙色的，长在地底下，又香又脆营养大。请你猜猜，这是什么植物呀？

三、示范演唱《猜谜歌》，引导幼儿感受《猜谜歌》的旋律。

提问：胡萝卜小姐的出场方式特别不一样，她高兴地唱了起来，她是怎么唱的？

四、引导幼儿学唱《猜谜歌》，理解歌曲的问答特点。

引导语：原来谜语也可以唱啊，那么小朋友也用唱的方式来回答吧。

（一）教师唱胡萝卜的谜面部分，幼儿唱谜底的部分。

（二）幼儿唱胡萝卜的谜面部分，教师唱谜底的部分。

（三）幼儿分成两组，分别唱谜面和谜底部分。

五、引导幼儿仿编《猜谜歌》。

（一）鼓励幼儿仿编《猜谜歌》。

1. 分别出示地下动植物的图片，让幼儿观察图片，根据谜底的特点仿编《猜谜歌》。

提问：这是什么？我们可以怎么编谜语？

2. 小结仿编《猜谜歌》的方法及注意点。

小结：谜面应简短、顺口，描述出物体的特征，但谜面里千万不能出现谜底。

（二）多形式合作演唱仿编的《猜谜歌》。

1. 师幼问答演唱。

2. 男女生问答演唱。

3. 幼儿分组问答演唱。

活动延伸

·游戏活动：（1）将更多的谜面投放在语言区，鼓励幼儿说一说、猜一猜。（2）将音乐伴奏投放在表演区，鼓励幼儿继续演唱《猜谜歌》。

·家园共育：请家长引导幼儿根据在地下生长的动植物的特征，创编自己喜欢的《猜谜歌》，并将谜面写在纸上，与教师、同伴分享。

活动资料

猜谜歌（歌曲）

1 =F $\frac{2}{4}$

根据歌曲《动物猜谜歌》改编

```
      X  X  | X X  X | X  X | X X  X | X  X | X X  X |
（白）叶 子   绿绿 的， 身 体   橙色 的， 长 在   地底 下，

X X  X X | X X  X | 1 1  2· 3 | 5 1  1 | 1 1  2· 3 | 5 1  1 |
又香 又脆   营养 大。 挫 挫  挫，   挫 挫 挫， 挫 挫  挫，   挫 挫 挫。
```

‖: 1 1 2 3 | 4 3 2 1 | 7 5 6 7 | 1 – :‖

（问）请 你 猜 猜，这 是 什 么 植 物 呀？

（答）知 道 知 道，这 就 是 胡 萝 卜。

活动五　制作角色头饰

游戏活动
美工区

活动目标

·能根据角色的特征选择合适的材料，用涂色、泥塑、剪贴等方式制作角色的头饰。

活动准备

·材料投放：戏剧中的角色图片、一次性纸碗、一次性纸盘、纸浆、不织布、活动眼珠、各色卡纸、松紧带、颜料、排笔、记号笔、头箍、毛根、超轻黏土等。

活动过程

一、带领幼儿欣赏角色图片，提出头饰制作要求。

（一）带领幼儿欣赏角色图片。

（二）提出要求。

要求：（1）根据自己的意愿选择想要制作的头饰。（2）根据角色的特征选择适合的材料制作。（3）制作完成后将所有材料收拾好。

二、幼儿自主游戏，教师观察指导。

观察指导要点：（1）观察幼儿能否根据角色的特征选择适合的材料制作头饰。（2）使用颜料进行涂色时，提醒幼儿等颜料干透后再装饰。（3）鼓励幼儿用多种方式制作头饰。

三、欣赏、评价作品。

（一）展示幼儿制作的头饰，引导幼儿相互欣赏。

（二）引导幼儿互相评价作品。

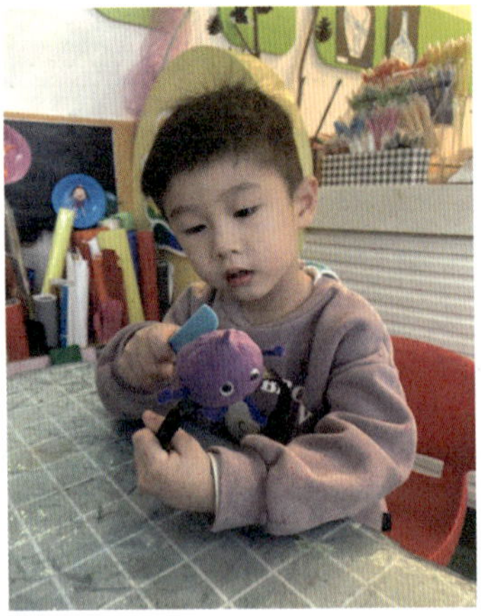

图 6-10　幼儿作品一

图 6-11　幼儿作品二

（幼儿作品一的制作过程：用紫色超轻黏土做出一个洋葱，用毛根做洋葱的手和脚，在洋葱上贴上活动眼珠，最后将做好的洋葱固定在头箍上。洋葱的头饰就完成了。）

（幼儿作品二的制作过程：用纸浆捏出洋葱头的造型固定在一次性纸碗的顶部，将一次性纸碗刷上紫色颜料，待其干透后画出洋葱的纹路，然后在一次性纸碗上粘贴用卡纸剪出的眼睛，利用毛根折出嘴巴的形状，最后将松紧带固定在纸碗上。洋葱的头饰就完成了。）

活动六　朋友，你好

教学活动
艺术·歌唱

活动目标

- 能认真倾听歌曲，感受歌曲的美好、欢快。
- 理解歌词内容，能用自然的声音演唱歌曲。

活动准备

- 材料投放：音乐《真诚的守候》（月亮姐姐演唱，有节选）及图谱。

活动过程

一、谈话导入。

提问：在我们创编的剧本里面，小鼹鼠在最后挖洞的时候碰到了谁？他们见面会说什么？

小结：两只小鼹鼠见面了，他们成了好朋友，唱了一首好听的歌曲。我们一起来听听歌曲里唱了什么。

二、引导幼儿完整欣赏歌曲，感受歌曲的美好、欢快。

提问：听完这首歌曲，你有什么感受呢？

三、引导幼儿再次完整欣赏歌曲，理解歌词内容。

（一）引导幼儿再次完整欣赏歌曲，根据幼儿回答出示部分图谱。

提问：歌曲里面唱了什么？

（二）引导幼儿第三次完整欣赏歌曲，根据幼儿回答将图谱补充完整。

提问：歌曲里还唱了什么？

四、引导幼儿随乐演唱歌曲。

（一）弹奏歌曲旋律，带领幼儿演唱歌曲。

（二）幼儿分组演唱歌曲。

活动延伸

·游戏活动：将音乐《真诚的守候》投放在表演区，让幼儿随乐演唱歌曲。

活动资料

真诚的守候（歌曲）（节选）

刘凯　词
李鹏　曲

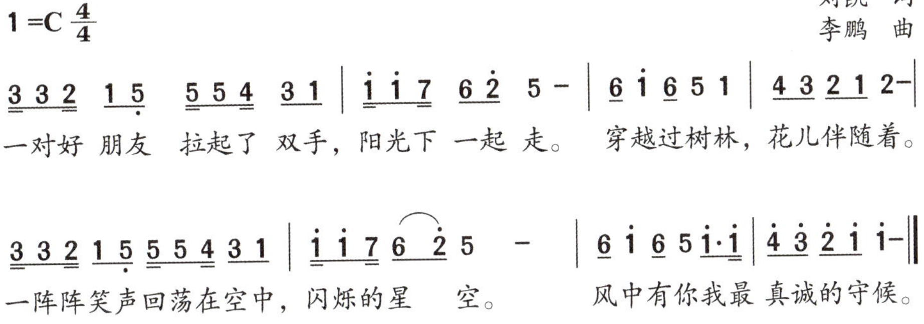

真诚的守候（图谱）

活动七　煮大餐

教学活动
艺术·韵律

活动目标

·感受乐曲的旋律，了解乐曲的 ABA′B′结构。

·跟随乐曲自主创编煮大餐的动作，体验与同伴合作表演的乐趣。

活动准备

·材料投放：奥尔夫音乐《从头到脚》片段（节选一个完整的 ABA′B′结构片段）。

活动过程

一、故事情节导入，激发幼儿的兴趣。

引导语：小鼹鼠遇见另一只小鼹鼠后，他们成了好朋友，一起建了一座漂亮的新房子。他们想要邀请一路上碰到的好朋友一起来新家煮美味的大餐。他们邀请了哪些动物，煮了什么呢？答案就藏在乐曲里，我们来听听。

二、完整欣赏乐曲，引导幼儿了解乐曲结构，思考如何根据乐曲的变化来演绎煮大餐。

（一）引导幼儿倾听乐曲，了解乐曲 ABA′B′的结构。

提问：乐曲里有没有变化？一共变了几次呢？

（二）引导幼儿再次完整欣赏乐曲，猜想动物们煮大餐的方法。

引导语：我们再来听一听，想一想乐曲中小鼹鼠在邀请好朋友们一起煮大餐的时候会做哪些事情。

提问：乐曲中小鼹鼠和好朋友们是怎么煮大餐的呢？

三、分段欣赏乐曲，引导幼儿跟随乐曲用肢体动作表现煮大餐。

（一）欣赏 A 段乐曲，尝试根据乐曲创编动作。

提问：这段乐曲中他们会做些什么呢？怎么做呢？

引导语：请你找一个朋友，一人扮演动物，一人扮演食物，一起跟着乐曲来表现动物选食材的动作吧。

（二）欣赏 B 段乐曲，尝试根据乐曲创编动作。

引导语：动物们选好食材后，会做什么呢？我们一起听听这一段乐曲，并用动作表现出来。（建议引导幼儿创编清洗食材、将食材陆续放进锅中的动作。）

（三）欣赏 A′段乐曲，尝试根据乐曲创编动作。

引导语：食材已经准备好了，接下来动物们会做什么呢？我们来听听这一段的乐曲。（建议引导幼儿创编动物煮食材及食材在锅里翻滚的动作。）

（四）欣赏 B′段乐曲，尝试根据乐曲创编动作。

引导语：美味的大餐煮好啦，动物们会做什么呢？（建议引导幼儿创编动物吃大餐或美味的大餐制作完毕的动作。）

（五）梳理煮大餐的流程。

小结：A 段乐曲里，小鼹鼠和动物们开始选食材；B 段乐曲里，食材被陆陆续续地放入锅中；A′段乐曲里，动物们开始煮大餐；B′段乐曲里，动物们做好了美味的大餐，开始吃大餐。

四、引导幼儿跟随乐曲，完整表演煮大餐。

（一）幼儿分别扮演动物和食材，随乐表演煮大餐。

（二）幼儿交换角色，随乐完整表演煮大餐。

活动延伸

·游戏活动：将奥尔夫音乐《从头到脚》片段投放在表演区，鼓励幼儿随乐自由表现。

第二阶段的反思

在第二阶段，幼儿创编了儿歌、歌曲；制作了角色头饰；学习根据音乐的变化，用合适的乐器进行伴奏；用自己喜欢的动作、表情等，和同伴合作表现了小鼹鼠挖洞，以及小鼹鼠和在地下遇到的动植物嬉戏、煮美味大餐等情节。

在这一阶段，幼儿的语言表达力、艺术表现力、想象力、创造力都得到了提高。幼儿充分感受了参与戏剧活动、表现自我的乐趣。

第三阶段：戏剧的展演

历时三个多月的创意戏剧《啪啦啪啦——砰》已经进入最后阶段。为了让戏剧成功展演，教师将首先开展角色竞选活动，接着鼓励幼儿与家长制作自己所演角色的服饰，然后在美工区组织幼儿制作邀请函，并鼓励幼儿在表演区认真参与戏剧彩排，最终呈现一场属于幼儿自己的创意戏剧演出。

活动一　我的角色我做主

教学活动
社会·自我成长

活动目标

·能按意愿选择自己心仪的角色进行竞选，大胆地在集体面前展示自己。

·能认真观看同伴的表演，为心目中最棒的竞选者投票。

· 能坦然地接受竞选结果，成功了不骄傲，失败了不气馁。

活动准备

· 经验准备：幼儿已熟悉创意戏剧《啪啦啪啦——砰》的角色。

· 材料投放：课件背景、角色竞选展板、幼儿自画像小卡片等。

活动过程

一、借助角色竞选展板，引导幼儿选择自己想要竞选的角色。

（一）谈话导入。

引导语：我们的创意戏剧马上就要展演了。今天我们要进行角色竞选，请小朋友们想好自己想要表演的角色，一会儿将画有自己画像的小卡片贴在自己想要表演的角色下面。

（二）引导幼儿根据自己的意愿将自画像小卡片贴在自己想要表演的角色下面。

（三）小结：通过小朋友们的选择，我们确定了需要竞演的角色，有报幕员、小鼹鼠、小雨滴、胡萝卜、洋葱、小兔子、小蚂蚁、大花蛇。

二、师幼共同讨论、小结角色竞选规则。

（一）师幼共同讨论角色竞选规则。

引导语：每个小朋友都选择了自己想要表演的角色，其中选择小兔子、小鼹鼠、报幕员的人很多，但是选择小蚂蚁、胡萝卜、洋葱的人比较少，怎么办呢？

（二）小结角色竞选规则。

规则：（1）同一个角色的竞选者依次上台介绍自己的名字、想要竞选的角色，并大胆表演所竞选角色的动作和台词。（2）没有参与角色竞选的幼儿认真观看竞选者的表演，待同一角色的全部竞选者表演结束后，为自己喜欢的竞选者投票。（3）根据提前商量好的角色演员数量，分别选出得票数最多或较多的竞选者。（4）没被选上的竞选者，可根据意愿选择剩余的角色，进入随后的竞选。

三、按照角色的顺序，开始竞选活动。

（一）同一角色的竞选者依次上台介绍自己并表演所竞选角色的动作和台词。

（二）同一角色的竞选者一同上台为自己拉票。

（三）观众为心仪的竞选者投票。

（四）师幼共同唱票，选出票数最多或较多的竞选者，确认最终的演员。

四、公布竞选情况。

引导语：在今天的角色竞选中，有的小朋友第一轮竞选没有被选上，但他们没有放弃，积极准备之后的竞选。每个小朋友的角色都是通过自己的努力获得的，真棒！让我们一起来看看演员们具体是谁。

活动延伸

·游戏活动：在表演区引导幼儿根据自己所竞选的角色与同伴合作表演戏剧《啪啦啪啦——砰》。

·家园共育：鼓励幼儿与家长大胆思考、设计、制作自己所要扮演的角色的服饰。

活动二　制作邀请函

游戏活动
美工区

活动目标

·能够把握角色的特征，选择自己喜欢的角色形象，制作邀请函，感受制作邀请函的快乐。

活动准备

·材料投放：记号笔、卡纸、牛皮纸、超轻黏土、纸杯、固体胶、毛根、双面胶、写有邀请函相关文字的纸片。

活动过程

一、提出制作要求。

（一）选择自己喜欢的角色形象，制作邀请函。

（二）根据所选择的角色，选择合适的材料制作。

金教鞭

（三）制作完成后将写有邀请函相关文字的纸片粘贴在邀请函上。

二、幼儿制作邀请函，教师观察指导。

观察要点：（1）幼儿在制作邀请函时能否表现角色的特征。（2）幼儿能否选择合适的材料制作邀请函。

三、引导幼儿欣赏、评价作品。

提问：（1）你制作了什么样的邀请函？是怎么做的？（2）你最喜欢哪张邀请函？为什么？

图 6-12　幼儿作品

活动三　戏剧彩排

游戏活动
表演区

活动目标

· 能明确自己所扮演角色的台词、动作、出场和退场顺序，积极参与表演。

· 能认真参加排练，与同伴合作解决排练中遇到的问题。

活动准备

· 材料投放：戏剧表演所需的音乐、舞台背景录像、乐器、土堆道具、角色服饰、摄像机等。

活动过程

一、师幼共同讨论彩排中需注意的问题，提出彩排要求。

（一）师幼共同讨论彩排中需注意的问题。

提问：马上就要展演了，今天我们要彩排。在表演中我们需要注意哪些问题呢？

（二）小结彩排要求。

要求：（1）明确自己扮演的角色。（2）根据扮演的角色装扮自己。（3）每个角色选一个队长，队员跟在队长后面，在相应的出场位置候场。（4）候场时保持安静，不影响同伴的表演。

二、幼儿彩排，教师观察指导。

观察要点：幼儿能否根据彩排要求进行彩排。

（一）进行第一次彩排。

幼儿跟随录制好的音乐进行彩排。

（二）回看第一次彩排录像片段，讨论遇到的问题及解决问题的办法。

1. 回看录像片段，讨论彩排中遇到的问题。

提问：第一次彩排中你们遇到了什么问题，可以怎么解决？

2. 针对第一次彩排出现的问题，师幼共同讨论，提出表演要求。

要求：（1）每个角色确定好出场位置，不随意走动、离开位置。（2）认真倾听音乐，观看同伴表演，特别是第二幕中的角色扮演者听到自己的出场音乐后就要马上随乐出场。（3）在舞台上演员之间不要站得太紧，可以贴标记来提示演员站位。（4）表演过程中眼睛要看着观众，不仅要说台词，还要大胆地做动作。（5）使用乐器表演的演员，使用完乐器后要马上收好。

（三）进行第二次彩排。

幼儿按照第一次彩排后提出的要求再次彩排。

（四）师幼共同回忆第二次彩排的情况，提出问题及解决问题的办法。

1. 师幼共同回忆第二次彩排的情况。

提问：这次彩排有什么进步的地方？还有什么问题，我们可以怎么解决呢？

2. 师幼共同小结。

小结：（1）小鼹鼠每次碰到的角色都不同，所以后台的演员要专心看台上的表演，跟随剧情的发展，按顺序上台表演。（2）最后的土堆道具没有人搬，导致第三幕中小动物没有足够的位置一起表演煮大餐。因此，安排两个扮演小鼹鼠的演员在第三幕出来的时候，一边表演挖洞，一边把土堆道具搬到舞台后方。

三、梳理提升。

小结：在两次的彩排中，我们不断发现问题并及时调整。你们的表情都非常生动，如果能让自己的动作更夸张些，让观众一看就明白你表演的角色正在做什么，就更棒了。

活动四　戏剧演出

游戏活动
表演区

活动目标

- 熟悉所演角色的台词、动作、出场和退场顺序等，和同伴合作完成表演。
- 能随乐大胆、有序地表演。
- 喜欢参与戏剧表演，感受戏剧表演带来的快乐。

活动准备

- 材料投放：戏剧表演所需音乐、乐器，舞台表演背景，演出海报、剧照、服饰、道具，摄像机和直播摄像机，戏剧作品展示台，奖品。

活动过程

一、提出展演要求。

要求：（1）做好表演的准备，穿戴好角色服饰，准备好道具。（2）注意角色的出场和退场顺序，所有演员提前候场，候场时保持安静。（3）跟随预设的剧本，明确自己所扮演的角色，大胆地说台词、做动作，随乐有序地表演。（4）将用完的道具放回指定位置。

二、幼儿展演开始，教师观察幼儿展演情况。

观察要点：（1）幼儿能否熟悉所演角色的台词、动作、出场和退场顺序等，和同伴合作完成戏剧表演。（2）幼儿能否随乐大胆、有序地表演。

三、集体分享与点评。

（一）针对幼儿的表现进行评价。

（二）为幼儿颁奖。

第三阶段的反思

戏剧的展演阶段，是幼儿对整个戏剧的理解与表现阶段。幼儿首先根据自己的意愿竞选角色，确定了最终展演的演员。在角色竞选活动中，幼儿既是竞选者又是评委，他们既大胆地展示自己的才艺，又为心中最棒的竞选者投票。之后，幼儿和家长一起制作角色服饰。在美工区中，幼儿充分发挥想象，制作了形象可爱的戏剧展演邀请函，邀请园长、教师和其他班级幼儿到现场观看演出，邀请家长在线欣赏幼儿的表演。

在最后的展演中，每个幼儿都很投入，能用语言、动作、表情等大胆表现自己创编的剧本，充分感受了与同伴共同表演戏剧的乐趣。活动基本达成了预设的目标。

活动网络图

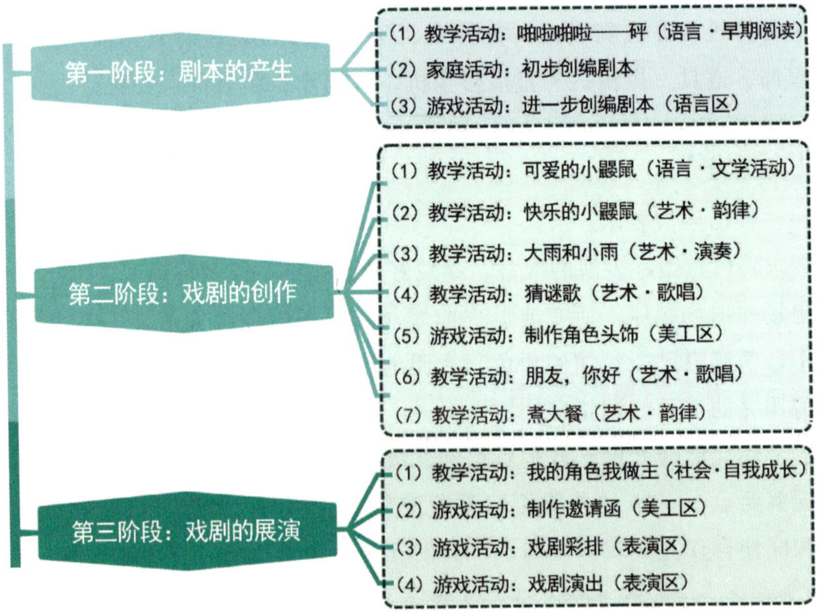

参考剧本

第一幕　哎呀，漏雨啦

〔报幕员出场。〕

报幕员：在一片美丽的森林里，住着一群可爱的小鼹鼠。他们住在自己挖的地洞里，每天都会从地洞里冒出头来，和伙伴们一起玩游戏。请欣赏第一幕“哎呀，漏雨啦”。

〔报幕员退场。伴奏音乐《布谷鸟》响起，小鼹鼠们从地洞里钻了出来。〕

众小鼹鼠：我们是群小鼹鼠，自己挖洞自己住。别看我们的腿脚短，爪子锋利刨土快。

〔音乐《Bummelpetrus》响起，小鼹鼠们做走路、挖洞、休息、看一看、睡觉等动作后退场。雨滴家族出场，跟随音乐《大雨和小雨》演奏乐器后退场。〕

第二幕　小鼹鼠找新家

〔报幕员出场。〕

报幕员：下了整整一夜的雨，小鼹鼠的家到处都在漏雨，已经没法住了。于是，小鼹鼠决定重新挖洞，找一个新家。请欣赏第二幕“小鼹鼠找新家”。

〔报幕员退场。音乐《洋娃娃的梦》响起，小鼹鼠出场，随乐做挖洞的动作，并碰到藏在土堆后面的胡萝卜。〕

小鼹鼠：啪啦啪啦，啪啦啪啦，砰！咦，这是什么呀？

〔伴奏音乐《猜谜歌》响起，其他胡萝卜随乐快乐地出场，一边演唱一边做胡萝卜可爱的动作。〕

众萝卜：叶子绿绿的，身体橙色的，长在地底下，又香又脆营养大。挫挫挫，挫挫挫，挫挫挫，挫挫挫。请你猜猜，这是什么植物呀？

小鼹鼠：知道知道，这就是胡萝卜。

众胡萝卜：我们是又香又脆的胡萝卜。

〔音乐《拔萝卜》响起，小鼹鼠和胡萝卜相互打招呼，玩游戏，之后小鼹鼠、胡萝卜退场。〕

〔音乐《洋娃娃的梦》响起，小鼹鼠出场，随乐边走边做挖洞的动作，并碰到藏在土堆后面的洋葱。〕

小鼹鼠：啪啦啪啦，啪啦啪啦，砰！哎呀，好疼呀！这是什么呀？

〔伴奏音乐《猜谜歌》响起，其他洋葱随乐快乐、可爱地出场，一边演唱一边做洋葱可爱的动作。〕

众洋葱：身穿紫裙子，一层又一层，长在地底下，又辣又香营养大。挫挫挫，挫挫挫，挫挫挫，挫挫挫。请你猜猜，这是什么植物呀？

小鼹鼠：知道知道，这就是大洋葱。

众洋葱：我们是又辣又香的大洋葱。

〔音乐《口哨与小狗》响起，小鼹鼠和洋葱相互打招呼，玩“123 木头人”游戏，之后小鼹鼠、洋葱退场。〕

〔音乐《洋娃娃的梦》响起，小鼹鼠出场，随乐边走边做挖洞的动作，并碰到藏在土堆后面的小兔子。〕

小鼹鼠：啪啦啪啦，啪啦啪啦，砰！咦，请问你是谁呀？

〔伴奏音乐《猜谜歌》响起，其他小兔子随乐蹦蹦跳跳地出场，一边演唱一边做小兔子可爱的动作。〕

众小兔子：耳朵长长的，尾巴短短的，爱吃胡萝卜，蹦蹦跳跳真可爱。挫挫挫，挫挫挫，挫挫挫，挫挫挫。请你猜猜，这是什么动物呀？

小鼹鼠：知道知道，这就是小兔子。

众小兔子：我们是可爱的小兔子。

〔音乐《洋娃娃和小熊跳舞》响起，小鼹鼠和小兔子互相打招呼，一起随乐跳圆圈舞，之后小鼹鼠、小兔子退场。〕

〔音乐《洋娃娃的梦》响起，小鼹鼠出场，随乐边走边做挖洞的动作，并碰到藏在土堆后面的小蚂蚁。〕

小鼹鼠：啪啦啪啦，啪啦啪啦，砰！咦，你是谁呀？

〔伴奏音乐《猜谜歌》响起，其他小蚂蚁随乐顶着自己的触角，欢乐地出场，一边演唱一边做小蚂蚁可爱的动作。〕

众小蚂蚁：身体细又小，两根小触角，住在地底下，力气可不小。挫挫挫，挫挫挫，挫挫挫，挫挫挫。请你猜猜，这是什么动物呀？

小鼹鼠：知道知道，这就是小蚂蚁。

众小蚂蚁：我们是勤劳的小蚂蚁。

〔音乐《杜鹃圆舞曲》响起，小鼹鼠和小蚂蚁互相打招呼，碰碰触角、扭扭屁股，一起随乐玩钻山洞游戏，之后小鼹鼠、小蚂蚁退场。〕

〔音乐《洋娃娃的梦》响起，小鼹鼠出场，随乐边走边做挖洞的动作，并碰到藏在土堆后面的大花蛇。〕

小鼹鼠：啪啦啪啦，啪啦啪啦，砰！咦，你是谁呀？

大花蛇：是谁吵醒了我的美梦？

〔伴奏音乐《猜谜歌》响起，其他大花蛇随音乐有气势地出场，一边演唱一边做大花蛇可怕的动作。〕

众大花蛇：身穿花花衣，没手又没脚，像龙不是龙，扭来扭去爬得快。挫挫挫，挫挫挫，挫挫挫，挫挫挫。请你猜猜，这是什么动物呀？

小鼹鼠：知道知道，这就是大花蛇。

众大花蛇：我们是可怕的大花蛇。

〔音乐《New World Concerto》响起，小鼹鼠东躲西藏，时而慌张地探探头，之后大花蛇追赶小鼹鼠，小鼹鼠退场。〕

众大花蛇：小鼹鼠别害怕，我们不是想吃你，只是想和你做朋友。

〔大花蛇失落地退场。〕

第三幕　遇见新朋友

〔报幕员出场。〕

报幕员：小鼹鼠挖了很久都没有找到合适的新家，但他还是不放弃，继续往前挖。他还会碰到什么呢？请欣赏第三幕“遇见新朋友”。

〔报幕员退场。音乐《洋娃娃的梦》响起，小鼹鼠 1 和小鼹鼠 2 同时出场，随乐从不同方向一起做挖洞的动作。〕

小鼹鼠 1、小鼹鼠 2：啪啦啪啦，啪啦啪啦。

小鼹鼠 1：嗨，你好呀！

小鼹鼠 2：很高兴见到你，我们一起做朋友吧！

〔音乐《真诚的守候》响起，两只小鼹鼠手牵着手一起唱起《真诚的守候》。〕

小鼹鼠 1：我们一起来建新家吧！

小鼹鼠 2：我们行动吧！

〔音乐《Bummelpetrus》响起，两只小鼹鼠一起做挖洞、前进等动作。〕

小鼹鼠2：新家真漂亮呀！我们邀请好朋友一起来我们家煮美味的大餐庆祝一下吧！

小鼹鼠1：好呀！

〔奥尔夫音乐《从头到脚》响起，动物们和食物们两两牵手出场，顺时针踏步行进，变化各自造型后，一起表演“煮大餐”。报幕员出场。〕

报幕员：小鼹鼠和朋友一起建了一座漂亮的新房子，从此快乐地生活在一起。

〔所有角色一起上台欢快地舞蹈。舞蹈停，所有角色谢幕，退场。〕

鲤鱼跳龙门

设计、执教：林　芳　刘焰晶
指　　　导：池　频

活动缘起

图 7-1　《鲤鱼跳龙门》封面

鲤鱼跳龙门，是我国古代的一个神话故事，讲的是一群好奇又勇敢的鲤鱼历经千辛万苦，冲破重重困难，不断努力跳过龙门的故事。

幼儿被绘本中鲤鱼坚持不懈、不畏艰险、勇往直前的精神所感动，产生了表演的愿望。同时，绘本《鲤鱼跳龙门》中鲤鱼在去龙门的路上会发生什么事，给幼儿留下了想象的空间，非常适合创编成剧本。于是，教师顺应幼儿兴趣，决定开展创意戏剧活动“鲤鱼跳龙门”。

预期活动目标

一、理解绘本《鲤鱼跳龙门》的故事，尝试自主创编鲤鱼去龙门路上遇到危险的情节。

二、大胆创编角色之间的对话，并运用表情、动作进行表演，体验与同伴合作表演、游戏的快乐。

三、喜欢参与戏剧活动，能选择自己喜欢的材料，在教师、家长的帮助下制作简单的表演服饰与道具，并愿意与同伴、教师和家长交流分享。

四、初步感受鲤鱼跳龙门坚持不懈的精神，体验参与戏剧活动的乐趣。

预设活动网络图

第一阶段：剧本的产生
- （1）教学活动：鲤鱼跳龙门（语言·早期阅读）
- （2）教学活动：看《小鲤鱼跳龙门》的感受（语言·讲述活动）
- （3）游戏活动：创编剧本（语言区）

第二阶段：戏剧的创作
- （1）教学活动：快乐的小鲤鱼（艺术·韵律）
- （2）教学活动：吹泡泡（艺术·歌唱）
- （3）教学活动：水草和鲤鱼（艺术·韵律）
- （4）教学活动：鱼蚌之争（艺术·韵律）
- （5）教学活动：小鲤鱼跳龙门（艺术·歌唱）

第三阶段：戏剧的展演
- （1）游戏活动：戏剧彩排（表演区）
- （2）游戏活动：戏剧展演（表演区）

活动过程

第一阶段：剧本的产生

为了让幼儿更快地投入创意戏剧活动之中，教师决定先从幼儿熟悉的绘本《鲤鱼跳龙门》入手，引导幼儿在理解绘本故事内容及角色的基础上，重点创编鲤鱼去龙门路上会遇到的危险，让幼儿根据生活经验创编角色的语言、动作。创意戏剧活动成功与否取决于剧本故事的选择以及幼儿对剧本的理解与改编，因此教师将在本阶段创造条件引导幼儿理解故事、编绘剧本，为幼儿主动探索、发挥创意提供机会。

活动一　鲤鱼跳龙门

教学活动
语言·早期阅读

活动目标

·认真阅读绘本，理解绘本故事。
·观察绘本画面，能描述鲤鱼跳龙门的情景，尝试创编角色之间的对话。
·学习鲤鱼坚持不懈的精神。

活动准备

·材料投放：绘本《鲤鱼跳龙门》人手一册。

活动过程

一、引导幼儿观察绘本《鲤鱼跳龙门》封面，讲述看到的内容。

二、引导幼儿自主阅读绘本第 2～17 页，认真观察画面，想象角色之间的对话。

三、师幼共读绘本，引导幼儿描述对画面的理解。

（一）阅读第 2～3 页，通过提问引导幼儿了解画面内容。

（二）阅读第 4～7 页，引导幼儿思考并创编鲤鱼间对话。

提问：鲤鱼们知道有一个龙门后，他们围在一起说什么呢？

幼儿 1：一条大鲤鱼说："龙门很漂亮，我们去看看龙门吧！"

幼儿 2：龙门那里一定会发生神奇的事，我们去看看吧！

提问：鲤鱼们到了龙门前又说了什么呢？

幼儿 1：有一条鲤鱼说："哇！龙门这么高，我们怎么过去呀？"

幼儿 2：有一条鲤鱼说："龙门这么高，我们是不是白来了一趟呀？"

（三）引导幼儿分享自己对第 8～17 页画面的理解。

四、向幼儿完整讲述绘本故事。

五、梳理提升，引导幼儿学习鲤鱼坚持不懈的精神。

小结：故事里的鲤鱼非常勇敢，敢于尝试跳龙门。在生活中，我们也会遇到困难，如不会跳绳、不会自己穿衣服等，我们要像故事中的鲤鱼一样，勇敢尝试，坚持练习。

活动延伸

·游戏活动：（1）在阅读区投放绘本《鲤鱼跳龙门》，引导幼儿继续阅读绘本。（2）在美工区投放彩笔、油画棒、纸等，鼓励幼儿画鲤鱼。

活动二　看《小鲤鱼跳龙门》的感受

教学活动
语言·讲述活动

活动目标

·能清楚地讲述自己观看动画片《小鲤鱼跳龙门》的感受。

·乐于和同伴分享自己的感受与看法。

活动准备

·经验准备：幼儿事先在家里和家长观看了动画片《小鲤鱼跳龙门》，并完成了《小鲤鱼跳龙门》观后感问卷。

·材料投放：《小鲤鱼跳龙门》观后感问卷、投影仪、小话筒。

活动过程

一、出示话筒，激发幼儿讲述的兴趣。

引导语：小朋友们，今天老师拿来了话筒，要请你们把在家和爸爸妈妈一起看《小鲤鱼跳龙门》的感受与其他小朋友分享一下。

二、幼儿分组交流，组内幼儿轮流分享。

（一）幼儿按意愿自由分组，讨论分享的规则。

规则：分享时要大声，可以边看自己的问卷边分享。

（二）幼儿分组交流；教师巡回指导，注意倾听幼儿的分享。

三、每组推选代表用话筒向全班幼儿分享。

（一）每组推选出分享内容最受欢迎的幼儿作为代表上台分享。

（二）引导台下幼儿安静倾听每组代表的分享。

四、引导幼儿围绕“鲤鱼为什么会变成龙”发表自己的看法。

幼儿1：鲤鱼会变成龙，是因为他很勇敢。

幼儿2：鲤鱼因为不断练习跳，所以能跳过高高的龙门变成龙。

五、小结，引导幼儿学习鲤鱼坚持不懈的精神。

活动延伸

• 游戏活动：（1）引导幼儿在语言区继续与同伴分享《小鲤鱼跳龙门》观后感问卷。（2）引导幼儿在美工区制作或绘画鲤鱼。

活动三　创编剧本

游戏活动
语言区

活动目标

• 与同伴合作编绘《鲤鱼跳龙门》剧本。

• 学习运用添画、贴云朵形对话图贴的方式创编角色对话。

活动准备

• 材料投放：彩笔、油画棒、《鲤鱼跳龙门》角色图片、记号笔、云朵形对话图贴、鲤鱼手偶若干，剧本人手一本。

• 环境创设：选择相对安静的环境，在靠窗处摆放一张小桌子，将幼儿的剧本摆放在小桌子旁的架子上。

活动过程

一、出示剧本，介绍创编任务。

二、提出要求。

要求：（1）在自己的剧本里进行创作。（2）可以用画笔编绘剧情；不会画的时候，可以粘贴角色图片，再通过添画创编剧情。

三、幼儿在已有经验基础上，创编剧情和角色间台词；教师观察指导。

四、引导幼儿分享交流创编的剧本。

图 7-2　乌龟奶奶讲故事

图 7-3　大轮船撒网抓鲤鱼

图 7-4　遇到龙卷风

图 7-5　跳过龙门变成龙

［幼儿创编的剧本一（图 7-2 至图 7-5）：乌龟奶奶给鲤鱼们讲了“鲤鱼跳龙门”的故事后，鲤鱼们决定去寻找龙门。在路上，鲤鱼们遇到大轮船要来抓他们，躲过大轮船后又遇到龙卷风。他们只好潜到水底。躲过龙卷风后，他们继续游，终于游到龙门前。看到高高的龙门，他们一起想办法，互相帮助，最终跳过龙门，变成了龙。］

图 7-6　鲤鱼妈妈讲故事

图 7-7　被海草缠住

图 7-8　河蚌夹鲤鱼尾巴

图 7-9　变成龙，飞起来

[幼儿创编的剧本二（图 7-6 至图 7-9）：鲤鱼妈妈给鲤鱼们讲故事后，鲤鱼们知道跳过龙门就可以变成龙。于是，他们一起去寻找龙门。他们在路上和水草做游戏，水草缠住了他们，不让他们离开。他们挣脱了水草后，又遇到河蚌，河蚌用壳夹住了他们，幸亏乌龟来帮忙脱险。最后，鲤鱼们到达龙门，跳过去变成了龙，飞了起来。]

五、师幼通过投票，确定了最终展演的剧本。

第一幕：无忧无虑。

第二幕：历经磨难。

第三幕：坚持不懈。

第一阶段的反思

活动的第一阶段，教师借助教学活动和家园合作，引导幼儿阅读绘本、观看影片，使幼儿对故事内容和角色有了较深刻的了解。之后，教师通过"鲤鱼在寻找龙门的路上会遇到哪些困难?"等问题引发幼儿思考，鼓励幼儿大胆创编剧情。幼儿结合自身的生活经验进行个性化的剧本创编，创编出水草、乌龟、河蚌等角色和相关剧情。最后，师幼通过讨论和民主投票，确定了戏剧《鲤鱼跳龙门》的剧本：第一幕"无忧无虑"，第二幕"历经磨难"，第三幕"坚持不懈"。

第二阶段：戏剧的创作

在第二阶段，教师将通过韵律、歌唱等教学活动和表演区活动，引导幼儿积极参与，确定戏剧表演的背景音乐，同时迁移生活经验，创编戏剧中角色的动作、台词等，并动手制作鲤鱼、水草、螃蟹、乌龟等角色的服饰，为戏剧展演奠定基础。

活动一　快乐的小鲤鱼

教学活动
艺术·韵律

活动目标

- 感受乐曲优美、欢快的旋律，了解乐曲结构。
- 能对不同乐段展开想象，进行创造性的表现。
- 体验和同伴合作表演的快乐。

活动准备

- 材料投放：音乐《吐泡泡的小鱼》（民族舞蹈音乐）及图谱。

活动过程

一、播放乐曲，引导幼儿完整倾听，初步感受乐曲的特点。

二、引导幼儿再次完整倾听乐曲，感受乐曲优美、欢快的旋律及葫芦丝演奏的独特风格，同时猜想鲤鱼会做什么。

幼儿 1：鲤鱼们在玩捉迷藏。

幼儿 2：鲤鱼们在比赛吹泡泡。

三、随乐逐步展示图谱，帮助幼儿了解乐曲结构。

（一）引导幼儿猜想每段乐曲中鲤鱼在做什么。

幼儿 1：在左游游、右游游。

幼儿2：在吹泡泡，在和朋友一起玩照镜子游戏。

（二）梳理每段乐曲里鲤鱼的表现。

小结：A段乐曲里，鲤鱼在开心地游来游去；B段乐曲里，鲤鱼先自己吹泡泡，然后找到朋友一起吹泡泡；C段乐曲里，鲤鱼在一起玩照镜子游戏。

四、分段欣赏乐曲，引导幼儿用动作表现对乐曲的理解。

（一）欣赏A段乐曲，引导幼儿用手部动作表现鲤鱼游。

提问：鲤鱼要怎样游才好看呢？谁愿意来表演一下？

幼儿1：可以一只手在前面，另一只手在后面，两只手轻轻摆动。

幼儿2：可以两只手在前面，从中间往两边划开。我学习游泳时是这样做的。

小结：小朋友可以选择自己喜欢动作进行表演。表演时，可以变化方向，可以左游一下、右游一下，还可以前游一下、后游一下。请你们跟着乐曲节奏做动作。

（二）欣赏B段乐曲，引导幼儿创编“鲤鱼自己吹泡泡——→找朋友一起吹泡泡”的动作。

1. 播放并介绍B段乐曲：鲤鱼先自己吹泡泡，然后找朋友一起吹泡泡。

2. 鼓励幼儿用自己喜欢的动作表现鲤鱼一起吹泡泡的情景。

（三）欣赏C段乐曲，引导幼儿迁移照镜子游戏的经验，大胆表现“调皮的鲤鱼和同伴嬉戏”的场景。

引导语：调皮的鲤鱼想逗好朋友开心，他会做出一些搞怪动作。没想到鲤鱼的好朋友也特别调皮，学着他做搞怪动作。

1. 幼儿自选同伴。

2. 教师与个别幼儿根据乐曲创编动作，表现鲤鱼嬉戏的情景。

3. 幼儿与同伴自由创编嬉戏的动作，教师给予点评。

五、完整播放乐曲，组织幼儿跟着乐曲变化与同伴合作表演。

表演内容：鲤鱼自由自在地游——→自己吹泡泡、找朋友一起吹泡泡——→玩照镜子游戏。

活动延伸

· 游戏活动：（1）在表演区投放音乐《吐泡泡的小鱼》，引导幼儿与同伴自由创编、表演鲤鱼的动作。（2）在美工区投放不织布、彩色垃圾袋、亮光纸等材料，引导幼儿自制鲤鱼服饰。

活动资料

吐泡泡的小鱼（图谱）

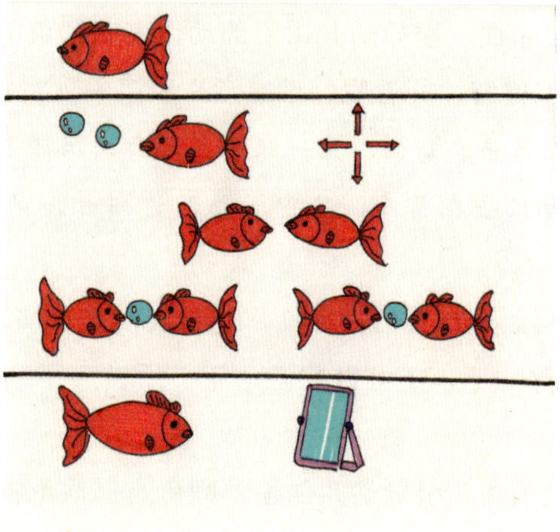

活动二　吹泡泡

教学活动
艺术·歌唱

活动目标

· 感受歌曲欢快的旋律，理解歌词内容，能完整演唱歌曲。
· 能有感情地演唱歌曲，用歌声表现鲤鱼快乐吹泡泡的心情。

活动准备

· 材料投放：吹泡泡用具若干，音乐《吹泡泡》及图谱。

活动过程

一、玩吹泡泡游戏，引导幼儿发现泡泡有大有小，引出歌曲《吹泡泡》。
二、清唱歌曲，引导幼儿欣赏。

（一）有感情地演唱歌曲。

（二）通过提问，引导幼儿了解歌曲内容。

提问：（1）鲤鱼吹的泡泡怎么样了？（2）后来鲤鱼和泡泡在做什么呢？

三、配以动作再次演唱歌曲，引导幼儿熟悉歌词及歌曲欢快的旋律。

四、弹奏歌曲，引导幼儿看图谱随乐演唱。

（一）弹奏歌曲，引导幼儿完整演唱歌曲，并随乐用动作表现歌曲的内容。

（二）在前奏时拿出泡泡枪与幼儿互动。

（三）鼓励幼儿与同伴一起用自然的声音演唱。

五、引导幼儿围成圆圈，随乐演唱歌曲。

在前奏开始前，悄悄把泡泡枪放在一个幼儿后面；前奏开始时，请全体幼儿回头看，有泡泡枪的幼儿在圈中吹泡泡，其他幼儿拍泡泡；前奏结束后，全体幼儿演唱歌曲。游戏可反复进行。

活动延伸

· 游戏活动：在科学区投放泡泡水，引导幼儿操作、探究。

活动资料

吹泡泡（歌曲）

范修奎　词

$1=F\ \frac{2}{4}$　　黄清林　曲

(5 5 6 | 5 5 3 | 2 3 5 5 | 2 3 1) | 5 5 6 | 5 5 3 |
泡 泡 大，泡 泡 小，

2 3 5 5 | 2 3 2 | 6 5 3 5 | 2 3 5 | 2 3 5 5 | 3 5 2 |
吹个 泡泡 空中 飘，有大有小 飞得 高。我与 泡泡 来赛 跑，

5 5 3 5 | 6 5 6 | 6 6 5 5 | 2 3 5 | 3 5 2 1 | 3 5 5 |
泡泡 飞高 我长 高，快快 乐乐 哈哈 笑。大家 一起 吹泡 泡，

3 5 5 3 | 2 3 1 | 1 - ‖ D.C.

吹 泡 泡 了，吹 泡 泡。

吹泡泡（图谱）

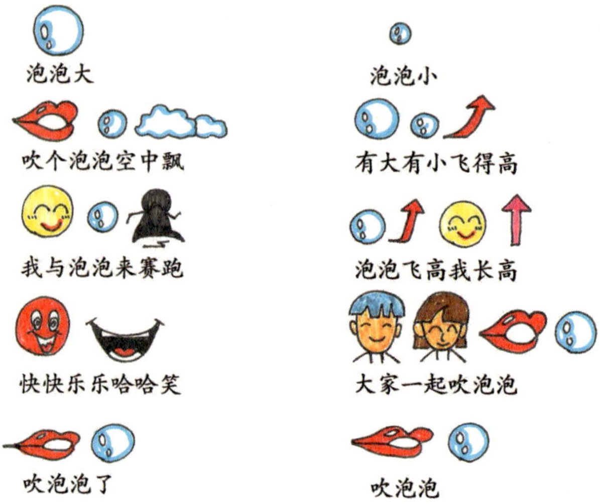

活动三　水草和鲤鱼

教学活动
艺术·韵律

活动目标

· 了解笛子的音色，感受乐曲柔美和欢快的不同旋律。

· 能用动作来表现水草摇摆、鲤鱼游动、鲤鱼和水草玩游戏的情景。

活动准备

· 经验准备：幼儿已初步了解笛子。

· 材料投放：水草的录像，音乐《优美笛子曲》（选自专辑《梦痴者说》），水草头饰，《鲤鱼和水草》图谱。

活动过程

一、情境导入，引导幼儿完整欣赏乐曲，感受乐曲柔美和欢快的不同旋律。

引导语：这是一首笛子曲，里面藏着水草和鲤鱼的故事。你们来听听，然后把你听到的水草和鲤鱼的故事告诉我。

提问：这首曲子，前段是水草摇摆，还是后段是水草摇摆呢？

幼儿1：前段是水草在摇摆。

幼儿2：前段比较慢，是水草在摇摆。

二、出示录像和图谱，引导幼儿欣赏A段乐曲，初步感受和表现水草摇摆的情景。

（一）结合水草的录像，引导幼儿感受A段乐曲。

引导语：在水底深处，长着一丛茂盛的水草。它们有的长长的，像飘带；有的小小的，像羽毛；有的像散开的花朵；有的像散开的纱裙。我们来听听乐曲，想象一下水草是怎样摇摆的。

（二）出示图谱，鼓励幼儿轻微摆动身体，用自己喜欢的动作随乐表现水草摇摆。

1. ↖↗表示手部动作可以左右方向各做一次。

2. ○表示可以原地转圈。

三、引导幼儿欣赏B段乐曲，尝试创编鲤鱼和水草玩游戏的情景。

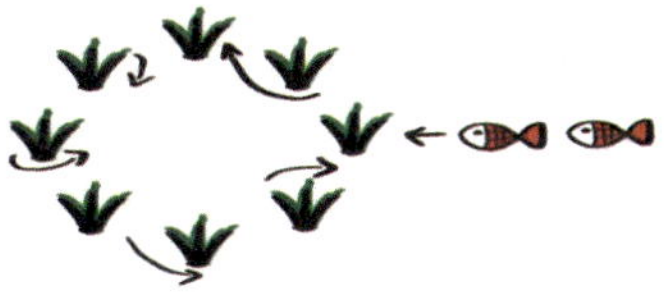

图7-10　鲤鱼游进水草圈

图7-11　一条鲤鱼找一株水草

四、请幼儿分角色表演水草和鲤鱼。

（一）介绍游戏玩法。

玩法：扮演水草的幼儿戴上头饰，在A段乐曲中慢慢围成圆圈。B段乐曲响起后，扮演鲤鱼的幼儿做游的动作在水草中穿来穿去，找到自己喜欢的水草，玩挠痒痒游戏。乐曲停止后，水草抱住一只鲤鱼，对他说：“不要走，留下来和我玩。”

（二）鼓励幼儿选择喜欢的角色，随乐完整表演。

（三）引导幼儿互换角色，再次游戏。

活动延伸

·游戏活动：（1）在表演区投放音乐《优美笛子曲》和水草头饰，引导幼儿自由协商，分别扮演鲤鱼和水草进行表演。（2）在美工区投放排笔、颜料、彩笔、纱巾等，引导幼儿自主绘画鲤鱼、水草或用材料制作水草服饰。

活动资料

水草和鲤鱼（图谱）

活动四　螃蟹体操

教学活动
语言·文学活动

活动目标

·理解儿歌的内容，能有感情地朗诵儿歌。

·感受儿歌的诙谐、有趣，尝试用动作表现儿歌的内容。

活动准备

·经验准备：幼儿活动前已观察过螃蟹，初步了解螃蟹的生活习性；至少听过一次儿歌《螃蟹体操》。

· 材料投放：螃蟹头饰一个，螃蟹图片，儿童舞蹈律动录像《螃蟹体操》。

活动过程

一、表演儿歌，激发幼儿的学习兴趣。

二、出示螃蟹图片，引导幼儿说出螃蟹的特征（有八条腿、两个大钳子、一个硬硬的壳，横着走路，等等），鼓励幼儿模仿螃蟹走路的样子。

三、配乐完整朗诵儿歌，通过提问帮助幼儿理解儿歌的内容。

四、播放录像《螃蟹体操》，引导幼儿用生动、活泼的声音随乐朗诵儿歌。

（一）引导幼儿观看录像，发现这首儿歌的不同之处。

幼儿 1：儿歌朗诵有音乐伴奏。

幼儿 2：儿歌朗诵很有节奏。

（二）引导幼儿想象自己是螃蟹，在音乐伴奏下，结合肢体动作有节奏地朗读儿歌，表现儿歌的诙谐、有趣。

五、组织幼儿用多种形式朗诵儿歌。

（一）男生一句、女生一句，轮流朗诵儿歌。

（二）幼儿分组，一组朗诵儿歌，一组表演儿歌。

活动延伸

· 家园共育：请家长引导幼儿朗诵儿歌，并鼓励幼儿根据儿歌创编螃蟹的动作。

活动资料

螃蟹体操（儿歌）

尖尖的夹子，蟹老板；
做做体操真健康。
尖尖的夹子，蟹老板；
做做体操真健康。

爬呀爬呀，过沙河，
爬呀爬呀，过沙河。
螃蟹一呀爪八个，
两头尖尖这么大个。
螃蟹一呀爪八个，
两头尖尖这么大个。

动动夹子，有力气，
抬抬脚呀，最神气。
动动夹子，有力气，
抬抬脚呀，最神气。
动动夹子有力气。

活动五　鱼蚌之争

教学活动
艺术·韵律

活动目标

·欣赏乐曲，感受乐曲旋律的变化。

·尝试创编鱼蚌对决的动作，感受与同伴一起随乐舞蹈的乐趣。

活动准备

·经验准备：幼儿活动前已观察过河蚌，初步了解河蚌的外形特征和生活习性。

·材料投放：音乐《热烈的决斗者们》、空白图谱。

活动过程

一、以戏剧剧本《鲤鱼跳龙门》中鱼蚌之争的故事导入。

引导语：鲤鱼在去龙门的路上遇到河蚌，河蚌挡住了鲤鱼。为了能游到龙门，鲤鱼与河蚌将大战一场。

二、借助图谱，引导幼儿感受乐曲的旋律变化。

（一）引导幼儿与同伴交流，说说自己听完乐曲后的感受。

幼儿 1：我感觉鲤鱼和河蚌在激烈战斗。

幼儿 2：我听了，感觉很热闹。

（二）配合乐曲，现场绘画图谱，帮助幼儿感受乐曲旋律的变化。

（三）出示图谱，结合乐曲告诉幼儿不同形状和线条所代表的不同动作：三角形代表摆姿势；打叉表示双方做对决动作，横线表示停止；波浪线表示双方交换阵地。

（四）引导幼儿再次完整欣赏乐曲，看图谱随乐自由用动作表现乐曲。

三、引导幼儿创编鱼蚌对决的动作。

（一）启发幼儿想象鲤鱼和河蚌相遇的情景，讨论鱼蚌会比拼什么。

幼儿 1：他们会比谁的力气大。

幼儿 2：他们会比吹泡泡。

幼儿 3：他们会比谁跳舞跳得好看。

（二）结合幼儿的想象和表现，梳理幼儿创编的对决动作；重点引导幼儿根据乐曲旋律的特点展开想象。

（三）用哼唱的方式，帮助幼儿掌握动作节奏，练习用动作表现比力气、比跳舞、比吹泡泡等。

四、鼓励幼儿完整表现鱼蚌之争的剧情。

（一）鼓励幼儿自主邀请同伴，分别扮演鲤鱼和河蚌，随乐表现。

（二）组织幼儿分成两组，分别扮演鲤鱼和河蚌，完整表演剧情；鼓励幼儿改变原有动作，大胆想象，创造性地表现剧情。

活动延伸

· 游戏活动：在表演区投放音乐《热烈的决斗者们》及《鱼蚌之争》图谱，引导幼儿两两合作表演。

活动资料

鱼蚌之争（图谱）

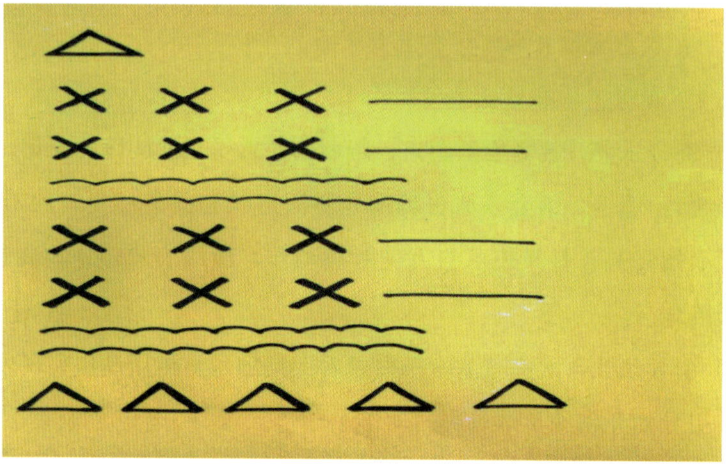

活动六　小鲤鱼跳龙门

教学活动
艺术·歌唱

活动目标

·能理解歌曲的内容，感受歌曲欢快的旋律。

·能用自然的声音演唱歌曲。

活动准备

·材料投放：音乐《小鲤鱼跳龙门》及图谱。

活动过程

一、自然导入，引出歌曲。

引导语：鲤鱼跳龙门是一个神话故事。今天这个故事还变成一首好听的歌曲，名字叫《小鲤鱼跳龙门》，我们一起来听听。

二、清唱歌曲，引导幼儿欣赏，感受歌曲欢快的旋律。

三、结合图谱，引导幼儿熟悉歌词的内容。

（一）师幼共同对照图谱朗诵歌词。

（二）幼儿自主跟随歌曲的节奏朗诵歌词。

四、引导幼儿学唱歌曲。

（一）整首跟唱：教师大声些，幼儿小声些；提醒幼儿演唱时，边唱边倾听教师和同伴的歌声。

（二）趣味接唱：教师先与幼儿商量接唱的方法，再组织幼儿练习。

五、鼓励幼儿创编简单的动作进行表演唱，感受与同伴一起歌唱的乐趣。

活动延伸

· 游戏活动：在表演区投放音乐《小鲤鱼跳龙门》，引导幼儿随乐边唱边用动作表现，感受与同伴合作演唱的快乐。

· 家园共育：请家长引导幼儿演唱歌曲，并结合歌曲创编动作。

活动资料

小鲤鱼跳龙门（歌曲）

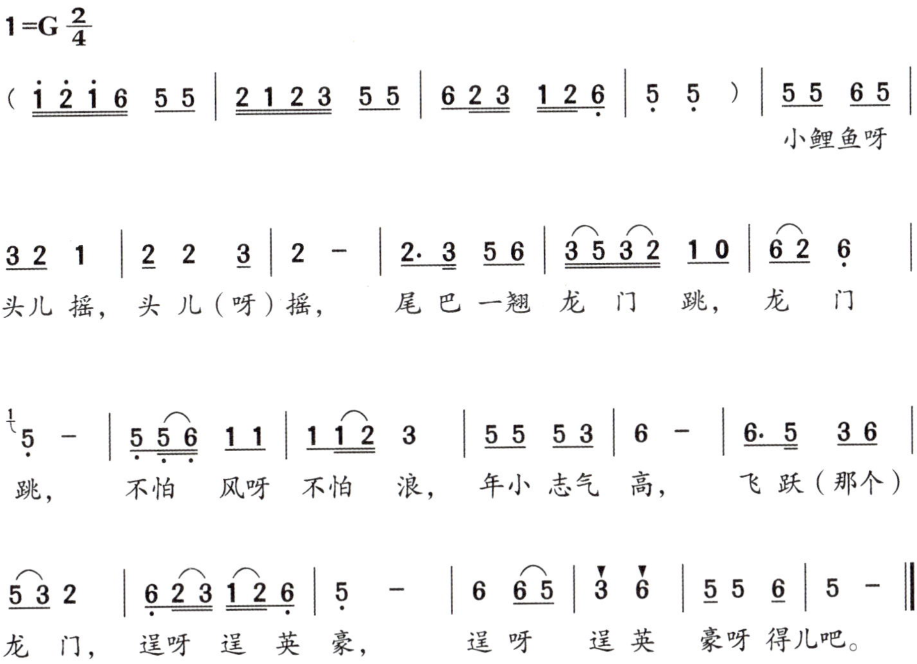

小鲤鱼跳龙门（图谱）

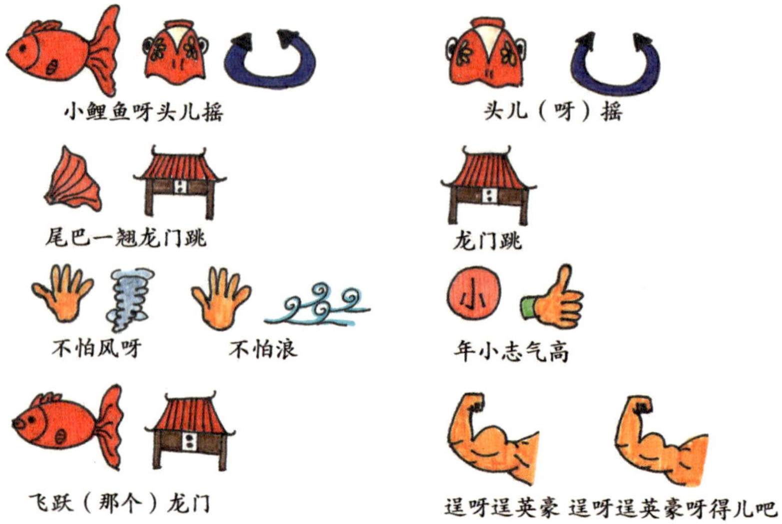

第二阶段的反思

本阶段，幼儿在创编剧本《鲤鱼跳龙门》的基础上，尝试在音乐的伴奏下，创编角色动作，使戏剧剧情更加丰富。幼儿在戏剧创作过程中积极思考，在身体与思想的不断对话中，实现了剧作家、导演、演员三种身份的统一，成为戏剧创作的主人，享受着自由表现的乐趣。

第三阶段：戏剧的展演

幼儿已经将《鲤鱼跳龙门》剧本内容转化为角色台词、动作等。接下来，幼儿将进入戏剧展演阶段。幼儿将通过角色竞选，确定自己在戏剧中扮演的角色，并为自己扮演的角色设计造型、制作服饰。幼儿将迁移美术创作的经验，制作邀请函，邀请家长和其他班级的教师、幼儿来观看表演。

活动一　我为竞选做准备

家庭活动

活动目标

·告诉家长自己想要竞选的角色。

·能在家长的协助下，为自己竞选的角色做准备。

活动准备

·材料投放：《〈鲤鱼跳龙门〉角色竞选问卷调查表》，《鲤鱼跳龙门》剧本，亲子制作服饰所需的材料。

指导要点

一、向家长发放《〈鲤鱼跳龙门〉角色竞选问卷调查表》（详见“活动资料”）和《鲤鱼跳龙门》剧本。

二、请家长引导幼儿大胆表达自己的想法。

三、请家长协助幼儿完成问卷调查，并和幼儿讨论用什么方式参加竞选。

四、请家长鼓励幼儿为自己的角色竞选做准备，如与幼儿一同排练、一同制作角色服饰。

五、请家长在班级群里分享亲子表演的录像和亲子制作的服饰照片，家庭间相互学习。

活动资料

《鲤鱼跳龙门》角色竞选问卷调查表

1. 宝贝想演《鲤鱼跳龙门》里什么的角色？(请孩子在想演的角色下打钩)

主持人
（　　）

鲤　鱼
（　　）

螃蟹（限男生）
（　　）

水草（限女生）
（　　）

乌　龟
（　　）

河　蚌
（　　）

龙　门
（　　）

备注：一人可选两个角色。

2. 为什么想演这个角色？（请孩子说，家长写出来）

3. 家长愿意参加我们班的戏剧表演，来当风和雨吗？

愿意（　　）　不愿意（　　）　（　　）来演

中四班（　）号

活动二　鲤鱼服饰

游戏活动
美工区

活动目标

· 能运用绘画、剪贴等方式制作鲤鱼服饰。

活动准备

· 投放材料：戏剧表演中有关鱼的服饰的图片，旧衣服、彩色纸、油画棒、颜料、毛球、亮片、毛根、泡沫胶、订书机、自贴纸、垃圾袋、包装袋、头箍、松紧带、纱巾、锡纸小碗等材料。

活动过程

一、师幼共同欣赏戏剧表演中有关鱼的服饰的图片，引导幼儿交流自己的想法。

二、幼儿自主选择材料，制作鲤鱼头饰或者鲤鱼服装。

三、游戏讲评。

（一）展示幼儿制作的鲤鱼服饰，引导幼儿相互欣赏。

（二）请个别幼儿介绍制作经验。

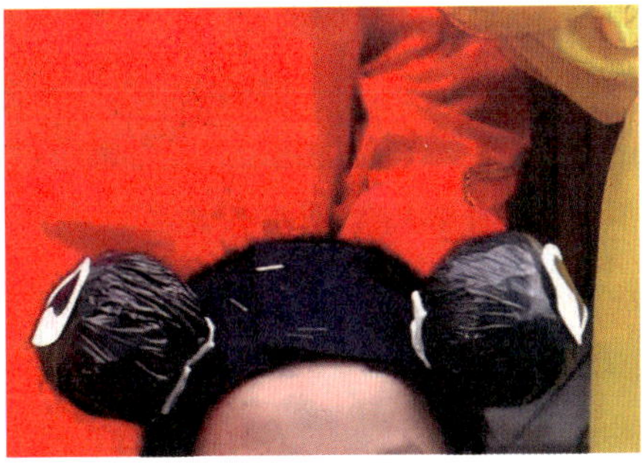

图 7-12　幼儿作品一

（幼儿作品一的制作过程：将报纸揉搓成两个大纸团，分别用黑色垃圾袋包裹好；用白纸剪下两个圆形做眼睛，并用黑色记号笔分别在两个剪下的白色圆形里画两个黑色缺角的圆形作为眼珠；用双面胶将眼睛粘贴在包裹纸团的黑色垃圾袋上，把多余垃圾袋剪掉；用泡沫胶把做好的两个黑色塑料团分别贴在松紧带两侧，并用订书机将松紧带两端固定。鲤鱼头饰就做好了。）

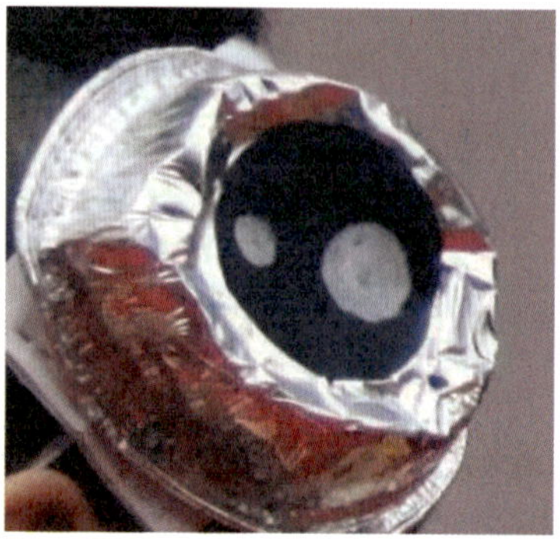

图 7-13　幼儿作品二

（幼儿作品二的制作过程：选择两个锡纸小碗，先从黑色纸上剪下两个圆形；用白色油画棒分别在两个黑色圆形里画两个大小不等的白色小圆；把两个黑色圆形分别贴在两个锡纸小碗的底部；用订书机将两个小碗分别钉在宽的松紧带上。鲤鱼头饰制作完成。）

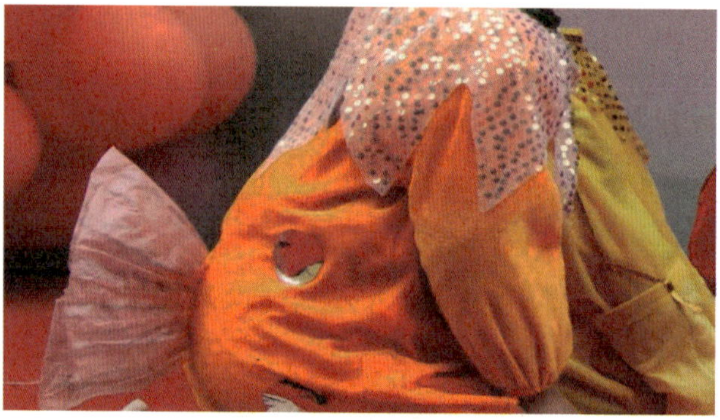

图 7-14　幼儿作品三

（幼儿作品三的制作过程：取一件废旧衣服；将银色的自贴纸剪成若干圆形，分别贴在废旧衣服上，作为鱼鳞；选择一个粉色包装袋，用剪刀剪去底部，拢成喇叭状，粘贴在衣服后面做尾巴。鲤鱼服装制作完成。）

活动三　水草服饰

游戏活动
美工区

活动目标

· 能运用绘画、剪贴等方式制作水草服饰。

活动准备

· 材料投放：水草的录像，绿色自贴纸、绿色卡纸、绿色毛根、绿色布、绿色拉花、绿色吸管、剪刀、彩笔、黑色记号笔、胶水、松紧带、回形针等材料。

活动过程

一、播放水草的录像，引导幼儿欣赏水草。

引导语：鲤鱼服饰已经做好了，小朋友想不想做水草服饰呀？

二、介绍材料，引导幼儿讨论如何选择材料制作水草服饰。

三、幼儿自主选择材料，制作水草服饰。

四、分享幼儿制作的水草服饰，把幼儿自制的水草服饰投放在表演区，供幼儿表演使用。

图 7-15　幼儿作品一

（幼儿作品一的制作过程：用黑色记号笔在绿色卡纸上画出水草轮廓，添画叶脉后按照轮廓剪下，制成一条水草。按照上述方法，再做两条水草。将绿色卡纸剪裁成长条，把做好的三条水草粘贴在长条卡纸的中间。把长条卡纸围起来，用回形针把长条的两端固定在一起。一个水草头饰就做好了。）

图 7-16　幼儿作品二

（幼儿作品二的制作过程：把绿色布围起来变成绿色小裙子，将绿色拉花条分别固定在绿色裙子表面。一条灵动的水草裙就做好了。）

活动四　螃蟹和乌龟服饰

游戏活动
美工区

活动目标

· 能自主选择材料制作螃蟹和乌龟服饰。
· 感受制作的乐趣。

活动准备

· 材料投放：螃蟹和乌龟图片，纸碗、纸皮、红色毛根、自贴纸、泡沫球、黑色电线、冰棍棒、绿色拉花、松紧带、红色海绵纸、胶水、打孔机、排笔、订书机、子母贴等材料。

活动过程

一、出示螃蟹和乌龟图片，引导幼儿观察、描述螃蟹和乌龟的特征。

二、介绍游戏材料，引导幼儿思考、讨论制作螃蟹和乌龟服饰的方法。

金教鞭

三、幼儿自选材料制作，教师观察指导。

四、引导幼儿欣赏、交流作品。

请制作好的幼儿穿戴好作品进行展示，肯定幼儿的创作。

图 7-17　幼儿作品一

（幼儿作品一的制作过程：挑一个红色纸碗，作为螃蟹的身体；将红色毛根插在碗的两边代表螃蟹腿；用黑色自贴纸剪两个黑色的圆贴在两个泡沫球上；剪两条黑色电线，一头插入泡沫球，一头插入纸碗。螃蟹头饰制作完成。）

图 7-18　幼儿作品二

（幼儿作品二的制作过程：用记号笔在厚纸皮上画出螃蟹大钳子的轮廓，并请教师帮忙将它剪下；用排笔将大钳子的两面涂成红色；将红色的大钳子粘贴在冰棍棒上。螃蟹的大钳子制作完成。）

图 7-19　幼儿作品三

（幼儿作品三的制作过程：选择两张红色海绵纸，再剪两条长方形红色海绵纸分别用订书机订在两张海绵纸左上方和右上方，使两张红色海绵纸连在一起成为一件红色背心；在黄色自贴纸上画两个椭圆形，剪下，粘贴在红色背心的前后。螃蟹背心制作完成。）

图 7-20　幼儿作品四

（幼儿作品四的制作过程：用记号笔在较薄的硬纸皮上画好椭圆形并剪下来，作为乌龟壳；用黑色记号笔在乌龟壳上画上花纹；在乌龟壳的四周贴上绿色拉花；在乌龟壳两边打孔，系上松紧带。乌龟背心制作完成。）

活动五　龙门服饰

游戏活动
美工区

活动目标

· 能自主运用材料，设计和制作龙门服饰。

活动准备

· 材料投放：《小猪盖房子》角色服饰图片，白色斗篷，圆锥体半成品，红、黑、银色自贴纸，各色卡纸，剪刀，彩笔，黑色记号笔，胶水，打孔机，松紧带，等等。

活动过程

一、提问导入。

提问：《鲤鱼跳龙门》里的龙门应该是什么样子的？你们想怎么设计龙门

服饰？

幼儿1：龙门必须是高高的。

幼儿2：龙门很高、很宽。

二、出示《小猪盖房子》角色服饰图片，引导幼儿欣赏，重点欣赏砖头、木头服饰。

三、幼儿自主选择材料，制作龙门服饰。

四、幼儿穿戴上自制的龙门服饰，相互展示、评价。

图7-21 幼儿作品一

（幼儿作品一的制作过程：用红色自贴纸裁剪出多个长方形，再一层层有序、交错地贴在白色斗篷上；将黑色自贴纸剪成细长条，贴在每层红色自贴纸四周。龙门服装就做好了。）

图7-22 幼儿作品二

（幼儿作品二的制作过程：在红色卡纸上画出屋檐轮廓，将其剪下，贴在圆锥体半成品上。龙门头饰制作完成。）

活动六　我的角色我做主

教学活动
社会·自我成长

活动目标

·能积极参与角色竞选活动，在集体面前表现自己。

·能通过观看他人的表演，知道自己表演时的不足，并加以调整。

·享受与同伴公平竞选角色、合作表演戏剧的快乐。

活动准备

·经验准备：幼儿已了解各个角色的台词和动作。

·材料投放：《鲤鱼跳龙门》角色图片，麦克风，选手号码牌，绿、红牌，花片，盘子。

活动过程

一、师幼共同讨论角色竞选的方式和规则。

（一）参与角色竞选的幼儿依次上台表演。

（二）每个选手结束表演后，请其他幼儿根据选手的表演举起绿牌或红牌。绿牌多则表示该选手可进入下一轮竞选，红牌多则表示该选手被淘汰。

（三）第一轮留下的选手进行现场拉票，拉票结束后，其他幼儿用花片当选票投到喜欢的选手盘子里，得票多的选手当选。

二、幼儿根据报名表，自主参加竞选。

三、引导幼儿以自荐的形式参与竞选；鼓励幼儿大胆向同伴介绍自己竞选的角色、竞选的理由并拉票，为扮演喜欢的角色付出努力。

四、引导幼儿投票，选出角色扮演者。

五、小结活动情况。

活动延伸

·家园共育：请家长帮助幼儿为自己竞选成功的角色做准备，练习该角色的台词和动作。

活动七　制作邀请函

游戏活动
美工区

活动目标

·能自主选择材料，运用剪贴、绘画、刻画、涂色、拓印等方式制作邀请函，体验制作的乐趣。

活动准备

·材料投放：不同邀请函的范例，裁剪好的吹塑纸，排笔，红色颜料，超轻黏土，写有展演时间、地点、内容等文字的纸片，各色画纸、卡纸，等等。

活动过程

一、出示邀请函的范例，提出活动任务。

引导语：这是邀请函，就是邀请别人来参加活动的卡片，和我们节日做的贺卡有点像。今天我们来做《鲤鱼跳龙门》戏剧邀请函。

二、鼓励幼儿自主设计、制作邀请函，制作出与众不同的邀请函。

三、欣赏、评价幼儿作品。

引导幼儿相互欣赏作品，请个别幼儿介绍制作经验。

幼儿作品一的制作过程：用红色超轻黏土捏出几条小鱼；找一张卡纸，对折好，把做好的小鱼粘贴在卡纸表面；将写有展演时间、地点、内容等文字的纸片贴在卡纸里面。邀请函制作完成。

幼儿作品二的制作过程：用铅笔在吹塑纸板上刻画好鲤鱼跳龙门的画面，用排笔沾上红色颜料涂在画好的吹塑纸板上，把涂上红色颜料的吹塑纸板盖在裁剪好的黄色画纸上；待拓印图案干了以后，将画纸粘贴在卡纸上，把写有展演时间、地点、内容等文字的纸片贴在卡纸里面。邀请函就做好了。

活动八　戏剧彩排

游戏活动
表演区

活动目标

· 尝试用符合角色的语言、动作、表情等有感情地表现所扮演的角色。

· 能与同伴合作表演，体验表演角色的快乐。

活动准备

· 经验准备：幼儿已事先安排好摆道具、放音乐、舞台监督等工作人员。

· 材料投放：戏剧表演所需服饰、道具、音乐，摄像机。

活动过程

一、游戏开展前，与幼儿一同运用道具创设舞台场景。

二、引导幼儿根据自己扮演的角色，用服饰装扮自己。

三、幼儿表演，教师观察指导。

（一）幼儿各就各位，开始第一次彩排；教师拍摄全过程。

（二）鼓励幼儿用语言、动作、表情等表现各自角色的特点，并与同伴互动，体验合作表演的乐趣。

四、游戏讲评。

（一）组织幼儿集中观看录像回放，针对有问题的部分展开讨论。

（二）组织幼儿再次完整排练，及时解决问题。

活动九 戏剧展演

游戏活动
表演区

活动目标

· 能运用语言、动作、表情等进行表演。
· 享受表演的快乐。

活动准备

· 材料投放：活动花絮课件，戏剧表演所需道具、服饰、音乐等。

· 资源利用：请家长准备好摄像机、相机等；邀请本班家长当观众，观看戏剧展演。

活动过程

一、演出前动员：调动幼儿情绪，激起幼儿的表演欲望，引导幼儿明确表演的注意事项。

（一）激发幼儿的信心。

引导语：我们已经完整排练过戏剧《鲤鱼跳龙门》了。今天，我们每个人都是演员，要完整地表演给老师和爸爸妈妈看，大家加油呀！

（二）讨论表演的注意事项。

注意事项：(1) 演员们在舞台侧面指定区域内候场时要保持安静，集中注意力。(2) 演员们有序地出场和退场。

二、组织幼儿根据自己表演的角色，用服饰装扮自己。

三、装扮好的演员按照分工做好迎宾、接待、指引座位、介绍主题展示区、舞台布置等相关工作。

四、全体人员就位，播放活动花絮。

五、演员上台，放好自己的演出道具；工作人员各就各位。

（一）帮助幼儿明确候场及出场和退场的位置。

引导语：演出马上开始了，请演员们在自己的候场位置等待，等待的过程中想一想自己一会儿将从哪里出场、从哪里退场。

（二）幼儿展演开始，家长用摄像机拍摄全过程。

（三）引导家长多给幼儿鼓励和掌声。

六、展演结束。

演员下场与观众互动。

第三阶段的反思

幼儿已经对自主创编的《鲤鱼跳龙门》剧本非常熟悉，会自主选择角色展开竞选。竞选时，幼儿能融入角色，把自己对故事的理解通过语言、动作、表情表现出来，在表演过程中进一步感受了鲤鱼坚持不懈的精神。彩排时，幼儿会一起讨论、解决戏剧排练中出现的问题。正式表演时，幼儿能和同伴团结协作，完成戏剧表演。整个活动过程提高了幼儿的合作意识，促进了幼儿的社会性发展。

活动网络图

- 第一阶段：剧本的产生
  - （1）教学活动：鲤鱼跳龙门（语言·早期阅读）
  - （2）教学活动：看《小鲤鱼跳龙门》的感受（语言·讲述活动）
  - （3）游戏活动：创编剧本（语言区）
- 第二阶段：戏剧的创作
  - （1）教学活动：快乐的小鲤鱼（艺术·韵律）
  - （2）教学活动：吹泡泡（艺术·歌唱）
  - （3）教学活动：水草和鲤鱼（艺术·韵律）
  - （4）教学活动：螃蟹体操（语言·文学活动）
  - （5）教学活动：鱼蚌之争（艺术·韵律）
  - （6）教学活动：小鲤鱼跳龙门（艺术·歌唱）
- 第三阶段：戏剧的展演
  - （1）家庭活动：我为竞选做准备
  - （2）游戏活动：鲤鱼服饰（美工区）
  - （3）游戏活动：水草服饰（美工区）
  - （4）游戏活动：螃蟹和乌龟服饰（美工区）
  - （5）游戏活动：龙门服饰（美工区）
  - （6）教学活动：我的角色我做主（社会·自我成长）
  - （7）游戏活动：制作邀请函（美工区）
  - （8）游戏活动：戏剧彩排（表演区）
  - （9）游戏活动：戏剧展演（表演区）

参考剧本

第一幕　无忧无虑

场景：花、草、弯弯曲曲的小河。

〔背景音乐——太平洋乐队演奏的《孟姜女哭长城》(河北民歌)响起。〕

旁白：“黄河三尺鲤，本在孟津居，点额不成龙，归来伴凡鱼。”说的是黄河里鲤鱼跳龙门的故事。在离龙门不远的地方，有一个小村庄，那里有一条美丽的小河，小河里有一群鲤鱼。鲤鱼们在那儿无忧无虑地生活。请欣赏第一幕“无忧无虑”。

〔音乐《吐泡泡的小鱼》响起，鲤鱼们出场。〕

众鲤鱼：我们来比赛吹泡泡吧！

〔鲤鱼们随乐边游边唱：吹泡泡，吹泡泡，泡泡飞呀飞得高，飞到了天空中，问声太阳好。音乐停止。〕

领头鲤鱼：你们快来，告诉你们一个好消息！

其余鲤鱼：什么好消息？

领头鲤鱼：我刚才试了试，我能跳过那座小桥啦！

其余鲤鱼：你吹牛！

领头鲤鱼：我为什么要吹牛？不信，你们来看！

其余鲤鱼：好！我们去看他跳桥去。

〔乌龟奶奶带着三只小乌龟在音乐《乌龟游啊游》伴奏下边做动作边出场。〕

乌龟奶奶：孩子们，快过来！你们怎么在桥那边跳来跳去？多危险！

〔音乐停止，乌龟奶奶在舞台中心停下，鲤鱼们做游的动作游过来，围坐在乌龟奶奶的两侧。〕

众鲤鱼：不会的！

乌龟奶奶：碰伤就来不及了，还是让我来给你们讲个故事吧！很早以前，世界上有一个龙门。那龙门很高很高，要是鲤鱼能跳过那个龙门，就能变成一条大龙，游到天上去。

金鲤鱼：奶奶，我能跳过去吗？

黄鲤鱼：奶奶，那个龙门在哪里呢？

乌龟奶奶：这我可不知道。天要黑了，孩子们，早点回家去吧！

〔音乐响起，乌龟奶奶和三只小乌龟退场。鲤鱼们站成一排。〕

领头鲤鱼：喂！你们去不去？我要去找那个龙门，要是能跳过去，变成一条龙，那多有意思！

其余鲤鱼：我去，我去，我也去！

领头鲤鱼：好，那我们早早睡觉，明天早早起来出发吧！

〔音乐响起，鲤鱼们退场。〕

第二幕　历经磨难

场景：河中，大浪、狂风。

旁白：第二天，领头鲤鱼带着小伙伴出发啦！他们顺着小河一直向前游。在去龙门的路上，他们遇到什么困难呢？请欣赏第二幕“历经磨难”。

〔音乐响起，大风出场。〕

大风：我们是大风，谁也挡不住我们，我们要把河水吹出大浪来。

〔音乐响起，鲤鱼们出场，在舞台中心做游泳的动作。大风做出刮风的动作。〕

花鲤鱼：伙伴们！坚持住，使劲游呀！

〔大风退场。大雨出场。〕

大雨：我们是大雨，谁都会害怕我们，我们使劲打在鲤鱼身上。

〔大雨瓢泼的录音响起，鲤鱼们在舞台中心做游泳的动作。大雨做出下雨的动作。录音结束，大雨退场。留下鲤鱼们在舞台中心。〕

小鲤鱼：到哪儿去找龙门呢？

黑鲤鱼：是呀，龙门是在南边还是在西边？

领头鲤鱼：乌龟奶奶不是说了吗，龙门很高很高的，那一定是在上面，我们向上游游去，总可以找到龙门。

〔音乐响起，水草们出场，一边出场一边按照音乐节奏挥舞水草道具，做摆动的动作。鲤鱼和水草玩挠痒痒游戏。音乐结束。〕

众水草：别走了，留下来和我们玩吧！

众鲤鱼：哎呀！尾巴给缠住了，怎么也挣脱不了。

〔音乐响起，螃蟹出场，一边根据音乐节奏挥舞钳子一边唱歌。〕

螃蟹：喂！谁跑到我的地盘来啦？

众鲤鱼：螃蟹大哥，我们是鲤鱼，要去跳龙门，请你帮助我们吧！

螃蟹：跳龙门，你们真是好样的，那我来帮你们吧！还不快点放开小鲤鱼，要不然我的大钳子要把你们剪断。

众水草：好的好的，我们马上放开。

众鲤鱼：谢谢螃蟹大哥，等我们跳过龙门再来看你。

螃蟹：好的，祝你们成功！

〔音乐响起，螃蟹、水草、鲤鱼退场。河蚌扇着蚌壳出场，鲤鱼随河蚌之后出场。〕

众河蚌：我们是河蚌，想去前面的龙门，就要和我们比试比试！

众鲤鱼：比什么？

众河蚌：比谁的力气大、比跳舞、比吹泡泡！

众鲤鱼：好，比就比！

〔音乐响起，鲤鱼和河蚌面对面站在舞台中间，开始比试。〕

众河蚌：你们太厉害啦，我们输了！

〔河蚌退场。〕

小鲤鱼：哦，太棒啦！我们看到龙门啦！

〔鲤鱼退场。〕

第三幕　坚持不懈

场景：高高耸立在河里的龙门。

旁白：鲤鱼们找到了龙门，可是龙门那么高，鲤鱼们放弃了吗？他们会变成龙吗？请欣赏第三幕“坚持不懈”。

〔音乐响起，鲤鱼、龙门出场。〕

龙门：我们是高高的龙门，谁有胆量来挑战我们？

小鲤鱼：哎呀，这龙门也太高了吧！这可怎么办呀？

花鲤鱼：是呀，我们可怎么游上去呀？

黑鲤鱼：哎，我们不会白来一趟吧！好失望呀！

领头鲤鱼：别忘了，跳跃是我们的本领，我们只要不断努力地跳，一定能跳过去。跟我来吧！

〔音乐响起，鲤鱼们围着龙门跳一圈后站在龙门前玩“黑白配”游戏，赢

的一方跃过龙门，披上披风变成龙，绕舞台跑一圈，站在舞台一侧。剩余的鲤鱼继续游戏，直到音乐结束。〕

变成龙的鲤鱼：伙伴们，我们已经跳过龙门变成龙了，你们也勇敢地跳过来吧！

花鲤鱼：没错，我也要变成一条龙，我们一起努力！

变成龙的鲤鱼：伙伴们，你们不要灰心，只要继续努力，一定能成功！

其余鲤鱼：嗯！虽然我们没有跳过龙门变成龙，但我们会回去继续练习，明年再来跳。走，回去过年吧！

〔音乐《小鲤鱼跳龙门》响起，全体演员边唱边出场。〕

全体演员：祝大家鱼跃龙门、新年快乐！

〔音乐《春节序曲》响起，全体演员谢幕后按顺序退场。〕

大班

花　木　兰

设计、执教：林　芳　江馨怡
指　　　导：池　频

活动缘起

《花木兰》讲述了花木兰女扮男装、替父从军、抵御敌人入侵的故事。幼儿看了动画片《花木兰》后，被勇敢的花木兰所吸引。很多幼儿表示：“我也想当花木兰，要保家卫国。”“原来女孩也可以当英雄。”于是有的幼儿寻找《花木兰》绘本进行阅读。从此，师幼一起读绘本、编故事、演故事等，开展了创意戏剧活动“花木兰”。在戏剧活动开展的过程中，教师鼓励幼儿大胆表现、创作，促进幼儿多方面能力的发展。教师在戏剧活动中注重传统文化的传承，如加入京剧、传统民乐、水墨画、民间剪纸等，引导幼儿感受传统文化的魅力。

图 8-1　《花木兰》封面

预期活动目标

一、理解花木兰替父从军的故事，根据故事中角色、情节等，创编《花木兰》剧本。

二、根据故事内容，寻找合适的音乐，创造性地表现《花木兰》的故事。

三、掌握所演角色的台词、动作、出场和退场顺序等，能与同伴协作，自主完成戏剧表演。

四、喜欢参加表演活动，体验表演的快乐和演出的成就感。

五、初步感受中国的传统文化。

预设活动网络图

- 第一阶段：剧本的产生
  - （1）教学活动：花木兰（语言·早期阅读）
  - （2）教学活动：分享自己的调查问卷（语言·讲述活动）
  - （3）游戏活动：表现故事（语言区）
- 第二阶段：戏剧的创作
  - （1）教学活动：中华武术（艺术·韵律）
  - （2）教学活动：谁说女子不如男（艺术·欣赏）
  - （3）教学活动：谁说女子不如男（艺术·韵律）
  - （4）教学活动：清早起来（艺术·韵律）
  - （5）教学活动：花木兰（艺术·歌唱）
- 第三阶段：戏剧的展演
  - （1）游戏活动：戏剧联排（表演区）
  - （2）游戏活动：戏剧展演（表演区）

活动过程

第一阶段：剧本的产生

剧本创编是戏剧活动的开端，也是最基础的工作。在戏剧活动开展的过程中，我们发现，只要引导得当，幼儿完全可以参与剧本创作。因此，在戏剧活动的第一阶段，教师先选择、投放适宜的绘本《花木兰》，帮助幼儿理解《花木兰》的故事；再通过鼓励、尊重的策略，引导幼儿把自己的直接经验、自己的想法与绘本阅读获得的经验结合在一起，通过说、想、画，在家庭活动、集中教学活动、区域活动中创编剧本。

活动一　花木兰

教学活动
语言·早期阅读

活动目标

- 能细致观察画面，大胆猜想画面的内容，说出故事的情节。
- 能根据故事情节的发展，大胆地猜想和讨论。

活动准备

- 材料投放：绘本《花木兰》人手一册。

活动过程

一、引导幼儿观察绘本《花木兰》的封面，激发幼儿的阅读兴趣。

提问：这本书封面上有什么？她是男的还是女的？

幼儿1：上面有个士兵，还有马。

幼儿2：他是男的吧！因为只有男的才可以当兵呀！

小结：她是女的，名字叫花木兰，是一名女英雄。这本书就是讲她的故事。

二、引导幼儿自主阅读第 4～13 页，了解故事前半部分的内容。

引导语：请小朋友一页一页地看，看到有夹子的地方为止；可以和身边的同伴轻声说一说你看到什么、喜欢哪页画面。

提问：从画面上你看出了什么？

幼儿 1：我从第 6 页看出花木兰小时候就是很有本事的人，会骑马，还会射箭。

幼儿 2：我从第 9 页看出花木兰是个好姐姐。她会抱弟弟。

幼儿 3：我从第 10～11 页看出弟弟很喜欢花木兰姐姐，因为弟弟是笑眯眯的。

三、向幼儿完整讲述绘本第 4～13 页的内容。

四、引导幼儿猜测故事后半部分的内容，大胆讲述自己的想法。

提问：请小朋友们想想，花木兰家收到上战场的诏书，他们家谁去上战场打仗呢？

幼儿 1：花木兰爸爸去，因为他们家没有别的成年的男的。

幼儿 2：花木兰去吧，因为她也会骑马、射箭。

五、利用绘本按顺序讲述绘本后半部分的故事。

六、引导幼儿自主完整阅读绘本，交流自己最喜欢的情节和画面。

七、集体讨论故事中花木兰是一个什么样的人、自己喜欢怎样的花木兰。

活动二　看动画片《花木兰》

家庭活动

活动目标

·能和家长专心地观看动画片《花木兰》，感受与家长一起看动画片的快乐。

·能完整、清楚、生动地讲述动画片《花木兰》中的故事，加深对花木兰的理解。

活动准备

·材料投放：迪士尼动画片《花木兰》、绘本《花木兰》、《活动倡议书》。

指导要点

一、利用微信群发布亲子观看动画片《花木兰》的《活动倡议书》（详见“活动资料”）和观看注意事项。

注意事项：（1）观看前家长向幼儿提问：“为什么花木兰是名女英雄？”（2）幼儿和家长一起专心观看。

二、亲子观看动画片，并相互交流。

要求家长向幼儿介绍《花木兰》的故事背景，指导家长鼓励幼儿多想多问。

三、家长先记录亲子交流结果，再鼓励幼儿用自己喜欢的绘画、手工等方式表现自己喜欢的花木兰。

四、家长利用绘本《花木兰》，与幼儿一同回顾花木兰的故事。

活动资料

活动倡议书

亲爱的家长：

我们班将开展主题式创意戏剧活动“花木兰”。为了帮助孩子更好地了解花木兰的故事，请家长利用周末和孩子一起观看《花木兰》的动画片。在观看过程中，家长可以向孩子介绍故事背景、拓宽孩子的知识面，也可以提出问题引导孩子思考。

感谢大家支持和配合！

活动三　亲子填写调查问卷

家庭活动

活动目标

- 能在家长协助下把自己的想法用自己喜欢的方式表现出来。
- 感受与家长一起创作、交流的乐趣。

活动准备

- 经验准备：幼儿已观看过迪士尼动画片《花木兰》，阅读过绘本《花木兰》。

·材料投放：绘本《花木兰》、“《花木兰》调查问卷”、美工创作材料。

指导要点

一、利用微信群发放“《花木兰》调查问卷”（详见“活动资料”），请家长引导孩子说说最喜欢什么样子的花木兰。

二、请家长与幼儿共读绘本《花木兰》。

三、请家长向幼儿介绍调查问卷上的问题，并和幼儿交流用什么方式来表现自己的想法。

四、请家长鼓励幼儿用自己喜欢的绘画、手工等方式进行表现，并给予幼儿适当的支持和帮助。

活动资料

《花木兰》调查问卷

1. 你最喜欢什么样子的花木兰？
2. 《花木兰》这个故事最让你感动的是什么？

活动四　分享自己的调查问卷

教学活动
语言·讲述活动

活动目标

·能自主、清晰地介绍自己的调查问卷。

·能主动参与讲述，并能较完整、连贯地讲述。

活动准备

·经验准备：幼儿已经在家里做好分享调查问卷的准备。

·材料投放：幼儿的调查问卷、投影仪、话筒、教师记录用的大表格。

活动过程

一、出示幼儿的调查问卷，引出今天的讲述内容。

引导语：小朋友们周末在家完成了“《花木兰》调查问卷”。每个小朋友观看后的感受不同，今天大家一起来说说自己的感受。

二、引导幼儿分组讲述自己的调查问卷。

引导幼儿自由选择同伴，分组讲述；鼓励幼儿大方、完整、连贯地说出自己的想法和感受。

三、集体分享调查问卷。

（一）引导不同想法和感受的幼儿上台，结合投影仪讲述。

（二）鼓励没有分享的幼儿认真倾听同伴的介绍。

（三）在大表格上以绘画方式记录幼儿的讲述。

四、利用记录的大表格小结幼儿的分享。

活动五　表现故事

游戏活动
语言区

活动目标

· 能完整、清楚地把自己创编的故事表现出来。

活动准备

· 材料投放：彩笔、油画棒、《花木兰》角色图片、幼儿之前创编的《萝卜的故事》剧本、手偶玩具。

· 环境创设：创设相对安静的区域环境。

· 资源利用：(1) 请家长给幼儿准备素描本，并与幼儿共同设计好封面。(2) 请家长与幼儿一起创编花木兰在家的故事。

活动过程

一、展示幼儿之前创编的《萝卜的故事》剧本，与幼儿共同回忆剧本的创作方式。

二、介绍语言区材料，引导幼儿把自己创编的《花木兰》故事画出来。

三、鼓励幼儿利用区域活动时间完成创编与绘画，或把未完成的作品带回家自主完成。

幼儿活动观察与记录：幼儿 1 在自己的本子上画了花木兰在家织布、练习射箭、打扫卫生的情景。幼儿 2 进入语言区，从盒子里找出《花木兰》角色图片，剪下并贴在自己的本子里，还添画了许多圆形。教师询问是什么，他笑呵呵地回答：“我在电视上看到古代打仗住的房子就是这样圆圆的。”幼儿 3 在自己的本子里画了一个头戴花的花木兰。教师询问他画的是第几幕，他回答：“最后一幕，因为花木兰打仗赢了，所以她回家打扮起来。”

四、引导幼儿在语言区利用手偶玩具等，把自己设计的剧本内容表演给同伴看，体验分享的快乐。

图 8-2　教弟弟学习

图 8-3　学习武术

图 8-4　打败匈奴兵

图 8-5　换上女装

[幼儿创编的剧本一（图 8-2 至图 8-5）：花木兰在家时，会教弟弟学习，还会去河边练习射箭、骑马。后来，朝廷派士兵骑马来送诏书。全家都发愁没有人去应召入伍。花木兰代替父亲去打仗。花木兰穿士兵衣服，练习

拿刀，最后在战场上打败了敌人。回家以后，她换上女装，在镜子前打扮自己。]

图 8-6　在家扫地

图 8-7　练习射箭

图 8-8　花木兰穿士兵衣服在战场上

图 8-9　她的家人来迎接她

[幼儿创编的剧本二（图 8-6 至图 8-9）：花木兰在家时，会帮助妈妈扫地、擦桌子。白天，花木兰爸爸教她射箭、舞棍。晚上，花木兰和姐姐一起织布。后来，朝廷派士兵送来皇帝圣旨，宣布花木兰家要出一个人去打仗。全家一起想办法，最后花木兰代替年老的父亲去打仗。花木兰穿士兵衣服，在战场上打败了敌人。皇帝让她回家，她的家人来迎接她。]

五、经过约两周时间，班级多数幼儿分享了自己创编的剧本，师幼共同商讨并确定了以下剧目。

第一幕：在家习武。

第二幕：替父从军。

第三幕：弯弓征战。

第四幕：恢复女装。

第一阶段的反思

绘本《花木兰》能够更好地帮助幼儿理解故事内容，因此我们通过集体阅读、亲子阅读、阅读区自主阅读等，支持幼儿熟悉花木兰的故事。然后，我们通过亲子看动画片《花木兰》、完成调查问卷，支持幼儿把自己的想法与绘本阅读获得的经验结合在一起。师幼商讨确定的《花木兰》戏剧有“在家习武”“替父从军”“弯弓征战”“恢复女装”四幕。教师努力给幼儿创设良好的表现机会，促使幼儿表现出积极、踊跃的情绪及强烈的表达欲望，发展幼儿的语言表达能力。

第二阶段：戏剧的创作

这个阶段里，幼儿将根据自己的创作需要提出要求，教师给予幼儿支持和帮助。过程中，教师会重视给予幼儿自主体验的时间和空间，帮助幼儿寻找适合的音乐和表现形式。同时，教师会重视与幼儿互动、听取幼儿的意见。教师还计划融入民乐、武术、戏曲等传统文化，引导幼儿在多种活动中加深对传统文化的体验、理解，感受传统文化的魅力。戏剧创作，对幼儿来说就是在快乐游戏中主动学习的过程。

活动一　纺织歌

教学活动
艺术·韵律

活动目标

- 能根据歌曲内容创编动作并表演。

活动准备

- 经验准备：幼儿已事先了解纺织女的工作和织布机器。
- 材料投放：音乐《纺织歌》及图谱，布条（或纸条）。

活动过程

一、引导幼儿倾听歌曲《纺织歌》。

（一）引导语：花木兰没有去打仗之前，在家边唱歌边纺织。我们一起听听她唱的是什么歌曲。

（二）引导幼儿说一说听完歌曲有什么感觉。

（三）小结：这首歌曲听起来很轻快，就像织布机在织布一样。它的名字就叫《纺织歌》。

二、范唱歌曲，引导幼儿欣赏。

（一）清唱歌曲，引导幼儿感受歌曲欢快的旋律，并结合图谱帮助幼儿理解歌词内容。

（二）引导幼儿再次倾听歌曲，在“啦啦”处轻声伴唱。

三、引导幼儿根据歌词内容创编简单的动作。

启发幼儿根据歌词内容，创编“纺织”“从早到晚不停忙”“织出一匹好布人人夸”等动作。

四、投放布条，引导幼儿分组合作创编动作。

（一）引导每个幼儿创编不同的织布动作。

（二）引导幼儿自由组合，创编双人织布的动作。

引导语：小朋友织的布真是漂亮极了！我们也可以表现双人织布的动作，两个好朋友在一起织，一定织得更快更多。

根据前奏的旋律，配上引导语（找朋友、找朋友，一起来织布），让幼儿找到同伴一起表现双人织布的动作。

（三）幼儿两人一组，边感受歌曲旋律和节奏，边创编双人织布动作。

动作建议：两人面对面，一手抓住自己的布条，另一手抓住对方的布条，一起举起，再一起下蹲，表现从早到晚织布；两人牵手转圈，表现织出一匹好布。

五、引导幼儿分组随乐自由表演。

引导幼儿独自或两人或多人合作，听歌曲边唱边表演。

活动延伸

· 游戏活动：在表演区提供音乐《纺织歌》、布条等，引导幼儿继续边唱边表演。

活动资料

纺织歌（歌曲）

1 =D $\frac{4}{4}$

陈沛嘉 词

东欧民谣

1 =F

（ 6 7 1 2　3 3　2· 7　1 7 3 | 2· 7　1 2 1 7　6 5　6 ）|

1 =D

1 1 5 5 3 3 1 | ♯4 5 6 5 4 5 6 5 4 5 6 ♮4 5 | 4 4 6 2 2 3 5 1 |

我是一位纺织娘， 啦啦啦啦啦啦啦啦啦啦 啦啦。 从早 到晚不停忙，

2 2 1 7 6 5 1 2 3 | 4 4 6 2 2 3 5 1 | 2 2 1 7 6 5 1 3 1:‖

织出 一匹好布 人人 夸。 从早 到晚 不停 忙， 织出 一匹好布 人人夸。

1 =F

（ 6 7 1 2　3　6 7 1 2　3 | 4 3 2 3　4 3 4 ♯5　6 3　6 ）‖

纺织歌（图谱）

金教鞭

活动二　中华武术

教学活动
艺术·韵律

活动目标

· 能根据歌曲特点，创编出简单的、自己喜欢的武术动作。

· 熟悉歌曲，感受中国武术动作的基本特点。

活动准备

· 经验准备：幼儿事先听过歌曲《中华武术》。

· 材料投放：武术录像，音乐《中华武术》（张宏渝演唱，有节选）及动作图谱。

活动过程

一、故事导入，引导幼儿感受中国武术。

引导语：花木兰能上战场、打胜仗，是因为她不仅会骑马、射箭，还会武术。你们知道武术吗？

（一）组织幼儿观看武术录像。

（二）讨论：你最喜欢哪个招式？

幼儿 1：我看到武术非常厉害，抬脚就能把人踢很远。

幼儿 2：我看到武术动作中手和脚都特别厉害。

幼儿 3：我喜欢出拳的动作，很帅气。

（三）引导幼儿交流、模仿各自喜欢的动作。

二、引导幼儿欣赏歌曲《中华武术》。

（一）引导幼儿欣赏歌曲，初步熟悉曲调和响亮、有力的出拳吼叫声。

提问：今天老师带来了歌曲《中华武术》，大家先听听，听完后告诉老师你的感受。

幼儿 1：我感觉很热闹，听到一起吼叫的声音。

幼儿 2：我感觉这首歌曲很神气，有“呼”“哈”的声音，好像人在练武术。

（二）帮助幼儿理解歌曲里有规律的吼叫声。

提问：为什么有这样的声音？

幼儿 1：因为这样发声才能表现练武时的有力。

幼儿 2：因为这样的声音能吓倒敌人。

提问：每次出现吼叫声的时候，我们该做什么动作？

幼儿 1：可以出拳，这样比较有力。

幼儿 2：可以劈掌，这样有气势。

三、组织幼儿分组创编武术动作，并展示、交流。

（一）鼓励幼儿自主创编武术动作。

引导语：你们刚才看了武术表演，现在请你们自己来创编武术动作。谁愿意创编一个武术动作，表演给大家看？

（二）引导幼儿分组，合作创编简单的动作组合。

1. 鼓励每个组员都创编一个动作，重点指导幼儿动作要有力、幅度要大一些。

2. 引导每组幼儿选出组内创编的四个动作并组合起来。

3. 组织幼儿分组展示动作组合，并互相点评。

四、出示动作图谱，指导幼儿随乐有节奏地在歌曲吼叫处做出武术动作并发出吼叫声。

（一）借助图谱，指导幼儿练习武术动作。

1. 在歌曲前奏的吼叫处，做左右手交替出拳的动作。

2. 分别在歌词“我练少林拳”“长拳连环手”末尾的吼叫处，做创编的第一、二个动作；分别在歌词“我有少年梦”“壮志在心中”末尾的吼叫处，再次做创编的第一、二个动作；分别在歌词“我练少年拳”“拳打一片星”末尾的吼叫处，做创编的第三、四个动作；分别在歌词“我有少年梦”“放飞在心中”末尾的吼叫处，再次做创编的第三、四个动作。

3. 在歌词“让你武林走”“中华有龙正”“嵩山中华情”“中华武术魂”末

尾的吼叫处，连做四个左右手交替出拳的动作。

4. 在图谱“?”处即“中国武术，中国英雄”歌词处自由发挥，做出和别人不一样的动作。

（二）完整播放歌曲《中华武术》，指导幼儿随乐表演。

1. 幼儿分组上台随乐表演。

2. 幼儿通过举手表决，确定其中一组表演动作，作为大家集体表演的动作。

3. 组织幼儿集体表演，重点指导幼儿在歌词末尾的吼叫处做出武术动作并发出吼叫声，动作要有力、幅度要大一些。

活动延伸

· 游戏活动：(1) 在美工区提供纸、彩笔，供幼儿绘画自己创编的武术动作。(2) 在表演区提供武术动作图谱等，鼓励幼儿继续练习武术动作。

· 家园共育：请家长带幼儿观看古装剧中士兵作战的画面，感受战鼓敲响、两军对决的情景，与幼儿一起创编士兵对决的各种动作，体验亲子合作表演的乐趣。

活动资料

中华武术（歌词）（节选）

我练少林拳，长拳连环手。
少年出英雄，让你武林走。
我有少年梦，壮志在心中。
功夫龙图腾，中华有龙正。
我练少年拳，拳打一片星。
威武少林功，嵩山中华情。
我有少年梦，放飞在心中。
龙正武学风，中华武术魂。
中国武术，中国英雄。

中华武术（动作图谱）

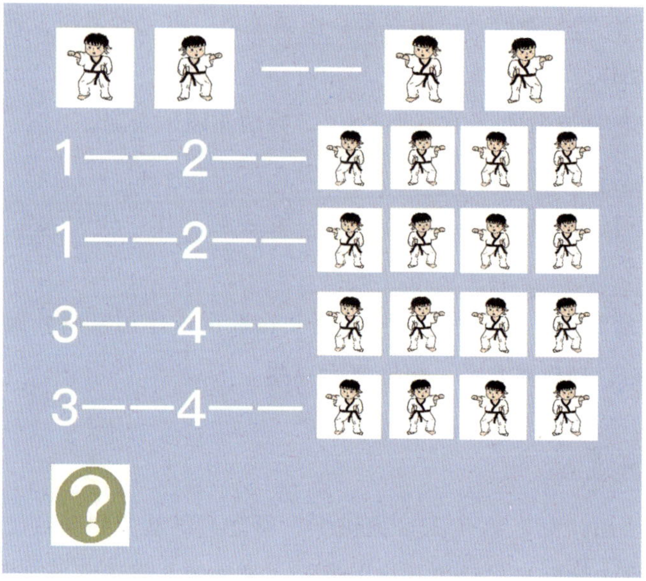

活动三　谁说女子不如男

教学活动
艺术·欣赏

活动目标

·初步感受豫剧魅力，了解豫剧的唱腔特点。

活动准备

·材料投放：豫剧《谁说女子不如男》唱段的录像（常香玉演唱）。

活动过程

一、谈话导入。

引导语：大家前一段时间欣赏了动画片《花木兰》，看了绘本《花木兰》。今天我们来欣赏戏曲里是如何塑造花木兰的英雄形象的。

二、引导幼儿欣赏豫剧《谁说女子不如男》唱段的录像。

（一）引导幼儿带着问题欣赏。

提问：这个唱段给你留下什么样的印象？戏曲有什么特点？

幼儿1：这是豫剧，在家听妈妈说过。

幼儿2：唱好像说话，我能听得懂。

幼儿3：我觉很好听，好像是说话的唱歌。

小结：这是豫剧，节奏很明显，唱词也很口语化。

（二）引导幼儿再次欣赏，着重听每一个乐句的最后一字。

小结：这是豫剧《谁说女子不如男》的唱段。大家注意，每一句的最后一个字发音比较重，这也是豫剧唱腔最明显的特点。

（三）鼓励幼儿模仿演唱几句歌词。

三、引导幼儿再次观看豫剧《谁说女子不如男》唱段的录像。

引导语：录像里的演唱者是有名的豫剧大师常香玉。我们来听听她是怎么唱的。

四、小结。

结束语：今天我们欣赏了老艺术家常香玉的表演，了解了豫剧的唱腔特点，希望小朋友回家多听听。

活动延伸

· 游戏活动：在表演区提供豫剧《谁说女子不如男》唱段的音乐，鼓励幼儿自由结伴用动作表现戏曲，并用乐器为戏曲伴奏。

· 家园共育：鼓励家长陪伴幼儿一起欣赏豫剧《谁说女子不如男》。

活动四　谁说女子不如男

教学活动
艺术·韵律

活动目标

· 能根据豫剧《谁说女子不如男》唱词，创编简单的动作。

· 体验边跟唱豫剧边表演的快乐。

活动准备

· 经验准备：幼儿欣赏过豫剧《谁说女子不如男》。

·材料投放：豫剧《谁说女子不如男》选段的音乐及图谱。

活动过程

一、谈话导入。

引导语：前几天我们欣赏了豫剧《谁说女子不如男》，今天我们看看艺术家演唱豫剧《谁说女子不如男》时会做哪些动作。

二、借助图谱，引导幼儿熟悉豫剧《谁说女子不如男》选段的唱词内容。

提问：《谁说女子不如男》里唱了什么？有什么特别的地方？

幼儿1：有唱“白天去种地，夜晚来纺棉”。

幼儿2：“将士们才能有这吃和穿”。

幼儿3：唱的时候，声音有高有低。

三、引导幼儿再次欣赏豫剧《谁说女子不如男》选段并跟唱。

四、启发幼儿创编动作。

（一）引导幼儿分句跟唱，根据唱词内容创编动作。

（二）引导幼儿相互学习动作。

五、引导幼儿边跟唱边用动作表演。

（一）引导幼儿看图谱，跟唱豫剧《谁说女子不如男》选段并做相应的动作。

（二）引导幼儿反复练习，及时给予评价。

六、鼓励幼儿两两结对表演，体验边唱边表演的乐趣。

活动延伸

·游戏活动：在表演区提供豫剧《谁说女子不如男》选段的音乐及图谱等，引导幼儿自由结伴，边唱边表演。

·家园共育：请家长陪伴幼儿一起学习演唱豫剧《谁说女子不如男》，共同设计表演动作。

活动资料

谁说女子不如男（唱词）（节选）

刘大哥讲话理太偏，谁说女子享清闲。

男子打仗到边关，女子纺织在家园。

白天去种地，夜晚来纺棉。

不分昼夜辛勤把活干，将士们才能有这吃和穿。

谁说女子不如男（图谱）

活动五　清早起来

教学活动
艺术·韵律

活动目标

- 感受京剧拖长腔、过门、念白等特点。
- 体验京剧表演的乐趣。

活动准备

- 经验准备：幼儿欣赏过京剧表演。
- 材料投放：京剧《清早起来》（京剧《卖水》片段）的音乐及图谱。

活动过程

一、谈话导入。

提问：花木兰打胜仗回到家后，早晨起床后她就忙着梳妆打扮。她是怎么打扮的呢？

幼儿1：她照镜子了。

幼儿 2：还梳了头发，抹香香的油。

幼儿 3：花木兰还在脸上扑粉。

二、出示图谱，引导幼儿了解花木兰打扮的次序。

提问：花木兰是怎么打扮自己的？老师有一张图，你们来看看她先做什么、后做什么。

幼儿 1：有镜子，然后是梳头，后面扑粉，最后涂口红。

幼儿 2：里面还有问号，是不是问别人问题？

三、引导幼儿欣赏京剧《清早起来》选段，了解京剧唱腔的特点。

引导语：今天老师给大家欣赏的是京剧《清早起来》。京剧表演和我们平时听的歌曲有些不一样，我们一起来听一听、找一找。

（一）幼儿欣赏。

（二）提问：你发现了哪些特别的地方？

幼儿 1：最后一句唱完后，最后一个字唱了很久。

幼儿 2：有的地方是唱，有的地方像念儿歌一样。

幼儿 3：有的地方没有唱，但有敲锣的声音。

（三）教师梳理提升：京剧表演里，为了让音乐更好听，在唱到最后一个字时，有时会把旋律拖得比较长，这是京剧里一种特别的演唱方法，叫“拖腔”。有节奏地念歌词，在京剧里叫“念白”。没有唱，但有乐器演奏，在京剧里叫“过门”。

四、引导幼儿看图谱，了解《清早起来》的唱词。

五、鼓励幼儿给戏曲创编动作，边唱、念白边做自编的动作。

六、引导幼儿观察教师的表演，感受、学习京剧表演中的小碎步。

（一）教师表演小碎步，引导幼儿欣赏、观察。

引导语：看看我是怎么入场的。

小结：两手架在胸前，手做兰花指，用脚尖走小圆场。

（二）引导幼儿随乐有节奏地学着走一走、做一做。

引导语：我们可以在入场或者过门音乐的时候表演这个动作。

七、引导幼儿随乐有节奏地完整表演，感受京剧表演的乐趣。

活动延伸

· 游戏活动：在表演区提供《清早起来》的音乐和图谱，引导幼儿继续为戏曲创编动作。

・家园共育：与幼儿一起欣赏京剧《清早起来》，学习戏曲里面的动作。

活动资料

清早起来（唱词）（节选）

（唱）清早起来什么镜子照？梳一个油头什么花香？脸上擦的是什么花粉？口点的胭脂是什么花红？

（念白）清早起来菱花镜子照，梳一个油头桂花香，脸上擦的是桃花粉，口点的胭脂杏花红。

清早起来（图谱）

活动六　花木兰

教学活动
艺术・歌唱

活动目标

・理解歌曲的内容，感受歌曲的旋律，用自然的声音演唱歌曲。

・初步感受花木兰替父从军所遇到的艰险，体验边唱边表演的乐趣。

活动准备

・材料投放：音乐《花木兰》及图谱，课件。

活动过程

一、示范演唱歌曲《花木兰》，帮助幼儿熟悉歌词。

（一）请幼儿安静倾听，说说听完歌曲后的感受。

（二）师幼共同回忆歌词的内容，初步熟悉歌词。

提问：歌里唱了些什么？

幼儿1：听到“有一个女孩名叫花木兰”。

幼儿2：歌曲里还唱了“勇气冲天”。

二、播放课件，引导幼儿再次听歌曲并猜测歌词的意思。

引导语：这首歌曲的名字就叫《花木兰》。花木兰在替父从军的时候遇到了很多困难。花木兰不仅是一个武艺高强的英雄，也是一个很有勇气的英雄。

三、借助图谱，边讲述边引导幼儿熟悉歌词的内容。

引导语：我们知道花木兰替父从军是要到很远很远的边关打仗。她要“跨过黑山头”，还要“闯过黄河滩”，所以“花木兰虽然是个小女子，可她堪称好儿男”。

四、引导幼儿学唱歌曲。

（一）引导幼儿随乐有节奏地朗诵歌词。

（二）引导幼儿随乐轻唱歌曲，鼓励会唱的幼儿大胆歌唱。

五、引导幼儿演唱歌曲《花木兰》并自编动作，鼓励幼儿自由结伴合作表演。

活动延伸

·游戏活动：在表演区投放音乐《花木兰》及图谱，引导幼儿边听歌曲边自由结伴演唱。

活动资料

花木兰（歌词）

有一个女孩名叫花木兰，花一样的名字盛开到今天。

有一个女孩名叫花木兰，谜一样的故事传颂了千百年。

木兰替父去从军，织布的女孩勇气冲天。

跨过黑山头，闯过黄河滩，梦里思故乡，枕着金柝眠。

哎……花木兰虽然是个小女子，可她堪称好儿男。

花木兰（图谱）

第二阶段的反思

这个阶段中，师幼共同为戏剧《花木兰》选择了合适的音乐和自己喜欢的表现形式，并融入了武术、戏曲等。教师引导幼儿根据自身经验和理解展开想象，运用肢体与表情、声音模仿与创造，逐步引导幼儿认识与欣赏中国传统文化，体验中国传统文化的韵味。

第三阶段：戏剧的展演

戏剧展演是戏剧活动的最后一个阶段。这个阶段预计历时三周，幼儿将进行角色道具和服饰制作、角色竞选、邀请函发放、戏剧彩排、戏剧巡演等活动。在这个阶段，教师将组织幼儿收集多种多样的材料，和同伴一起设计和制作自己喜欢的角色道具、服饰及背景等，以提高幼儿的表现能力和动手能力。教师还将尊重幼儿的兴趣和意愿，鼓励幼儿独立思考、大胆表现、互动评价，并按照自己喜欢的方式去表达对戏剧的理解，感受团队合作表演的乐趣。

活动一　花木兰头饰

游戏活动
美工区

活动目标

· 运用剪贴、绘画、涂色等方式，装饰头饰的半成品底板，体验装饰带来的乐趣。

活动准备

·经验准备：幼儿已通过观看影片和图片，了解了一些古代女子的头饰。

·材料投放：成品头饰一件，各色扣子、彩色卡纸、皱纹纸、颜料、彩笔、毛球、亮片、超轻黏土、毛根、宝石贴纸、多种形状的压花器、剪刀、白乳胶（双面胶、糨糊）、半成品底板若干。

活动过程

一、请一名幼儿戴头饰面向幼儿，导入活动。

引导语：她戴着这个头饰，像不像绘本里的花木兰呀？我们也来做一个属于自己的漂亮头饰吧！

二、介绍材料，引导幼儿思考如何设计并装饰头饰。

提问：小朋友们，我们来看看这些材料。你准备用什么材料来装饰头饰？

幼儿 1：我想在上面贴上毛球和亮片。

幼儿 2：我会在上面画上花。

幼儿 3：我会剪纸，会用一些好看的纸剪一些花，贴在上面。

三、引导幼儿自主设计并装饰头饰。

图 8-10　幼儿作品一

（幼儿作品一的制作过程：选择半成品底板，用油画棒在底板上涂上各种鲜艳颜色进行装饰，把涂好色的底板沿着边缘剪下来；选择毛球、纽扣等，粘贴在涂好色的底板上；取卡纸，裁剪成宽两厘米左右的长条两条，用订书机分别把它们的一端装订在装饰好的底板两侧，将它们的另一端用回形针连接起来。花木兰头饰就制作完成了。)

图 8-11　幼儿作品二

(幼儿作品二的制作过程：选择半成品底板，按照轮廓剪下来；用彩笔在剪好的头饰底板上涂色装饰；将若干纽扣、毛球、亮片粘贴在装饰好的底板周围；取已经裁剪成宽两厘米左右的长条卡纸两条，用订书机分别把它们的一端装订在装饰好的底板两侧，将它们的另一端用回形针连接起来。花木兰头饰就制作完成了。)

四、活动讲评。

区域活动后，请做好头饰的幼儿戴好头饰，全体幼儿给最喜欢的头饰投票并评价。

活动二　古代兵器

游戏活动
美工区

活动目标

· 尝试运用剪贴、绘画、涂色等方式，发挥想象，创造性地制作盾牌、大刀等道具。

· 乐于参加手工制作的活动，体验相互交流的乐趣。

活动准备

·经验准备：幼儿对《花木兰》中角色需要的道具有所了解。

·材料投放：纸板、剪刀、颜料、排笔、彩笔、电线、棍子、透明胶、银色自贴纸等。

活动过程

一、引导幼儿讨论表演所需要的道具。

提问：小朋友们，我们要表演《花木兰》，那么花木兰和士兵们上战场打仗需要什么呢？

幼儿 1：要用剑、盾牌。

幼儿 2：还有长长的大刀。

二、介绍美工区提供的材料，引导幼儿思考可以用什么材料制作自己喜欢的道具。

三、幼儿自主入区活动；教师观察指导，鼓励幼儿发挥想象，创造性地制作。

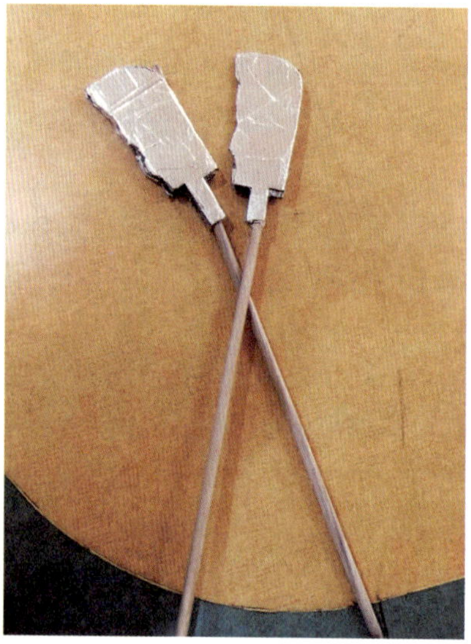

图 8-12　幼儿作品一（大刀）

（幼儿作品一的制作过程：选择一块纸板，用黑色记号笔在纸板上画一个刀的轮廓，教师协助裁剪下来；选择一张银色自贴纸，把后面白色纸慢慢撕开后，把银色那面粘贴在剪好的大刀轮廓上；找一根棍子，把粘贴好银色自贴纸的大刀用透明胶粘贴在棍子一头。大刀就做好了。）

图 8-13　幼儿作品二（剑）

（幼儿作品二的制作过程：选择一块纸板，用铅笔在纸板上画一个剑的轮廓，特别是剑柄要画长一些，教师协助裁剪下来；用纸板裁剪出宽 4 厘米左右、长 13 厘米左右的长方形纸板做剑格，粘贴在剑柄上；将银色自贴纸贴在剑身上；用彩笔在剑柄、剑格等处画花纹装饰。剑就做好了。）

图 8-14　幼儿作品三（盾牌）

（幼儿作品三的制作过程：在纸板上画一个圆圈，教师协助把画好的圆形裁剪下来；用排笔蘸取不同颜料涂在圆形纸板上，再做一些点、线装饰；待颜料晾干后，教师协助用剪刀在圆形纸板中间戳两个小洞，将电线穿过两个小洞，在没有涂色的那面绕在一起，做成一个手可以抓的环。盾牌就做好了。）

四、引导幼儿评价、总结。

（一）组织幼儿分享自己制作道具的经验。

鼓励在美工区制作道具的幼儿分享经验、描述制作时发现的一些问题。

（二）引导幼儿分享之后拿着道具表演。

引导做好道具的幼儿拿着做好的道具表演。

活动三　制作舞台背景

游戏活动
美工区

活动目标

·学习对折剪、镂空剪，表现房子、士兵等造型。

活动准备

·材料投放：分别画有高山、长城、房子、桥等水墨画的正方形纸板四块，彩色蜡光纸、铅笔、剪刀、黑色记号笔、糨糊等若干。

活动过程

一、出示已经画好高山、长城、房子和桥的纸板，导入活动。

提问：这是我们戏剧表演的舞台背景，上面还缺少什么吗？

幼儿1：还差古塔。

幼儿2：长城下面要有旗、士兵、马。

二、引导幼儿用红色纸剪古塔，粘贴在房子、桥的水墨画纸板上；用蓝色纸和咖色纸剪士兵、战马、军帐等，粘贴在高山、长城的水墨画纸板上。

三、幼儿入区自选材料进行剪纸创作；教师观察指导，引导幼儿把剪好的作品粘贴在相应的纸板上。

四、展示幼儿贴在背景纸板上的剪纸作品，鼓励幼儿相互点评。

活动四　将士的服饰

游戏活动
美工区

活动目标

· 运用不同材料制作士兵的服饰，设计古代士兵形象。

· 感受使用不同材料进行创作的乐趣。

活动准备

· 经验准备：幼儿看过《花木兰》的绘本和动画片，对士兵角色有一定的了解。

· 材料投放：古代士兵图片若干，裁剪好的背心若干，锡纸碗、矿泉水瓶、彩色自贴纸、软塑纸、剪刀、勾线笔、双面胶、透明胶、卡纸、针线、纸皮、红色毛线、皮筋、吸管、订书机、不织布等材料若干。

活动过程

一、拿出裁剪好的背心，导入活动。

提问：这是老师帮助大家裁剪好的士兵服装，你们觉得像吗？还差什么？

幼儿1：不像，古代士兵服装上都有贴片，这没有。

幼儿2：不像，士兵打仗除了服装，还要有帽子。

小结：士兵的帽子和盔甲，就由你们在美工区设计、制作吧。

二、介绍古代士兵的兜鍪、盔甲等的制作步骤图。

引导语：小朋友们，老师这里有步骤图，你们可以观察步骤图来制作。

三、引导幼儿自主入区，选择材料进行制作。

图 8-15　幼儿作品一（兜鍪）

（幼儿作品一的制作过程：选择一个干净的锡纸碗；把银色自贴纸粘贴在软塑纸上，在软塑纸另一面画两个对称的像蝴蝶翅膀的图案，并按照图案轮廓裁剪下来，用订书机把剪下来的软塑纸分别装订在锡纸碗两旁做装饰；剪下一块长方形不织布，用订书机装订在锡纸碗后面，选择银色自贴纸，剪几个小圆形粘贴在长方形不织布上进行装饰；用吸管穿过锡纸碗底并用透明胶固定，把红色毛线在手指上绕几圈后剪开两端，用一根小毛线绑成一个红色毛线球，用透明胶粘贴在吸管上。兜鍪就制作完成了。）

图 8-16　幼儿作品二（将军帽）

金教鞭

（幼儿作品二的制作过程：选择一个大桶矿泉水空瓶，教师协助裁剪下上半部分；用金色自贴纸把它包装起来；把银色自贴纸剪成大小不同的圆形，粘贴在包装好的空瓶前面；用金色卡纸剪两个对称的锯齿形图案分别粘贴在空瓶两边；将红色毛线剪成好几小段，绑在一起，教师协助用针线固定在空瓶顶端。将军帽就制作完成了。）

图 8-17　幼儿作品三（士兵铠甲）

（幼儿作品三的制作过程：拿一张金色自贴纸，在上面画出若干个正方形图形并用剪刀剪下；将剪好的正方形金色自贴纸按一定的顺序排列，贴在裁剪好的背心上。士兵铠甲就做好了。）

图 8-18　幼儿作品四（将军铠甲）

（幼儿作品四的制作过程：拿一张大纸皮，在上面贴上金色自贴纸；将大纸皮对折，用笔在其中一面画出上衣轮廓并裁剪下来，用金色自贴纸将纸皮侧边粘起来变成一件金色上衣；另找一块纸皮，裁剪成一个个小方块，用金色自贴纸包好，粘贴在金色上衣上。将军铠甲就做好了。）

四、集中评价、总结。

请幼儿展示自己的作品并介绍自己的作品是怎么制作的。

活动五　我为竞选做准备

家庭活动

活动目标

·在家长的协助下，为竞选的角色设计台词和动作、制作服饰并寻找适宜的道具，用自己喜欢的方式表现角色。

活动准备

·材料投放：角色竞选调查表。

指导要点

一、利用微信群发放角色竞选调查表。

（一）请家长帮助幼儿打印角色竞选调查表。

（二）请家长向幼儿介绍可竞选的戏剧角色有哪些，引导幼儿选择喜欢的角色。

二、鼓励家长与幼儿交流为什么想要竞选那个角色，引导幼儿大胆表达自己的想法。

请家长记录幼儿的想法，填写角色竞选调查表。

三、要求家长和幼儿交流用什么方式参加竞选，鼓励幼儿为竞选做准备。

活动六　制作邀请函

游戏活动
美工区

活动目标

· 自主运用剪贴、绘画、涂色等方式，制作演出邀请函。

活动准备

· 材料投放：幼儿事先画好的《花木兰》戏剧里的角色、事先打印好的邀请函文字（内容包括演出的时间、地点等）、“福”字卡片、彩色卡纸、黑色瓦楞纸、彩色亮光纸、白纸、颜料、毛球、亮片、超轻黏土、多种形状的压花器、剪刀、彩笔、白乳胶（双面胶、糨糊）等。

活动过程

一、投放幼儿已经画好的《花木兰》戏剧里的角色，引导幼儿自选材料，制作邀请函。

图 8-19　幼儿作品

（幼儿作品的制作过程：选择红色卡纸，裁剪成邀请函底板；选择黑色瓦楞纸，用铅笔在上面画一个近似梯形并剪下来，把它粘贴在裁剪好的红色卡纸上做屋顶；选一张黄色卡纸，剪一小块正方形，接着用红色超轻黏土搓成条，按照教师投放的“福”字，在黄色卡纸上摆贴成一个“福”字；把黄色卡纸用双面胶贴在屋顶下面；再把教师事先打印好的邀请函文字贴在红色卡纸反面。邀请函制作完成。）

二、举办邀请函作品展，展示幼儿自制的各种邀请函作品；引导幼儿在欣赏的同时进行自评和互评。

活动七　我的角色我做主

教学活动
社会·自我成长

活动目标

·能介绍自己想要竞选的角色，积极参与角色竞选活动，在集体面前勇敢地表现自己。

·能通过观看他人的表演，发现自己表演的不足并调整。

·初步了解竞选的规则，享受与同伴公平竞选角色的快乐。

活动准备

·经验准备：幼儿已经了解各个角色的台词和动作。

·材料投放：幼儿竞选表、表演服饰、表演道具、雪花片、盘子、麦克风、记号笔等。

活动过程

一、提出问题，引导幼儿讨论如何选拔演员。

提问：《花木兰》里有很多角色，但有的角色只能一个人扮演，怎么办？

幼儿1：那我们就来角色竞选吧，想演的小朋友上台，轮流演一遍，谁演得好就选谁。

幼儿2：表演后再请其他小朋友投票，谁的票多谁就演那个角色。

提问：那要怎样表演，才能得到大家的选票呢？

幼儿1：说话、唱歌声音要大声。

幼儿2：表演时要有表情，脸上要有微笑。

幼儿3：要勇敢介绍自己，大胆表演。

二、开展竞选活动，引导幼儿初步形成“正确地看待自己，客观地评价别人”的心态。

（一）根据竞选表上幼儿报名的号数，请幼儿有序按照角色竞选顺序，自主选择表演服饰和道具进行表演。

（二）引导幼儿以自荐的形式向同伴介绍自己竞选的角色；鼓励幼儿表演后大胆说出竞选的理由并为自己拉票，为扮演喜欢的角色付出努力。

（三）全体幼儿拿花片当选票，投到自己喜欢的竞选选手盘子里。

（四）教师唱票，把各角色票数最多的幼儿号数写在竞选表的结果栏里。

三、宣布角色竞选结果并小结。

小结：今天我们将热烈的掌声送给这些小选手。无论成功还是失败，敢于上台展示自己，都是最棒的！竞选成功的小朋友要继续为自己的目标去努力；没有竞选成功的小朋友也不要灰心，吸取教训，下次一定会成功的。

活动延伸

· 家园共育：请家长帮助幼儿根据自己竞选成功的角色进行准备，复习台词、练习动作。

活动八　戏剧巡演

游戏活动
表演区

活动目标

· 能在不同地点展示自己。

· 知道自己礼貌、热情会更受欢迎。

活动准备

· 材料投放：《花木兰》角色的服饰、道具，邀请函，戏剧表演所需音乐。

活动过程

一、谈话导入。

提问：今天，我们穿戴上《花木兰》表演服饰、拿上道具，要去做什么呢？

幼儿1：要到全园每个班去表演一些歌舞给他们看。

幼儿2：让他们知道我们班要表演戏剧《花木兰》。

幼儿3：去各班发邀请函，邀请他们下周来看表演。

二、引导幼儿讨论巡演注意事项。

三、引导幼儿装扮好自己，拿上自制的邀请函，到全园各个班级做戏剧展演宣传。

（一）在每个班级根据教师播放的音乐进行表演。

（二）和园长及全园幼儿、教师近距离地互动，用礼貌用语邀请他们来看表演。

四、组织幼儿回班后分享巡演感想。

五、针对幼儿巡演情况进行小结。

活动九　戏剧联排

游戏活动
表演区

活动目标

·能根据不同剧目，安排、布置适宜的场景，有序地表演。

活动准备

·经验准备：事先安排好承担摆道具、播放音乐等工作的幼儿。

·材料投放：戏剧表演所需服饰、道具、音乐等，摄像机。

活动过程

一、引导幼儿按自己竞选的角色进行装扮，并与同伴一起创设舞台场景。

二、引导幼儿彩排，提醒幼儿听音乐有序出场和退场。

（一）彩排前鼓励幼儿大胆表现自己扮演的角色。

（二）彩排前引导幼儿讨论如何用动作、语言、表情等表现角色。

（三）引导幼儿随乐表现四幕戏剧，了解自己出场和退场的顺序。

三、集中观看彩排录像回放，引导幼儿注意有问题的地方并组织幼儿讨论改进方法。

四、引导幼儿再次完整排练，鼓励幼儿将已有的经验迁移到表演中。

五、根据彩排中幼儿的表现，引导幼儿自评。

活动十　戏剧展演

游戏活动
表演区

活动目标

- 能够连贯、完整、生动地表演全剧内容。
- 体验和同伴合作展演的快乐。

活动准备

- 经验准备：幼儿经过彩排，已有舞台剧演出的经验，明确了本次演出的剧情。
- 材料投放：戏剧表演所需服饰、道具、舞台背景、音乐等，戏剧海报，活动花絮课件。
- 资源利用：邀请家长志愿者协助幼儿完成戏剧展演。

活动过程

一、引导参加表演的幼儿按角色在各自剧组装扮区进行装扮。

（一）师幼讨论装扮时的要求，鼓励幼儿安静有序、友好合作地装扮。

（二）引导幼儿分组进入装扮区，自己穿演出服并把换下的衣服整理好，放在自己的椅子上；请家长志愿者为幼儿提供帮助。教师巡回指导。

二、引导参加表演的幼儿进入礼堂，展开迎宾、摆放舞台道具等工作。

（一）负责迎宾的“纺织女”在门口迎接家长入场。

（二）负责布置舞台的“大臣”“士兵”摆放好舞台道具。

三、全体就位，教师播放班级戏剧活动花絮课件。

四、展演正式开始。

五、展演结束，演员谢幕，与观众合影留念。

第三阶段的反思

幼儿根据自己对花木兰替父从军故事的理解，创编了生动有趣的《花木兰》戏剧剧本。创意戏剧活动“花木兰”开展的过程，不仅是幼儿自主学习的过程，也是幼儿接受中国传统文化的过程。戏剧展演，给了幼儿一个展现自我的舞台。幼儿在表演中体验到快乐和成就感。幼儿通过戏剧活动，会主动与同伴交流互动，不仅收获了欢乐，也收获了经验。

活动网络图

第一阶段：剧本的产生

（1）教学活动：花木兰（语言·早期阅读）
（2）家庭活动：看动画片《花木兰》
（3）家庭活动：亲子填写调查问卷
（4）教学活动：分享自己的调查问卷（语言·讲述活动）
（5）游戏活动：表现故事（语言区）

第二阶段：戏剧的创作

（1）教学活动：纺织歌（艺术·韵律）
（2）教学活动：中华武术（艺术·韵律）
（3）教学活动：谁说女子不如男（艺术·欣赏）
（4）教学活动：谁说女子不如男（艺术·韵律）
（5）教学活动：清早起来（艺术·韵律）
（6）教学活动：花木兰（艺术·歌唱）

第三阶段：戏剧的展演

（1）游戏活动：花木兰头饰（美工区）
（2）游戏活动：古代兵器（美工区）
（3）游戏活动：制作舞台背景（美工区）
（4）游戏活动：将士的服饰（美工区）
（5）家庭活动：我为竞选做准备
（6）游戏活动：制作邀请函（美工区）
（7）教学活动：我的角色我做主（社会·自我成长）
（8）游戏活动：戏剧巡演（表演区）
（9）游戏活动：戏剧联排（表演区）
（10）游戏活动：戏剧展演（表演区）

参考剧本

第一幕　在家习武

背景：村庄。

旁白：花木兰的故事从古至今，流传千年而不衰。今天，让我们一起了解这个令人钦佩的传奇女英雄。请欣赏第一幕“在家习武”。花木兰是个勤劳、孝顺、聪慧的姑娘，从小会织布，还跟随父亲练就一身了不起的功夫。

〔音乐响起，花木兰和纺织姑娘们拿着绸带出场，边挥舞边和同伴配合表演纺织的动作。〕

众纺织姑娘：我是一位纺织娘，啦啦啦啦啦啦啦啦啦啦啦啦啦。从早到晚不停忙，织出一匹好布人人夸。从早到晚不停忙，织出一匹好布人人夸。

〔音乐停止。〕

众纺织姑娘（对花木兰）：木兰，我们的布已经织好了。你给我们表演一下你爹爹教你的本领吧！

花木兰：好的，那我去拿兵器来，给大家表演吧！

〔音乐响起，花木兰扮演者之一手持利剑，表演一套舞剑动作后，退场。花木兰扮演者之二手握弯弓，表演一套武术动作后，退场。花木兰扮演者之三手持长枪，表演舞枪动作。纺织姑娘们拍手称赞。〕

众纺织姑娘：花木兰，你太棒啦！我们也要向你学习，多学本领。

花木兰：好，跟我去小河边学本领去吧！

〔众角色退场。〕

第二幕　替父从军

背景：村庄。

旁白：边疆并不太平，常常受到敌人的侵扰。朝廷向全国发布了征兵命令，那花木兰家谁去应征入伍呢？请欣赏第二幕“替父从军”。

〔音乐响起，花木兰全家出场，站在场地中间。士兵表演快马加鞭赶来的样子出场，绕场一圈，停在花木兰一家人的身侧。〕

士兵：众人听旨。敌人来袭，每家出一名男丁入伍，保家卫国。

〔士兵退场。〕

花木兰父亲：我年事已高，哪里还能再去打仗？家有一子，年纪还小，就更不能去了。唉！这可怎么办呀？

花木兰母亲：是呀，家中没有可以替代的从军男子，这可怎么办呀？

花木兰：我有办法了，我把自己打扮成男子的样子，这样就可以代替父亲去打仗了。

花木兰姐姐：这怎么可以？上阵杀敌，出生入死，这哪是姑娘家的事？

花木兰：保家卫国，岂有分男女？男儿能做的事，女子一样可以做。

花木兰父亲：木兰，如果你想替父从军，那我看看你的武艺，看你能否上场杀敌。

花木兰：好！我们比试比试。

〔音乐响起，花木兰和花木兰父亲分别拿剑，比拼剑法，花木兰在几个回合之后胜出。〕

花木兰弟弟：哇！姐姐赢啦！姐姐赢啦！

花木兰姐姐：木兰武艺高超，可以替爹爹去上阵杀敌了。

花木兰父亲：木兰，父亲就把珍藏多年的盔甲送给你，希望这身陪我身经百战的盔甲能保佑你出征平安，早日凯旋。

花木兰母亲：木兰，你女扮男装去打仗，为了不让人发现，我们就先把名字改成花木力吧！

花木兰弟弟、姐姐：我们等你凯旋！

〔众角色退场。〕

第三幕　弯弓征战

背景：战场（高山、长城和骑马的士兵等）。

旁白：花木兰女扮男装，成功顶替父亲加入抗击敌人的军队。为了不让自己女扮男装的秘密被发现，花木兰和其他士兵一样，勤奋地练习骑马和射箭，在战场上奋勇与敌人抗争。最后花木兰打胜仗了吗？请欣赏第三幕“弯弓征战”。

〔音乐响起，士兵们齐出场，表演武术动作。表演完毕后，士兵刘大哥和花木力上前几步，来到舞台的最前方。〕

士兵刘大哥：还是我们男子辛苦，要打仗保边关，不像女子待在家中坐享清闲。

花木力：刘大哥说得不对，让我来和他理论理论。

〔音乐《谁说女子不如男》响起。花木力演唱，士兵刘大哥和众士兵们配合歌词表演点头、商量、鼓掌等动作。〕

众士兵：花木力说得对呀！

〔音乐响起，战鼓敲响。一群士兵推着战鼓边表演敲鼓边出场。花木力和一些士兵拿着盾牌和大刀表演上战场和敌人厮杀。〕

花木力和众士兵：我们胜利了，我们可以回家啦！我们可以回家啦！

〔众角色退场。〕

第四幕　恢复女装

背景：村庄。

旁白：战争结束了，花木兰从一名普通的士兵成长为一名优秀的将领。皇帝要封赏有功的将士。那英勇善战的花木兰会得到什么样的赏赐呢？请欣赏第四幕“恢复女装”。

〔音乐响起。众士兵和大臣出场，夹道恭迎皇帝登场。〕

皇帝：将士们击溃了匈奴，我们可以安居乐业了！

大臣：请花木力上朝。

〔花木力出场，叩拜皇帝。〕

皇帝：我听说你英勇善战，立了大功。

花木兰：皇上，其实我是一名女子。为了国家和我的老父亲，我替父从军。虽然我是一名女子，但我一样可以在战场杀敌，保家卫国。

皇帝：说得好！你已经用行动证明女子一样可以拥有男子的智慧和勇气。你想要得到什么样的赏赐呢？

花木兰：谢谢皇上，木兰无意做官，只想早日回家，陪在年迈的父母身边。我只希望天下太平，没有战争。

皇帝：说得对。祝愿天下太平，和平充满人间。

众士兵和大臣：祝愿天下太平，和平充满人间。

〔众角色退场。音乐《清早起来》响起。纺织女们出场，表演《清早起来》，边念边做动作。〕

〔音乐《花木兰》响起。全体演员边唱边出场。音乐停止，全体演员按照顺序谢幕，退场。〕

守株待兔

设计、执教：陈　丹　林晓佳
指　　　导：张美洁

活动缘起

图 9-1　《守株待兔》封面

守株待兔，是家喻户晓的寓言故事。故事讲的是一个农民偶然发现一只撞死在大树上的兔子。不劳而获的农民妄想还有兔子撞上大树，于是不再种地，守在树旁等待下一只撞上大树的兔子。最后，农夫没有等来撞树的兔子，田地荒芜了，自身也成为大家的笑柄。

在选择戏剧故事时，教师考虑到班级幼儿的阅读经验和兴趣，又着眼于中华优秀传统文化的传承与发展，于是选择了狐假虎威、亡羊补牢、守株待兔等通俗易懂的故事。通过小主播分享会、幼儿自主投票的方式，教师和幼儿确定了守株待兔这个故事。这个故事内容虽短，但有深刻的教育意义。教师意在通过引导幼儿了解故事的内容，让幼儿明白做事要踏踏实实。

预期活动目标

一、能与同伴合作创编剧本。

二、能根据故事选择自己喜欢的材料布置场景，学习设计和制作兔子、农夫、禾苗、大树等角色的服饰或道具。

三、掌握所演角色的台词、动作，能运用对话、表情、动作等连贯、完整、生动地表演，和同伴合作完成戏剧表演任务。

四、学习解决游戏中的问题，学会团结、友爱、互助、谦让等，懂得做事要踏踏实实的道理。

预设活动网络图

- 第一阶段：剧本的产生
  - （1）教学活动：守株待兔（语言·早期阅读）
  - （2）教学活动：兔子撞树的原因（语言·文学活动）
  - （3）游戏活动：我是小编剧（语言区）
- 第二阶段：戏剧的创作
  - （1）教学活动：田里劳作的农夫（艺术·韵律）
  - （2）教学活动：兔子舞（艺术·韵律）
  - （3）教学活动：大丰收（艺术·歌唱）
  - （4）游戏活动：守株待兔（表演区）
- 第三阶段：戏剧的展演
  - （1）教学活动：竞选角色（社会·自我成长）
  - （2）游戏活动：制作邀请函（美工区）
  - （3）家庭活动：准备演出的服饰、道具
  - （4）游戏活动：戏剧联排（表演区）
  - （5）游戏活动：我们的舞台秀（表演区）

活动过程

第一阶段：剧本的产生

本阶段的主要目标是引导幼儿完成剧本的创编。

为了让幼儿对守株待兔有初步的了解，也为了促进亲子交流，教师首先发动家长带领幼儿收集不同版本的绘本，从中选取了一本画面色彩鲜艳、文字通俗易懂的绘本作为戏剧活动开展的故事蓝本。活动导入环节，教师将借用封面引导幼儿猜测守株待兔的意思。在讲述故事的过程中，教师将引导幼儿熟悉故事。鉴于班级幼儿已有创编剧本的经验，教师计划通过图文结合的方式，配合讲解、提问等形式，帮助幼儿复习、巩固有关剧本结构的知识，鼓励幼儿根据故事中的角色特征，创编角色台词。最后，教师将引导幼儿共同制作图文结合的剧本，支持幼儿自由发挥想象，不断地修改、丰富剧本，为之后的表演做准备。

活动一　守株待兔

教学活动
语言·早期阅读

活动目标

· 能按顺序阅读绘本，根据画面猜想、推断、讲述故事的内容。
· 知道不努力付出是不会成功的。

活动准备

· 材料投放：绘本《守株待兔》人手一册。

活动过程

一、出示绘本封面，引导幼儿猜测守株待兔的意思，激发幼儿的阅读兴趣。

引导语：今天老师带来了一本绘本，它的名字叫《守株待兔》。守株待兔是什么意思？

二、集体共读，理解故事前半部分（第2～5及10～19页）的内容。

引导语：《守株待兔》里有没有出现兔子？我们一起阅读绘本第2～5及10～19页就知道啦。

（一）引导幼儿阅读绘本第2～5及10～19页（教师事先把第6～9页遮住），注意观察画面的变化。

（二）小结前半部分的内容。

引导语：宋国有一个农夫，每天都去地里劳作。一天，他在劳作时突然看到一只兔子像箭一样窜出来，一头撞在大树上，死了。农夫捡起兔子，回家后与家人美美地吃了一顿。

三、引导幼儿猜想故事后半部分（第20～31页）的内容，并阅读、验证自己的猜想。

（一）设置悬念，鼓励幼儿猜想。

引导语：接下来农夫还会不会遇见兔子呢？大家去绘本里寻找答案吧！

（二）提出阅读要求，鼓励幼儿验证自己的猜想。

引导语：农夫后来到田地里，发生了什么事情？请你从第20页往后看，一页一页地看，发现秘密后就和旁边的同伴交流。

（三）幼儿自主阅读绘本第20～31页，与同伴交流自己的猜想。

（四）集中交流，引导幼儿分享各自的看法。

小结：农夫不劳而获地抓到一只兔子后就不干农活了，每天等兔子撞树。

四、引导幼儿完整阅读，理解故事的寓意。

引导语：农夫最终没等到兔子，田地也荒芜了。我们再一起阅读一遍绘本，请你们将整个故事连贯地、小声地讲一讲吧。

小结：守株待兔这个成语告诉我们不经过努力和辛勤劳动，是不会有收获的。

活动延伸

• 游戏活动：在阅读区投放绘本《守株待兔》，引导幼儿继续阅读。

• 家园共育：亲子共读绘本《守株待兔》，请家长引导幼儿尝试表演其中的片段。

活动二　兔子撞树的原因

教学活动
语言·文学活动

活动目标

- 了解兔子撞树的原因。
- 乐于与同伴分享创编的故事。

活动准备

- 材料投放：绘本《守株待兔》第 6～9 页，彩笔、彩纸、贴纸。

活动过程

一、提问，引导幼儿思考。

提问：上次活动中有的小朋友想知道，故事中的兔子是从哪里来的？它怎么会无缘无故撞树呢？

二、展示绘本第 6～9 页，引导幼儿用绘画的方式创编兔子撞树的故事情节。

（一）引导幼儿自主阅读绘本第 6～9 页。

引导语：我们一起来看看这个绘本中的作者是怎么说的。

（二）鼓励幼儿用彩笔在彩纸上绘画自己创编的兔子撞树的故事情节。

三、引导幼儿分组，进一步创编兔子撞树的故事情节。

（一）引导幼儿分小组绘画创编的故事情节并展示、介绍，提醒其他幼儿认真倾听并邀请个别幼儿评价。

（二）全体幼儿在喜欢的故事情节绘画作品下方贴上贴纸，得到贴纸最多的故事情节将纳入最终的剧本。

活动延伸

- 游戏活动：在语言区投放绘本《守株待兔》，设有角色、对话、动作等栏目的表格，以及故事角色的相关手偶，鼓励幼儿创编《守株待兔》剧本。

活动三　我是小编剧

游戏活动
语言区

活动目标

• 能与同伴合作将故事《守株待兔》转化为剧本。
• 运用手偶表演所创编的剧本。

活动准备

• 材料投放：绘本《守株待兔》，设有角色、对话、动作等栏目的表格，故事角色的相关手偶，已创编好的兔子撞树的情节图片，第一幕剧本范例。

• 环境创设：在活动室内选择一个较为安静的角落作为活动区，创设“手偶小剧场”。

• 资源利用：请家长事先在家中与幼儿讨论故事情节。

活动过程

一、出示剧本范例，引导幼儿了解剧本的基本结构与功能。

（一）引导幼儿欣赏第一幕剧本范例，了解剧本的结构。

引导语：《守株待兔》戏剧需要一个剧本，我们一起看看剧本是由哪些内容组成的。

（二）引导幼儿交流讨论，了解剧本的组成与功能。

（三）梳理提升。

小结：这张图叫作剧本。它画出了我们要表演的角色以及这些角色说的话。有了剧本，我们就知道怎么表演了。

二、介绍游戏材料，与幼儿共同制定游戏规则。

（一）介绍材料。

引导语：语言区的材料很多，有绘本《守株待兔》，设有角色、对话、动作等栏目的表格，故事角色的相关手偶，已创编好的兔子撞树的情节图片，第一幕剧本范例，请你们选择自己喜欢的内容把故事改编成剧本。

（二）师幼共同制定游戏规则。

1. 根据第一幕剧本范例，将创编的角色和台词用简笔画填充在相应的表格中。

2. 积极参加讨论，和同伴分享交流自己创编的内容。

3. 利用手偶玩具或模拟表演，练习角色对话。

三、幼儿游戏，教师观察指导。

观察要点：幼儿交流时能否自觉控制音量；幼儿能否积极参与故事情节的创编，并用图画形式表现自己创编的内容；幼儿能否与同伴积极地交流讨论并练习角色对话。

第一阶段的反思

在本阶段活动开展的过程中，教师首先通过集体阅读绘本的活动，帮助幼儿理解故事的内容，为剧本的创编奠定基础。接着，教师借助悬念，鼓励幼儿分组创编兔子撞树的故事情节，形成了多样的剧本。最后，教师通过语言区游戏，鼓励幼儿创作图文结合的剧本，并鼓励幼儿自由发挥想象，不断地修改与丰富剧本内容，为之后的表演做准备。

经过讨论、投票，师幼确定了以下剧目。

第一幕：锄禾日当午。

第二幕：不劳而获。

第三幕：好逸恶劳。

第四幕：大丰收。

第二阶段：戏剧的创作

在戏剧活动推进的过程中，教师将以“兔子要怎么出场”“禾苗随风舞蹈时怎样才能更美”等一系列问题，激发幼儿的创作欲。教师将时刻关注幼儿的需要和困惑，捕捉富有价值的内容，借助儿童剧录像欣赏、表演区游戏、亲子创作等形式为幼儿提供丰富的学习路径；通过歌唱、韵律等多元艺术表现形式，满足不同幼儿的表现需求。

活动一　农夫与禾苗

教学活动
艺术·韵律

活动目标

- 感知歌曲 A 段和 B 段的结构特点和节奏特点。
- 尝试创编禾苗逐渐长大的动作和农夫耕地的动作。
- 体验与同伴合作的乐趣。

活动准备

- 经验准备：幼儿有锄草、松土以及观察植物生长过程的经验。
- 材料投放：音乐《农夫与禾苗》[由歌曲《春晓》（关宇宸演唱，从开头至念白结束部分）和《悯农》（宝宝巴士版，主歌部分）剪辑合成，中间以一小段《公鸡舞》（金角大王）的音乐衔接起来]，禾苗、农夫头饰若干，摄像机。

活动过程

一、谈话导入，激发幼儿对歌曲的兴趣。

引导语：今天老师带来了一首关于农夫与禾苗的歌曲，我们一起来听一听。

二、引导幼儿欣赏歌曲，熟悉旋律，感受歌曲的结构特点和节奏特点。

提问：这首歌曲分为 A、B 两段，你们觉得哪段是禾苗在生长？哪段是农夫在劳作？

三、引导幼儿分段欣赏歌曲，进一步熟悉旋律，并创编相应动作。

（一）引导幼儿欣赏 A 段歌曲，鼓励幼儿创编禾苗的不同动作。

引导语：你们觉得种子破土可以用什么动作表现？禾苗随风摇摆可以用什么动作表现？

（二）引导幼儿尝试随乐扮禾苗做动作。

引导语：我们听着 A 段歌曲来做一做禾苗在田地里慢慢长大的动作吧。（教师通过“慢慢长”“扭一扭”“拍拍手”等情境性语言，提示幼儿随乐做动作。）

（三）引导幼儿欣赏 B 段歌曲，尝试随乐做农夫的动作。

引导语：农夫看到地里长了很多杂草，赶忙来到地里干活。我们也跟着他一起干活吧。

（四）回放录像，梳理提升。

引导语：我们一起看看刚才创编的动作，说说优点和改进的建议。

四、引导幼儿完整欣赏音乐，帮助幼儿回忆《农夫与禾苗》的动作。

五、引导幼儿分角色、佩戴头饰完整表现。

（一）部分幼儿扮演农夫、其他幼儿扮演禾苗，随乐律动。

（二）男孩扮演农夫、女孩扮演禾苗，随乐律动。

（三）女孩扮演农夫、男孩扮演禾苗，随乐律动。

活动延伸

·游戏活动：将禾苗、农夫等头饰投放在表演区，引导幼儿在表演区结合第一幕剧情与同伴合作表演。

活动资料

农夫与禾苗（动作图谱）

A 段动作参考：

春眠不觉晓　处处闻啼鸟　夜来风雨声　花落知多少

春眠不觉晓　处处闻啼鸟　夜来风雨声　花落

知多少

春眠不觉晓　　处处闻啼鸟　　夜来风雨声　　花落知多少

间奏和 B 段动作参考：

B 段主要引导幼儿用除草、翻土等动作表现农夫耕种的情景即可

活动二　兔子舞

教学活动
艺术·韵律

活动目标

- 感受歌曲的欢快，体验与同伴合作共舞的快乐。
- 掌握兔子舞的基本动作，提高动作的节奏感和协调性。

活动准备

·材料投放：音乐《兔子舞》（有节选，从“Jumping grooving dancing everybody”开始，到“Go turn around go go go”结束）及动作图谱，兔子头饰若干，黄、绿标志若干。

活动过程

一、提问导入，激发幼儿的兴趣。

提问：《守株待兔》里的农夫耕完了地，回家了，这时一群兔宝宝们听着乐曲欢快地跳起了什么舞呢？

二、引导幼儿完整欣赏歌曲《兔子舞》，感受乐曲的活泼、欢快。

（一）引导幼儿完整地欣赏歌曲，说说对歌曲的感受。

（二）引导幼儿再次欣赏歌曲，尝试拍打节奏，感受歌曲的活泼、欢快。

三、引导幼儿学习律动，体验与同伴一起律动的快乐。

（一）结合动作图谱和黄、绿标志，引导幼儿学习动作1。

1. 引导幼儿看图谱，将黄、绿标志贴于脚上，初步学做左右交替后踢腿的动作。

2. 鼓励幼儿一边听口令，一边学做动作1（见“活动资料”）。

引导语：兔宝宝们要去森林里玩“捉迷藏”，他们出发时会说魔法咒语“黄黄绿绿，前后前前前”，意思是左脚后踢两下，右脚后踢两下，前后各跳一下，最后向前跳三下。

3. 引导幼儿听口令和歌曲A段（从“Jumping grooving dancing everybody”到“Let’s play the penguing’s games”），练习动作1。

4. 引导幼儿听歌曲A段，再次练习动作1。

（二）引导幼儿看图谱，随歌曲B段（从“Smacking beating clapping all together”到“Let’s go everybody and play again this song”）学做动作2和3（见“活动资料”）；随歌曲C段（从“Left left right right”到“Go turn around go go go”），学做动作4（见“活动资料”）。

1. 引导语：小兔子们跳到树桩面前后，做了哪些动作？我们一起看着图谱猜一猜、做一做。

2. 引导幼儿随乐舞蹈，合拍地做动作。

（三）引导幼儿自由结伴（两人、三人或全体），合作表现已学会的舞蹈动作。

鼓励幼儿以“搭火车”形式随乐合作表现动作1；设计和变换不同的队形，随乐合作表现动作2、3、4。提醒幼儿合作舞蹈时，注意与同伴配合，动作、步伐要一致。

四、活动自然结束。

活动延伸

- 游戏活动：引导幼儿在表演区结合第二幕剧情与同伴共同创编小兔游戏。
- 家园共育：请家长与幼儿一起复习《兔子舞》。

活动资料

兔子舞（动作图谱）

动作1：左脚后踢两下，右脚后踢两下，前后各跳一下，最后向前跳三下（重复两次）

动作2：双手交替叉腰、放下，左右脚交替伸出，脚跟着地、脚尖翘起

动作3：背过身，双手叉腰，左右摇摆；跳回正面，双手叉腰，左右摇摆

动作4：随乐有节奏地双脚跳，根据需要变换队形

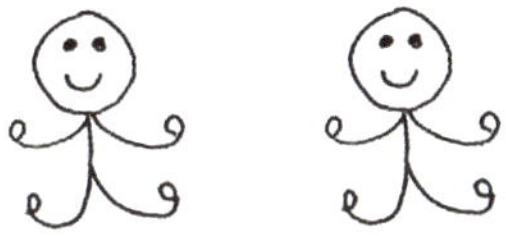

活动三　小兔捉迷藏

教学活动
艺术·音乐游戏

活动目标

- 认真听乐曲，感受乐曲旋律的变化。
- 体验大胆想象、自主表现和合作游戏的乐趣。

活动准备

- 材料投放：音乐《小兔捉迷藏》（由中央芭蕾舞团乐队演奏的《青年圆

舞曲》片段和羽毛田丈史作曲、演奏的《Life Goes on Waltz》片段剪辑合成，两段乐曲中间由自行录制的童声语音“邀请我”衔接起来），音乐《大灰狼》（选取表现紧张气氛的音乐，在音乐开头剪辑加入狼叫声），树精灵头饰、兔子头饰各若干个。

活动过程

一、谈话导入，激发幼儿的想象。

引导语：兔宝宝们跳着兔子舞来到了森林里，他们可开心了。

提问：你们觉得接下来会发生哪些有趣的事情呢？（请幼儿自由讲述。）

二、引导幼儿完整欣赏乐曲，感受乐曲旋律的变化。

三、引导幼儿分段欣赏乐曲，讨论、确定游戏规则。

（一）引导幼儿欣赏乐曲《小兔捉迷藏》，根据乐曲《小兔捉迷藏》的节奏特点讨论、确定游戏规则。

1. 在乐曲的前半部分（即《青年圆舞曲》片段），全体幼儿以三人为一小组围成一个圈。三人小组中，两人扮演树精灵，一人扮演小兔。两个树精灵手牵着手，小兔站两个树精灵的面前。音乐响起，小兔和树精灵跟随乐曲旋律摇摆身体，口中念着魔法咒语“扭一扭，摆一摆，嗨，躲藏”。每当唱到“嗨”的时候，小兔原地蹲下，两个树精灵牵住的手举高从小兔的头上经过，靠近前面蹲下的小兔。小兔站起来和新的树精灵重复上述游戏，用同样的方法换四次朋友。

2. 在乐曲后半部分（即《Life Goes on Waltz》片段），教师扮演兔姐姐加入，与幼儿互动。小兔和树精灵随乐继续摇摆身体，口中念着魔法咒语“来吧，来吧，请你来这里”。当唱到“来这里”时，兔姐姐走到其中一只小兔面前跪下和他交换位置，交换的小兔用同样的方法，在唱到“来这里”时和其他小兔交换位置。

（二）引导幼儿倾听乐曲《大灰狼》，讨论、确定游戏规则，尝试创编大灰狼的出场动作。

1. 引导语：兔宝宝和大树玩得可开心了，这时，森林里来了一只大灰狼。

2. 播放乐曲《大灰狼》，引导幼儿讨论游戏规则。

提问：听了大灰狼出现的乐曲，你们觉得小兔应该用什么方式躲避大灰狼呢？

3. 梳理提升。

小结：小朋友们的办法真不错。听到狼的叫声时，每一组的树精灵面对面双手牵住举高，搭成一个牢固的树洞，小兔躲进牢固的树洞里面。乐曲

《小兔捉迷藏》最后一句结束时，被替换出来的、没有树洞的小兔站到圆心，等到乐曲《大灰狼》开始时，狼就会追这只没有树洞的小兔，小兔就用“小兔捉迷藏”后半段游戏中替换位置的方法躲避大灰狼。

4. 引导幼儿听乐曲《大灰狼》的变奏旋律，大胆创编大灰狼登场时的不同造型，表现出大灰狼的凶狠、狰狞。

四、播放乐曲，引导幼儿佩戴头饰，尝试合作游戏。

（一）扮演小兔的幼儿面向圆心坐在椅子上，扮演树精灵的幼儿先尝试两两合作游戏。

（二）扮演小兔的幼儿加入，用动作表现兔宝宝在森林里和大树玩耍的情景。

（三）扮演兔姐姐的教师加入，与幼儿合作，随乐表现。

（四）扮演大灰狼的幼儿加入，扮演小兔的幼儿运用上一环节中替换位置的方法来躲避大灰狼。

（五）强调小兔躲进树洞的相关规则。

引导语：每个树洞里只能有一只小兔，当没有树洞的小兔钻入其中一个树洞时，这个树洞里的小兔要把洞让出来，再跑去寻找另外一个树洞，以此类推进行替换，直到乐曲结束。

五、引导幼儿随乐完整游戏，感受合作游戏的快乐。

（一）幼儿第一次随乐完整游戏，进一步感知乐曲。

引导语：现在老师来当大灰狼，请一个小朋友当兔姐姐，剩下的小朋友当小兔和树精灵，我们一起听着乐曲玩游戏吧。

（二）师幼讨论第一次游戏出现的问题，提出改进策略，再次完整合作游戏。

活动延伸

・游戏活动：在表演区投放兔子头饰、树精灵头饰等材料，引导幼儿在表演区结合第二幕剧情与同伴合作游戏。

活动四　懒农夫变勤快

教学活动
艺术・歌唱

活动目标

・理解歌曲的内容，感受歌曲从委婉、低沉到欢快、活泼的变化。

· 能用不同的感情演唱，体验歌唱活动的乐趣。

活动准备

· 材料投放：音乐《懒农夫变勤快》（由歌曲《守株待兔》片段和歌曲《劳动最光荣》剪辑合成）及图谱、禾苗头饰、斗笠、马甲。

活动过程

一、谈话引出歌曲，引导幼儿初步感知歌曲的内容。

（一）引导语：有的小朋友在表演区游戏时反映我们戏剧的最后一段只念台词，太单调了，如果能唱出来就好了。那今天老师带来了一首歌曲，它的名字叫《懒农夫变勤快》。

（二）引导幼儿完整听歌曲1～2遍。

提问：你们先听听两段歌曲，然后说说有什么样的感觉。

（三）借助提问，引导幼儿了解歌曲的内容。

提问：哪一段唱的是农夫懒惰，哪一段唱的是农夫变勤快了，为什么？

二、借助图谱与提问，帮助幼儿熟悉第一段歌曲旋律与歌词，感受委婉、低沉的意境。

（一）引导幼儿倾听歌曲，初步理解歌词的大意。

提问：农夫不劳而获之后是怎么做的？他的田地发生了什么变化？他又是怎么做的？（农夫他从此不再勤快，躺在那树荫下等那兔子撞上来。一天又一天，那田地已荒废呀，可是他始终还在傻傻地等待。）

（二）引导幼儿感受乐曲委婉、低沉的情感，进一步理解歌词的大意。

提问：田地一天天荒废了，你们的心情是什么样的？

（三）引导幼儿随乐尝试用委婉、低沉的声音演唱。

三、借助图谱，引导幼儿熟悉第二段歌曲，感受欢快、活泼的旋律变化。

（一）引导幼儿倾听第二段歌曲，初步理解歌词的大意。

提问：你们知道动物朋友中谁爱劳动吗？我们一起来听听。哪些动物爱劳动？它们会做什么？（太阳光金亮亮，雄鸡唱三唱，花儿醒来了，鸟儿忙梳妆，小喜鹊造新房，小蜜蜂采蜜忙，幸福的生活从哪里来？要靠劳动来创造。）

（二）根据幼儿的回答无序地摆放图谱。

（三）鼓励幼儿找图谱并按歌词重新排序，熟悉歌词的内容。

引导语：请小朋友们按照歌词重新摆放图谱。

（四）引导幼儿随乐尝试用欢快、活泼的声音演唱。

提问：农夫在弟弟的劝说后知错就改，重返地里劳动的农夫唱这段歌曲时会是怎样的心情？

四、教师边指图谱边完整演唱歌曲，引导幼儿熟悉歌曲的完整结构。

五、鼓励幼儿尝试用不同的形式演唱，进一步理解歌曲的内容与情感。

（一）引导幼儿集体随乐完整演唱歌曲。

（二）引导幼儿分角色演唱歌曲：幼儿分为两组，或戴禾苗头饰，或穿马甲、戴斗笠，分别扮演禾苗和农夫的角色，轮流演唱。

（三）引导幼儿分角色表演唱：幼儿分为两组，分别扮演农夫和禾苗的角色，边唱边用动作表演。

活动延伸

·游戏活动：引导幼儿在表演区结合第三幕剧情与同伴创编第四幕“大丰收”的情景。

活动资料

守株待兔（歌曲）（节选）

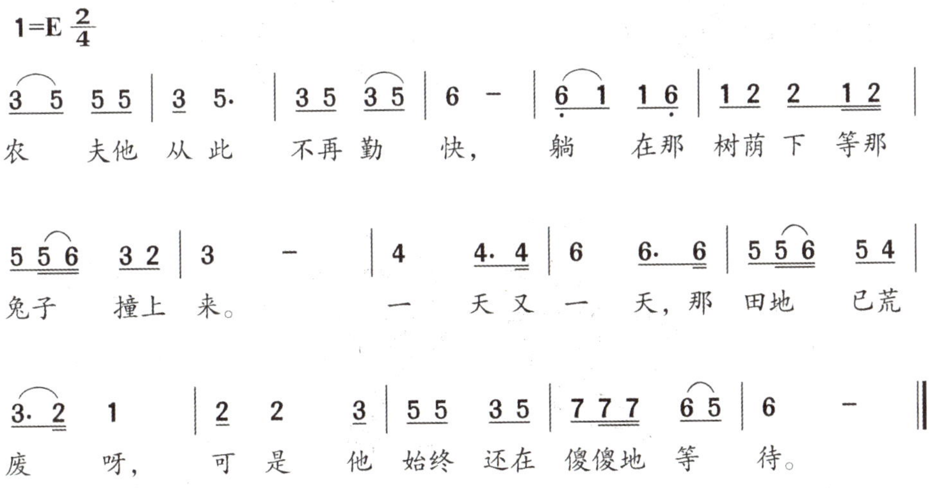

劳动最光荣（歌曲）

金近、夏白 词
黄准 曲

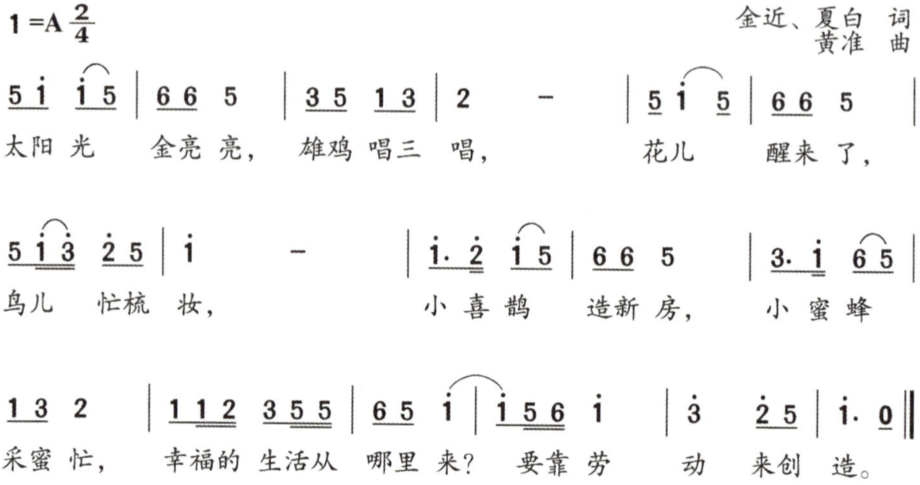

守株待兔（图谱）

劳动最光荣（图谱）

太阳光金亮亮

雄鸡唱三唱

花儿醒来了

鸟儿忙梳妆

小喜鹊造新房

小蜜蜂采蜜忙

幸福的生活从哪里来

要靠劳动来创造

活动五　大丰收

教学活动
艺术·歌唱

活动目标

· 感受歌曲轻快、跳跃的特点，能用适宜的声音合拍地演唱。

· 尝试改编歌词。

活动准备

· 经验准备：幼儿和家长一起谈论过南瓜、蘑菇、玉米、番茄、麦子等的特征。

· 材料投放：音乐《送你一朵山茶花》（伴奏），《大丰收》图谱，腰鼓、沙锤、手摇铃等乐器若干，丰收的录像或图片。

活动过程

一、以丰收的图片或录像导入，引导幼儿感受丰收的喜悦。

引导语：幸福的生活要靠劳动来创造。懒农夫变勤快了，勤勤恳恳地干活，终于迎来丰收。你们看，农夫收获了什么？农夫的心情是怎样的呢？

二、引导幼儿听歌曲，学习歌词，尝试演唱。

（一）完整范唱，引导幼儿欣赏。

（二）出示图谱，反复范唱，帮助幼儿理解、记忆歌词。

提问：农夫收获了什么？南瓜是什么颜色的？好像什么？

（三）引导幼儿跟随伴奏乐，尝试完整演唱。

提问：农夫为什么要将南瓜比喻成太阳？

（四）引导幼儿分句合作完整演唱歌曲。

提问：大家应该用什么样的心情和声音来表达丰收的喜悦呢？

引导语：接下来请部分小朋友合唱第一句，另一部分小朋友合唱第二句。

三、借助图谱，启发幼儿改编歌曲。

提问：农夫们除了收获了一筐大南瓜，还收获了一筐小蘑菇。我要把蘑菇放到歌曲里，要怎么唱？蘑菇有什么特点？大家一起把新改编的歌词念一遍。

四、引导幼儿分组创编，并选择合适的乐器为歌曲伴奏。

引导语：丰收啦，农夫们敲着锣、打着鼓、唱着歌开始庆祝了。今天老师准备了腰鼓、沙锤、手摇铃等乐器，大家可以选择喜欢的乐器用“X　X　X　X”的节奏型为歌曲伴奏。

（一）引导幼儿自主分为四组，用绘画的方式，按照创编格式改编歌词。

（二）组织幼儿分组轮流演唱和演奏。

活动延伸

·游戏活动：将腰鼓、沙锤、手摇铃等乐器投放在表演区，引导幼儿在表演区结合第四幕剧情边唱边演奏。

活动资料

大丰收（歌曲）

1＝D $\frac{4}{4}$　　根据歌曲《送你一朵山茶花》改编

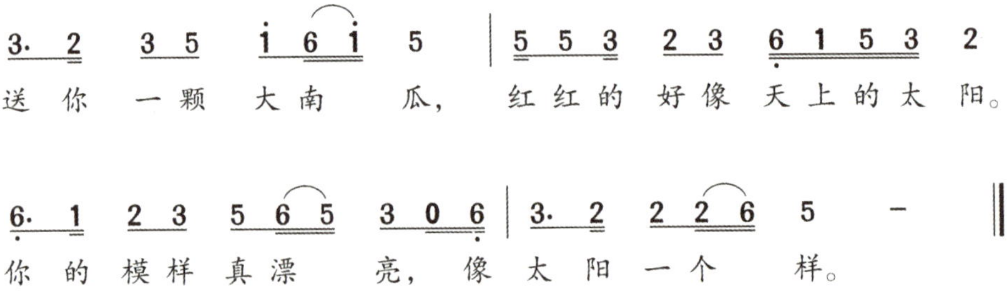

大丰收（图谱）

活动六　守株待兔

游戏活动
表演区

活动目标

· 能积极参与表演活动，主动选择剧目，根据所选剧目布置场景。

· 能遵守游戏规则，大胆表现，感受合作表演的趣味性。

活动准备

· 经验准备：幼儿已熟悉、理解故事的内容，有初步的改编能力。

· 材料投放：戏剧表演所需音乐、头饰、道具、背景材料等。

活动过程

一、谈话导入，激发幼儿的兴趣。

（一）帮助幼儿回顾创意戏剧《守株待兔》里出现的角色。

提问：小朋友们，创意戏剧《守株待兔》里出现了哪些角色呢？

小结：是的，我们创意戏剧《守株待兔》中，出现了农夫、兔子、大灰狼、大树以及禾苗。

（二）引导幼儿尝试表演各个角色的语言、动作和表情。

提问：那你们喜欢扮演《守株待兔》中的哪个角色呢？这个角色会有什么样的语言、动作和表情？

（三）引导幼儿讨论表演规则。

1. 提问：在表演中，我们应该遵守哪些规则，才能让表演更加有秩序也更加精彩呢？

2. 小结：表演前，应根据角色装扮好自己，仪态自然且大方。表演时要爱护表演的道具和材料；与同伴协商表演，及时地处理突发的问题。表演结束之后，要将道具及材料整理并送回原处。

二、幼儿自主游戏，教师观察指导。

（一）引导幼儿分组合作，自选剧目和角色，利用材料创设体现故事内容的场景，完成符合角色形象的装扮并开展游戏。

（二）引导幼儿自主运用语言、动作和表情，表现农夫的好逸恶劳、兔子的活泼可爱、大灰狼的凶猛可怕、禾苗的楚楚可怜等角色形象。

三、师幼交流，相互评价。

（一）师幼共同交流。

提问：你今天玩得怎么样？你喜欢谁的表演/装扮？为什么？

（二）引导幼儿分析游戏情况，丰富游戏经验。

提问：你扮演的是什么角色？在表演中你遇到什么问题？你是怎么解决的呢？

（三）组织幼儿收拾材料，整理场地。

第二阶段的反思

基于幼儿的表演需求和年龄特点，本阶段开展了“农夫与禾苗”“兔子舞”“小兔捉迷藏”等活动。教师通过歌唱活动、韵律活动、音乐游戏等，在幼儿充分感受、欣赏的基础上促进了幼儿表现力和自信心的发展。在师幼互动、幼幼合作中，幼儿主动参与、积极思考，提高了协作能力以及解决问题的能力，社会性也得到了发展。

第三阶段：戏剧的展演

第三阶段，幼儿将为公演做准备。在前两个阶段中，有的幼儿提出要通过竞选确定角色，有的幼儿想要邀请家长来现场观看，有的幼儿希望穿上独一无二的服饰，于是教师计划开展竞选角色、制作邀请函、亲子设计角色服饰等活动，以满足幼儿的需要。

活动一 竞选角色

教学活动
社会·自我成长

活动目标

- 愿意在集体面前表达自己的想法并用自己喜欢的方式扮演角色。
- 初步懂得胜不骄、败不馁。

活动准备

- 材料投放：竞选报名表若干，竞选总表一份。
- 环境创设：在班级创设“我的角色我做主”背景墙面。

活动过程

一、激发幼儿的兴趣，引导幼儿竞选。

引导语：大家都想扮演《守株待兔》中的角色，有的角色只能由一个人扮演，有的角色可以由多个人扮演，怎么确定由谁来扮演呢？

（一）引导幼儿用竞选的方式参与选拔。

（二）鼓励幼儿说出竞选的理由并拉票，为扮演喜欢的角色付出努力。

引导语：那我们就开始角色竞选吧。参加竞选的小朋友表演完要向大家说出竞选的理由并为自己拉票，再请其他小朋友站队投票。谁的支持者多，谁就能扮演这个角色。

二、师幼共同制定竞选规则和评选标准。

（一）竞选规则。

1. 每一个角色都要进行竞选。

2. 竞选同一角色的幼儿上台后轮流表演，表演完毕后说明竞选的理由，并为自己拉票。

3. 其他幼儿投票，得票最多或得票前几名的幼儿入围。若幼儿票数相同，可进行第二轮竞选。

（二）评选标准。

观察竞选者的仪态、动作、表情是否自然且大方。

三、统计票数，引导幼儿正确面对输赢。

（一）统计票数，公布入围名单。

（二）请入围者说说成功的感言。

（三）竞选结束后组织幼儿探讨“落选了怎么办”的问题，帮助幼儿正确面对输赢，初步懂得胜不骄、败不馁。

活动延伸

·游戏活动：（1）引导幼儿在表演区轮换角色进行表演。（2）引导幼儿在美工区为前来观看表演的家人制作邀请函。

·家园共育：利用微信群引导家长支持幼儿设计、制作属于自己的独一无二的服饰，为展演做准备。

活动二　准备演出的服饰、道具

家庭活动

活动目标

·能运用绘画、剪贴等方式，设计和制作戏剧活动中的服饰、道具。

·感受亲子合作制作的乐趣。

活动准备

·经验准备：幼儿和家长事先收集制作角色服饰和道具的材料。

指导要点

一、通过微信群，请家长引导幼儿欣赏戏剧角色的服饰、道具图片。

二、请家长鼓励幼儿设计和制作角色服饰、道具。

三、请家长引导幼儿在家穿着角色服饰、拿着道具尝试表演。

活动延伸

·家园合作：请家长协助幼儿将制作好的角色服饰和道具带入园。

活动三　戏剧联排

游戏活动
表演区

活动目标

- 尝试用丰富的语言、表情及动作表现角色。
- 能安静候场、按照顺序出场及有序退场。

活动准备

- 材料投放：戏剧表演所需音乐、服饰、道具，舞台平面图，摄像机。

活动过程

一、出示舞台平面图，引导幼儿明确各个角色的出场和退场方向。

（一）引导幼儿讨论并明确各个角色的出场和退场方向。

提问：这是舞台平面图，你们觉得禾苗、农夫、大树、兔子和大灰狼分别从哪边出场，又从哪边退场呢？为什么？

提问：你们觉得如何候场才能为表演做好准备呢？

（二）梳理提升。

小结：禾苗和兔子从右边出场和退场，农夫、大灰狼、大树从左边出场和退场。这样设计可以使得小朋友不扎堆、一个跟着一个有序地出场和退场。

二、第一次完整联排。

引导语：现在请大家开始第一次联排吧。

三、组织幼儿观看第一次联排的录像，讨论表演中的问题。

（一）组织幼儿回看第一次联排的录像，讨论每个角色表演时的站位。

提问：表演戏剧时，演员要怎么站才能让所有观众看到他的表现？刚才大树和小兔游戏时围成圈，挤在一起，大家无法做动作，怎么办？

（二）讨论在表演过程中怎样巧妙地退场。

提问：当你的表演结束时，怎样不影响别人又能退场呢？

（三）讨论联排中出现的其他问题，鼓励幼儿一起想办法解决。

四、第二次完整联排。

引导语：把我们刚才讨论出的改进方案运用到表演中，看看是否能让演出更加顺利。我们再来表演一遍吧。

活动四　我们的舞台秀

游戏活动
表演区

活动目标

·能在剧本的提示下，熟悉自己扮演的角色的台词、动作，和同伴合作完成表演。

·能面对观众，自然、大方地表演。

·能按剧情需要，有序地出场和退场。

活动准备

·经验准备：幼儿有舞台剧演出的经验，了解本次演出的剧情，对自己的表演有信心。

·材料投放：戏剧表演所需音乐、服饰、道具、舞台背景，戏剧海报，活动花絮的课件，相机，摄像机，等等。

·环境创设：设置大树、树桩。

·资源利用：邀请其他班级教师为幼儿的戏剧展演拍照、录像。

活动过程

一、调动幼儿的情绪，激发幼儿的表演兴趣，帮助幼儿明确表演注意事项。

（一）激发幼儿表演的兴趣和信心。

引导语：我们已经把《守株待兔》里的“锄禾日当午”“不劳而获”“好逸恶劳”“大丰收”等剧目排演得很熟练了。今天，我们要完整地表演，大家准备好了吗？

（二）讨论戏剧展演的注意事项。

提问：完整表演时怎样才能完成得更顺利？

幼儿1：要安静。

幼儿2：要有序地出场和退场。

二、第一次演出：引导幼儿根据自己要表演的角色，用服饰和道具装扮自己，完整地表演全剧。

（一）引导幼儿自主装扮。

引导语：请你们自己戴好头饰、穿好服装、拿好道具，在舞台侧面候场。

（二）引导幼儿完整地演出全剧。

1. 与幼儿合作布置舞台、调试音响。

2. 引导幼儿有序候场。

引导语：我们准备演出了，请演员们在自己的候场位置等待。

3. 幼儿完整表演，其他班级教师拍照、录像。

三、组织幼儿观看演出录像，讨论改进方案，再次完整地表演。

（一）播放录像，组织幼儿讨论。

提问：你们觉得表演中角色的表现怎么样？有没有需要改进的地方？怎样改进？（引导幼儿评价角色的表情、动作、语言以及出场和退场情况。）怎样演得更好、更精彩？（引导幼儿针对表演中的问题进行讨论。）

（二）组织幼儿再次完整表演，表扬有进步的幼儿。

第三阶段的反思

活动的最后阶段，我们开展了角色竞选、制作邀请函、制作服饰和道具以及戏剧联排活动等。在角色竞选过程中，幼儿自我展示、自主投票，感受自主与公平竞争，学习正确对待输赢。在制作邀请函和服饰、道具的过程中，幼儿感受了艺术创作的乐趣。在戏剧联排的过程中，我们尊重每一个幼儿的意愿，引导他们反思、改进，提高解决困难与冲突的能力。最终，幼儿呈现了一场完整、精彩的演出。这一阶段，幼儿不断地尝试、验证、调整、改进，提高了自身的表现力、创造力以及反思能力、社交能力等。

活动网络图

- 第一阶段：剧本的产生
  - (1) 教学活动：守株待兔（语言·早期阅读）
  - (2) 教学活动：兔子撞树的原因（语言·文学活动）
  - (3) 游戏活动：我是小编剧（语言区）
- 第二阶段：戏剧的创作
  - (1) 教学活动：农夫与禾苗（艺术·韵律）
  - (2) 教学活动：兔子舞（艺术·韵律）
  - (3) 教学活动：小兔捉迷藏（艺术·音乐游戏）
  - (4) 教学活动：懒农夫变勤快（艺术·歌唱）
  - (5) 教学活动：大丰收（艺术·歌唱）
  - (6) 游戏活动：守株待兔（表演区）
- 第三阶段：戏剧的展演
  - (1) 教学活动：竞选角色（社会·自我成长）
  - (2) 家庭活动：准备演出的服饰、道具
  - (3) 游戏活动：戏剧联排（表演区）
  - (4) 游戏活动：我们的舞台秀（表演区）

参考剧本

第一幕　锄禾日当午

场景：田地里。

〔音乐《春晓》（伴奏）响起，报幕员 1、报幕员 2 出场。〕

报幕员 1、报幕员 2：大家好，欢迎来到大二班。

报幕员 1：我想问你一个问题，如果我偶然在路上捡到一枚硬币，那么第二天我还能捡到硬币吗？

报幕员 2：哈哈，怎么可能天天捡到硬币呢？

报幕员 1：《守株待兔》里有位农夫可不是这么想的。咦？这是怎么回事呀？

报幕员 1、报幕员 2：我们一起来看看就知道啦！请欣赏大二班主题式创意戏剧《守株待兔》第一幕“锄禾日当午”。

〔报幕员 1、报幕员 2 退场。农夫哥哥扛着锄头、农夫弟弟扛着铁耙，出场。〕

农夫哥哥：大家好，我是哥哥。

农夫弟弟：大家好，我是弟弟。

农夫哥哥：我不爱劳动，就等着天上掉下一块大馅饼。（边说边做摆手、手指向上指的动作）

农夫弟弟：我诚实勤劳，不相信世上有不劳而获的东西。（边说边做握拳、跺脚的动作，说完，开始干活）

农夫哥哥：哎呀呀！锄禾日当午，种地好辛苦。哎哟，好累呀！还是到那边歇会儿吧。（边说边做擦汗动作，说完话往树桩方向走）

〔农夫哥哥、农夫弟弟退场。〕

第二幕　不劳而获

场景：田地旁（有一个大树桩）。

〔音乐《春晓》（伴奏）响起，报幕员 1、报幕员 2 出场。〕

报幕员 1：小白兔，没注意，慌慌张张撞树桩。

报幕员 2：这下乐坏懒农夫，不劳而获多幸福。

报幕员 1、报幕员 2：请欣赏第二幕“不劳而获”。

〔报幕员 1、报幕员 2 退场。树精灵出场，围站成一圈，摆出大树造型。音乐《兔子舞》响起，兔子们跳兔子舞出场。〕

〔音乐《小兔捉迷藏》响起，兔子跟随音乐和树精灵玩音乐游戏。音乐《大灰狼》响起，大灰狼出场。〕

大灰狼：啊呜——（张牙舞爪地咆哮，追逐兔子）

众兔子：快快跑，快快跑，大灰狼，追来了！没处躲呀没处藏，我们还得快快跑，我们还得快快跑。

〔“砰”的音效响起。〕

受伤的兔子：（撞到树桩上，边说边慢慢倒下）天哪，发生了什么事情？太痛了！头好晕。

〔大灰狼、其他兔子和树精灵退场。农夫哥哥出场。〕

农夫哥哥：（边说边手舞足蹈）哇，天上真的掉馅饼了，我不用再干活了！打包一下，回去烤兔子肉吃。

〔农夫哥哥扛着兔子退场。〕

第三幕　好逸恶劳

场景：田地旁（有一个大树桩）。

〔音乐《春晓》（伴奏）响起。报幕员1、报幕员2出场。〕

报幕员1：这样的好事真难得。这下乐坏懒农夫，再也不想干活了。

报幕员2：春夏秋冬变化多，不知要等到何时。

报幕员1、报幕员2：请欣赏第三幕“好逸恶劳”。

〔报幕员1、报幕员2退场。农夫哥哥出场。〕

农夫哥哥：（边说边做四处张望、招手等动作）我的兔子，你快来，快点撞到树上来。你一天不来，我就等你一天；你一个月不来，我就等你一个月；你要是一年不来，我就等你一年。

〔禾苗出场，分两排插空跪立。音乐《守株待兔》响起，禾苗随乐边唱边做摇摆手、转圈等动作。音乐结束。〕

众禾苗：（边说边做口渴、饥饿的动作）农夫农夫，我们快渴死了，快给我们水喝。农夫农夫，我们快饿死了，快给我们施肥。

〔众角色退场。〕

第四幕　大丰收

场景：田地旁（有一个大树桩）。

〔音乐《春晓》（伴奏）响起。报幕员1、报幕员2出场。〕

报幕员1：守株待兔不可靠，收获全凭勤耕耘。

报幕员2：瞧，大家迎来丰收年。

报幕员1、报幕员2：请欣赏第四幕“大丰收”。

〔报幕员1、报幕员2退场。农夫哥哥和农夫弟弟出场。〕

农夫弟弟：哥哥呀，你天天去等兔子，结果兔子没等到，等来了一堆杂草。现在懒惰，将来难过，还是快跟我一起去劳动吧。(边说边做招手的动作)

〔音乐《劳动最光荣》响起。〕

农夫哥哥：是呀，天上根本不会掉馅饼。要想过上幸福的生活，还得靠劳动来创造。(和弟弟一起随乐做锄地、浇水等动作)

〔音乐《送你一朵山茶花》(伴奏)响起，众演员拿着手摇铃、腰鼓、沙锤等乐器出场。〕

众演员：(合唱)送你一颗大南瓜，红红的好像天上的太阳。你的模样真漂亮，像太阳一个样。

〔所有演员边演奏手摇铃、腰鼓、沙锤等边唱歌，谢幕，退场。〕

狼大叔的红焖鸡

设计、执教：高燕英　罗超城
指　　　导：池　频

活动缘起

图 10-1　《狼大叔的红焖鸡》封面

绘本《狼大叔的红焖鸡》讲述的故事是：一头贪吃的狼，他的爱好就是吃各种各样的美食。一天，他突然想吃红焖鸡。他花了一整天，在森林里走来走去，终于发现一只母鸡，红烧正合适。正准备抓猎物时，狼有了一个新的主意——如果把母鸡养胖一点，就能吃到更多的肉了。于是，狼大叔先后给母鸡送去了一百个香喷喷的煎饼、一百个香酥的甜甜圈、一百磅重的香甜蛋糕。当狼大叔觉得万事俱备、准备抓母鸡时，母鸡及其孩子感谢狼大叔送给他们的礼物。鸡宝宝们跳到狼大叔的身上，亲了他一百下，并赞扬他是世界上最好的厨师。狼大叔没吃到红焖鸡，但吃到了鸡太太给他做的丰盛晚餐。

诙谐的狼大叔和一反常态的故事情节，让这本绘本显得与众不同。教师和幼儿准备开展创意戏剧活动“狼大叔的红焖鸡”，鼓励幼儿在循序渐进的阅读、猜想、改编的过程中，想象、创造、自主表现，用喜欢的方式演绎自己心中狼大叔和母鸡之间的温情故事。

预期活动目标

一、根据故事中的线索，合理猜想，与同伴、家长合作创编故事，并将绘本《狼大叔的红焖鸡》转化为剧本。

二、掌握自己扮演的角色的台词、动作等，能用动作、表情、语言等大胆表现，与同伴合作，完整、连贯、生动地表演。

三、能选择自己喜欢的材料，布置森林、母鸡的家等场景；能选择适宜的材料，与同伴、教师、家长合作设计并制作表演的服饰和道具。

四、学习解决游戏中的问题，培养团结、友爱、互助、谦让的良好品质。

五、会欣赏同伴的表演，感受与同伴一起合作表演的乐趣。

预设活动网络图

第一阶段：剧本的产生

- （1）家庭活动：亲子阅读
- （2）教学活动：狼大叔的红焖鸡①（语言·早期阅读）
- （3）教学活动：狼大叔的红焖鸡②（语言·早期阅读）

↓

第二阶段：戏剧的创作

- （1）教学活动：母鸡和狼（艺术·韵律）
- （2）教学活动：做蛋糕（艺术·韵律）
- （3）游戏活动：制作服饰（美工区）
- （4）教学活动：母鸡的结局（语言·讲述活动）

↓

第三阶段：戏剧的展演

- （1）教学活动：我的角色我做主（社会·自我成长）
- （2）游戏活动：戏剧彩排（表演区）
- （3）游戏活动：戏剧展演（表演区）

活动过程

第一阶段：剧本的产生

活动开展前，教师发出倡议书并向家长介绍绘本，建议家长不提前和幼儿讲述或阅读完整的绘本，而以“阅读—猜想—验证”的方式引导幼儿阅读，为幼儿提供猜想的空间，激发幼儿想象、创编的兴趣。教师将通过家庭活动、区域活动等，鼓励幼儿创编多样的剧本。

为了支持幼儿更好地创编剧本，教师计划通过两次语言活动，帮助幼儿理解绘本内容。活动中，教师将引导幼儿观察绘本中角色的表情、动作，猜想角色的对话，逐步了解故事情节的发展，为创编剧本的第一幕、第二幕做好充足的准备。区域活动中，教师将引导幼儿分为几个小组，集体协商、创编剧本，组合并确定第一幕、第二幕剧本的内容。

活动一　狼大叔的红焖鸡①

教学活动
语言·早期阅读

活动目标

·认真阅读绘本第一部分，仔细观察绘本中角色的表情和动作，猜想第一部分的内容。

活动准备

·经验准备：（1）幼儿已观察绘本的封面和第2～3页。（2）幼儿已有创编剧本的经验。

·材料投放：绘本《狼大叔的红焖鸡》人手一册。

活动过程

一、出示绘本《狼大叔的红焖鸡》的封面和第2～3页画面，激发幼儿的兴趣。

引导语：封面上，大树后面的狼大叔戴着什么帽子，他为什么要盯着母鸡？他们会发生什么事？我们一起来看看吧！第 2～3 页中，狼大叔正在做什么？他在想什么？

二、引导幼儿自主阅读绘本第 4～9 页，猜想故事内容并与同伴交流。

（一）引导幼儿自主阅读绘本 4～9 页，提出阅读要求。

引导语：接下来发生了什么事？可以和身边的小朋友轻声说一说。

（二）幼儿自主阅读，并与同伴交流自己猜想的故事内容。

三、师幼共读绘本第 4～9 页，引导幼儿进一步了解故事内容，并猜测角色间的对话。

（一）师幼共读第 4～5 页。

提问：森林里的狼大叔发现了母鸡，他想干什么？

（二）引导幼儿围绕“狼大叔如何智取母鸡”展开猜想，大胆表达自己的想法。

1. 围绕故事内容提出问题。

提问：狼大叔觉得这只鸡红烧正合适，你觉得狼大叔会用什么办法抓这只母鸡呢？

2. 鼓励幼儿猜想，并与同伴交流。

3. 集体分享。

（三）师幼共读第 6～7 页。

提问：狼大叔能不能抓到母鸡？你从画面中哪里看出来了？

（四）师幼共读第 8～9 页。

提问：狼大叔为什么放弃抓这只母鸡？

活动延伸

· 游戏活动：在语言区投放绘画材料，鼓励幼儿将自己想到的如何抓住母鸡的方法画下来，编进自己的剧本里；投放桌面手偶，引导幼儿尝试讲述绘本《狼大叔的红焖鸡》第 2～9 页的内容。

· 家园共育：鼓励幼儿回家与家长一起创编第一幕剧情，将剧本画下来或请家长帮忙用文字记录下来。

活动二　我编的剧本①

游戏活动
语言区

活动目标

· 能与同伴交流并合作创编第一幕剧本。

活动准备

· 材料投放：绘本《狼大叔的红焖鸡》、图画本、彩笔。

活动过程

一、介绍区域材料，提出游戏要求。

（一）引导幼儿独立想象或结伴讨论狼大叔尾随母鸡的过程中发生的事，将创编的角色和台词用图画、符号等记录下来。

（二）鼓励幼儿将画下来的图片按照角色、表情、动作分类摆放，然后自由结伴，合作讲述角色的出场顺序、表情、动作等。

二、幼儿游戏，教师观察指导。

观察要点：幼儿能否自主、大胆地创编第一幕剧本，是否愿意与同伴交流；幼儿能否用自己喜欢的方式记录自己的所思所想。

三、幼儿作品选评。

图 10-2　幼儿创编的剧本一

（幼儿创编的剧本一：吃饱喝足的狼大叔又开始想下一餐要吃的食物了。狼大叔想：“啊，我还想吃香喷喷的米饭，刚吃完的那条鱼实在是太美味了，等会儿再来一条大鱼、一只大肥鸡就更好了，最后来一杯冰可乐，完美！”）

图 10-3　幼儿创编的剧本二

（幼儿创编的剧本二：一天，狼大叔很想吃鸡腿。他想：该怎么办才能吃到美味的鸡腿呢？这时，他看到了一只母鸡。）

图 10-4　幼儿创编的剧本三

（幼儿创编的剧本三：一天，鸡妈妈孵了很多的蛋。鸡妈妈睡着了。这个时候，狼大叔来了。他拿出了武器——钳子，把鸡妈妈孵的蛋全拿走了。那时候，鸡妈妈还没发现。）

图 10-5　幼儿创编的剧本四

（幼儿创编的剧本四：狼大叔想吃鸡腿，他遇到了一只母鸡，就想着食材——可乐、罗勒叶、盐、可乐。你们猜猜看，他要做什么美食呢？狼大叔趁着鸡妈妈睡觉、鸡爸爸出差，想偷些鸡蛋回家。）

活动三　狼大叔的红焖鸡②

教学活动
语言·早期阅读

活动目标

·认真阅读绘本第二部分，仔细观察角色的表情和动作，猜测第二部分的内容。

活动准备

·经验准备：幼儿已编完第一幕剧本。

·材料投放：绘本《狼大叔的红焖鸡》人手一册。

活动过程

一、引导幼儿回忆绘本第一部分（第 2～9 页）的故事，猜想第二部分（第 10～19 页）的故事。

引导语：狼大叔想，要是把母鸡养胖一点，就可以吃到更多的肉了。那么狼大叔到底会做什么好吃的给母鸡吃，把母鸡养胖呢？我们一起往下看。

二、引导幼儿自主阅读绘本第二部分（第 10～19 页），猜测故事的内容。

（一）引导幼儿自主阅读绘本第二部分（第 10～19 页）。

（二）引导幼儿带着问题再次阅读第二部分（第 10～19 页）并熟悉绘本的内容。

提问 1：狼大叔做了哪些点心？一共做了几次？

提问 2：狼大叔三次送东西的路上都说了一句什么话呢？

三、引导幼儿阅读绘本第二部分（第 10～19 页），理解绘本的故事情节、猜测狼大叔的独白。

（一）引导幼儿阅读第 10～11 页，认真观察画面细节。

提问 1：狼大叔在哪里？你从哪里看出来了？

提问 2：你觉得狼大叔要做什么呢？

（二）引导幼儿阅读第 12～17 页。

提问：狼大叔在送东西时，小声念叨什么？

（三）引导幼儿阅读第 18～19 页。

提问：狼大叔送完三次东西后，这次去母鸡家的路上，他会想什么？

四、引导幼儿比较绘本中狼大叔三次送东西的背景。

（一）引导幼儿观察绘本中狼大叔三次送东西的背景。

提问：狼大叔第一次送东西时月亮是什么形状的？第二次呢？第三次呢？

（二）鼓励幼儿梳理提升。

小结：从背景中可以看到，月亮从月牙到半月再到满月，说明狼大叔用了半个月的时间把母鸡养胖。

活动延伸

· 游戏活动：在语言区投放绘本《狼大叔的红焖鸡》，引导幼儿尝试讲述、创编《狼大叔的红焖鸡》第二幕剧情。

· 家园共育：亲子创编《狼大叔的红焖鸡》第二幕剧情。

活动四　我编的剧本②

游戏活动
语言区

活动目标

· 能结合第一幕剧本，与同伴合作创编第二幕剧本，用图画、符号等多种形式记录下来。

活动准备

· 材料投放：绘本《狼大叔的红焖鸡》、图画本、彩笔、角色相关的手偶等。

活动过程

一、提出创编第二幕剧本的任务与要求。

（一）引导语：狼大叔会想什么办法把母鸡养胖呢？请小朋友们大胆想

象，创编第二幕剧本。

（二）要求：（1）将创编的角色和台词用图画、符号等记录下来。（2）完成记录后，自由结伴，选择喜欢的手偶等材料，交流分享自己创编的剧本。

二、幼儿游戏，教师观察指导。

观察要点：幼儿能否自主、大胆地创编第二幕剧本，能否用图画、符号等记录下来；幼儿能否操作手偶与同伴交流分享自己创编的剧本。

三、幼儿作品选评。

引导语：你的剧本里，狼大叔都想了什么办法来把母鸡养胖呢？

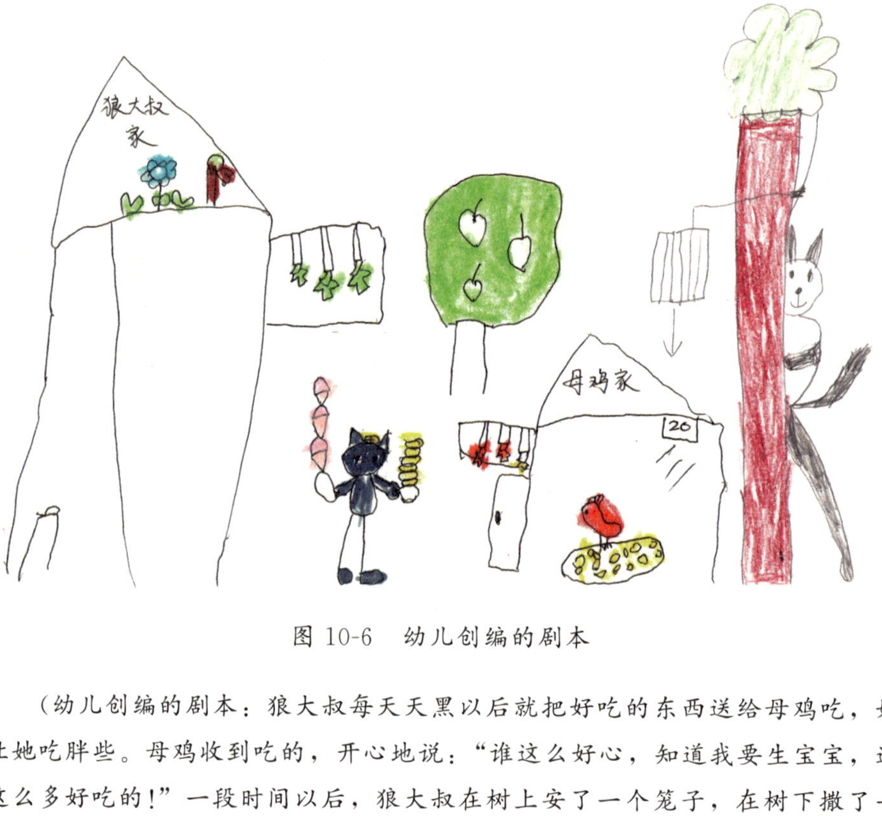

图 10-6　幼儿创编的剧本

（幼儿创编的剧本：狼大叔每天天黑以后就把好吃的东西送给母鸡吃，好让她吃胖些。母鸡收到吃的，开心地说："谁这么好心，知道我要生宝宝，送这么多好吃的！"一段时间以后，狼大叔在树上安了一个笼子，在树下撒了一些虫子和米。母鸡看见了虫子和米，就跑过来吃。躲在树后的狼大叔乘机把笼子放下去，肥肥的鸡就这样被抓住了。）

活动五　我编的剧本③

游戏活动
语言区

活动目标

- 能组合第一幕、第二幕的剧本内容。
- 乐于与同伴分享。

活动准备

- 材料投放：绘本《狼大叔的红焖鸡》、图画本、角色相关的手偶等。

活动过程

一、提出游戏要求。

（一）用完整的语言讲述第一幕、第二幕剧本。

（二）自由结伴，选择喜欢的方式，交流自己创编的剧本。

二、幼儿游戏，教师观察指导。

观察要点：幼儿能否用完整的语言讲述剧本的内容；幼儿能否操作手偶，与同伴交流自己创编的剧本。

三、讲评。

引导语：今天你讲述的剧本内容是什么？你是用什么方式表现剧本内容的？

四、引导幼儿通过协商、投票等方式，确定戏剧剧目。

幼儿确定的第一幕、第二幕内容如下。

第一幕：贪吃的狼大叔。

第二幕：狼大叔送点心。

第一阶段的反思

在教师的指导下，家长改变以往引导幼儿阅读绘本的方式，陪伴幼儿逐页进行“阅读—猜想—验证”式的阅读，为幼儿创编剧本奠定了良好的基础。

本阶段，幼儿大胆猜测和想象狼大叔在尾随母鸡过程中发生了哪些事、狼大叔用了什么办法把母鸡养胖……通过幼儿口述、家长记录或幼儿自主绘画等方式，幼儿创作出许多不同情节的剧本。经过协商、投票等，幼儿确定了第一幕、第二幕的剧本。故事结尾是什么？这是本次戏剧活动的悬念，我们将在第二阶段结束时和幼儿共同创编。

第二阶段：戏剧的创作

基于前期创编的两幕剧本，教师准备通过游戏化的方式，与幼儿合作开展一系列戏剧创作活动：如何让大家感受狼大叔和家人在一起的快乐时光？如何表现狼大叔尾随母鸡的情景？狼大叔在厨房里是如何做点心的？……教师将鼓励幼儿寻找自己喜欢的乐曲，迁移歌唱、韵律、演奏等已有的经验，即兴创编，通过动作、声音创造性地表现狼大叔、母鸡以及锅、碗、瓢、盆等自己喜欢的角色。

活动一　打起手鼓唱起歌①

教学活动
艺术·歌唱

活动目标

·感受歌曲《打起手鼓唱起歌》欢快的节奏及优美的旋律，能用自然的声音表现歌曲欢快的情感。

·学习弱起的演唱方法，尝试用自己喜欢的动作表现对歌曲的理解，体验歌唱的乐趣。

活动准备

·材料投放：音乐《打起手鼓唱起歌》及图谱。

活动过程

一、播放歌曲《打起手鼓唱起歌》，引出活动内容。

提问：你们知道《打起手鼓唱起歌》是什么类型的歌曲吗？

小结：这是一首新疆民歌，歌曲告诉人们新疆百姓的快乐生活。

二、引导幼儿完整欣赏歌曲，感受民歌欢快的节奏及优美的旋律。

（一）配乐完整演唱，引导幼儿初步感受民歌欢快的节奏及优美的旋律。

引导语：让我们一起听一听这首好听的歌曲里唱了哪些有趣的事情。

（二）再次配乐完整演唱，鼓励幼儿跟随教师的演唱，用自己喜欢的动作表现自己对歌曲的理解。

三、引导幼儿借助图谱，理解并朗诵歌词。

（一）出示图谱，以问题为导向，启发幼儿边观察图谱，边理解歌曲内容，记忆歌词。

提问：歌曲里你听到了哪些小动物？歌曲里是怎么说的？

（二）根据幼儿的回答指图清唱每一句歌词，帮助幼儿理解歌词内容。

（三）引导幼儿看图谱有节奏地朗诵歌词。

四、引导幼儿用多种形式学唱歌曲，重点学习借助小铃铛的提示演唱弱起小节。

（一）用整首跟唱法学唱歌曲：帮助幼儿对歌曲留下完整印象，重点引导幼儿听前奏，借助小铃铛的提示唱准弱起小节的节奏。

（二）用分组法学唱歌曲：引导幼儿在欣赏同伴的演唱和自我演唱中感受演唱歌曲的乐趣。

五、引导幼儿完整演唱歌曲，大胆用自己喜欢的动作边唱边表现对歌曲的理解。

引导语：让我们一起用喜欢的动作跟着音乐来演唱歌曲吧。

活动延伸

· 游戏活动：在表演区投放音乐《打起手鼓唱起歌》及图谱，鼓励幼儿随乐自由演唱，熟悉歌词。

活动二 打起手鼓唱起歌②

教学活动
艺术·演奏

活动目标

·进一步感受歌曲《打起手鼓唱起歌》欢快、优美的特点，理解歌曲所表达的快乐情绪。

·认真听前奏，能用自己喜欢的乐器随乐表现“X X | X X | ”“X X X X | X X X X | ”“X X X | X X X | ”三种不同的节奏型。

·学习看图谱演奏乐器，体验与同伴共同演奏的乐趣。

活动准备

·经验准备：幼儿已学会演唱歌曲《打起手鼓唱起歌》，了解歌曲欢快、优美的特点。

·材料投放：非洲鼓、沙球、碰铃三种乐器，音乐《打起手鼓唱起歌》及演奏图谱。

·环境创设：将幼儿座位摆放成三组。

活动过程

一、复习歌曲《打起手鼓唱起歌》，鼓励幼儿随乐边唱边用喜欢的动作表演。

引导语：今天请小朋友们一起演唱我们学过的歌曲《打起手鼓唱起歌》，你们可以边唱边用自己喜欢的动作表演。

二、随乐逐一演示演奏图谱，引导幼儿随乐观察图谱。

（一）出示图谱，引导幼儿观察，猜测图谱的意思。

提问：图谱里出现了哪几种乐器？为什么有的乐器大，有的乐器小？听一听，它们的节奏有什么不同？

（二）引导幼儿听歌曲、看图谱，用多种方式练习节奏。

1. 引导幼儿听歌曲，自主用拍手、跺脚等动作表现歌曲的节奏。

2. 启发幼儿思考间奏部分的音乐可以做什么动作。

3. 组织幼儿听歌曲再次练习。

三、出示三种乐器，引导幼儿用乐器演奏。

（一）引导幼儿自主探索三种乐器的演奏方法，并与同伴配合，尝试演奏“X X | X X |”“$\underline{X\,X}\ \underline{X\,X}$ | $\underline{X\,X}\ \underline{X\,X}$ |”“$\underline{X\,X}$ X | $\underline{X\,X}$ X |”三种不同的节奏型。

（二）集中分享：引导幼儿介绍自己的配器方案；整合幼儿的想法，形成合理的配器方案。

（三）引导幼儿分别根据不同的配器方案，随乐演奏；提醒幼儿注意听前奏、看着图谱演奏。

四、鼓励幼儿交换乐器，轮流选择喜欢的配器方案演奏，充分感受与同伴合作演奏的乐趣。

活动延伸

· 游戏活动：在表演区投放音乐《打起手鼓唱起歌》及演奏图谱，鼓励幼儿选择自己喜欢的乐器继续演奏“X X | X X |”“$\underline{X\,X}\ \ \underline{X\,X}$ | $\underline{X\,X}\ \ \underline{X\,X}$ |”“$\underline{X\,X}$ X | $\underline{X\,X}$ X |”三种不同的节奏型。

活动资料

打起手鼓唱起歌（演奏图谱）

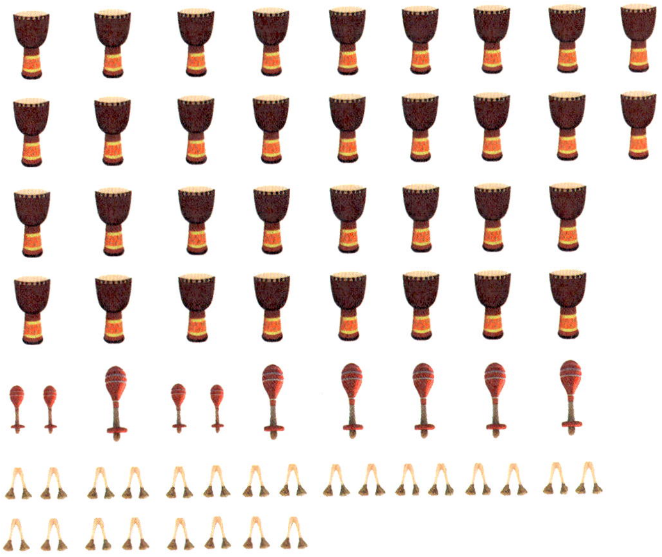

活动三　母鸡和狼

教学活动
艺术·韵律

活动由来

随着活动的推进，一些幼儿认为带有紧张氛围的音乐才比较符合狼大叔尾随母鸡的情境。于是，师幼一起找到了《Pink Elephants》《Hall of the Mountain King》等音乐。在反复欣赏、讨论后，幼儿进行了投票，多数幼儿认为《Hall of the Mountain King》更符合剧情。

活动目标

- 欣赏乐曲诙谐、紧张的特点，感受乐曲的节奏变化。
- 能跟随乐曲，有节奏地练习母鸡行走、转头及狼大叔尾随、躲藏的动作。
- 感受和同伴合作游戏的乐趣。

活动准备

- 材料投放：音乐《Hall of the Mountain King》及图谱，手偶，障碍物（大树、石头、草堆等）。
- 环境创设：创设森林情境。

活动过程

一、引导幼儿欣赏乐曲，感受乐曲诙谐、紧张的特点。

（一）导入故事情境，引导幼儿更好地感受乐曲。

引导语：森林里，狼大叔躲在大树背后，发现了前面正在散步的母鸡。他们之间发生了什么事？

提问1：这段乐曲给你什么样的感觉？

提问2：他们之间发生了什么事呢？

（二）引导幼儿再次听乐曲，感受乐曲的节奏变化。

提问1：这段乐曲有什么变化呢？

金教鞭

提问2：前面乐曲慢的时候，狼大叔和母鸡可能在做什么？后面乐曲快的时候，狼大叔和母鸡可能在做什么？

二、借助图谱，引导幼儿感受乐曲的节奏变化，练习母鸡行走、转头及狼大叔尾随、躲藏的动作。

（一）随乐画出狼大叔的行走图谱（参见“活动资料”中的图谱一），帮助幼儿理解乐曲中狼大叔行走的节奏及速度（竖线越密集，表示节奏越快）。

引导语：狼大叔走路的速度有什么不一样？我们来看一看。

（二）逐步丰富图谱，添加母鸡转头的图标（参见“活动资料”中的图谱二），帮助幼儿感受母鸡与狼大叔的互动。

提问：母鸡发现了尾随在身后的狼大叔吗？母鸡转头时，狼大叔应该怎么样呢？

（三）引导幼儿迁移经验，尝试用手偶表演，熟悉乐曲的节奏。

三、引导幼儿创编动作，感受躲藏游戏带来的乐趣。

（一）引导幼儿在情境中完整表现乐曲，创编行走的动作。

提问：母鸡在森林里散步时，会怎么行走？尾随母鸡时，狼大叔应该怎么样行走才不会被母鸡发现呢？

（二）引导幼儿再次完整表现乐曲，寻找躲藏的好办法。

提问：怎样躲藏可以又快又隐蔽呢？你有什么好方法可以和我们分享吗？

（三）引导幼儿设计乐曲末尾母鸡关门的动作。

提问：最后关门，母鸡是怎做的？

（四）师幼配合，完整表现乐曲。

四、组织幼儿开展多种形式的合作游戏，感受音乐快慢、强弱的变化与情节的关联性。

（一）一名幼儿扮演母鸡，其余幼儿扮演狼大叔。

提问：狼大叔尾随母鸡时，他的心情是怎样的？表情可以怎么表现呢？

（二）多名幼儿扮演母鸡，其他幼儿扮演狼大叔。

活动延伸

· 游戏活动：鼓励幼儿在表演区选择自己喜欢的乐器演奏乐曲。

· 家园共育：请家长在家庭表演中与幼儿一起探讨可以产生哪些新的角色。

活动资料

Hall of the Mountain King（图谱一）

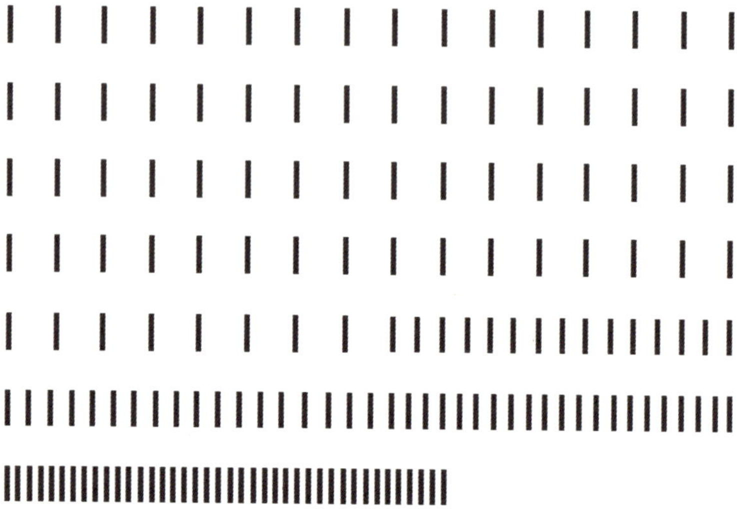

Hall of the Mountain King（图谱二）

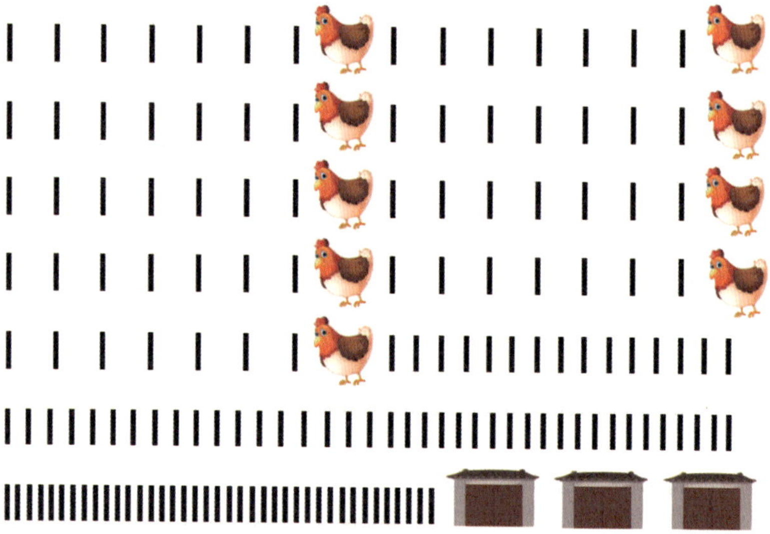

活动四 锅、碗、瓢、盆

教学活动
艺术·韵律

活动目标

· 感受歌曲活泼、欢快的风格，能跟随 A 段和 B 段歌曲节奏变换锅、碗、瓢、盆的动作和造型。

· 享受随乐绕圈走和摆造型的快乐。

活动准备

· 材料投放：锅、碗、瓢、盆实物，音乐《灞波儿奔奔波儿灞》。

活动过程

一、问题导入。

提问：狼大叔走进厨房开始准备，猜猜看，他选了什么道具做食物呢？

二、引导幼儿听歌曲《灞波儿奔奔波儿灞》，感受歌曲的活泼、欢快，在观察教师的动作中理解摆造型的节奏点。

（一）引导幼儿听歌曲，感受歌曲的活泼、欢快。

提问：歌曲给你什么样的感觉？

（二）引导幼儿再次听歌曲，鼓励幼儿在 B 段摆造型的地方拍手。

提问：锅、碗、瓢、盆在厨房里快乐地飞舞着，摆着自己认为最美的造型。小朋友们想一想，歌曲中哪里像是在摆造型，哪里像是在快乐地飞舞呢？说出你的理由。

（三）播放歌曲，教师跟随歌曲节奏摆造型，验证幼儿的猜想。

（四）鼓励幼儿熟悉 B 段歌曲，用自己喜欢的动作摆造型。

三、出示锅、碗、瓢、盆，鼓励幼儿创编与道具相关的造型。

（一）引导幼儿自由选择锅、碗、瓢、盆，创编与道具相关的造型。

（二）引导幼儿跟随 B 段歌曲，自由表现。

四、引导幼儿随 A 段歌曲律动，感知歌曲的节奏。

引导语：现在让我们一起在厨房里快乐地飞舞吧！

五、引导幼儿随乐学习绕圈走与摆造型。

引导语：听到旋律变换时，锅、碗、瓢、盆就要围圈摆造型哦！

引导幼儿随乐律动，感受动作与旋律的配合；重点观察幼儿在绕圈走与摆造型时的动作情况。

活动五　做煎饼

教学活动
艺术·歌唱

活动目标

·理解歌曲的内容，感受歌曲欢快的旋律，用自然、好听的声音演唱歌曲。

·改编歌曲，体验改编歌曲带来的乐趣。

活动准备

·经验准备：幼儿已经熟悉歌曲《粉刷匠》。

·材料投放：音乐《粉刷匠》(伴奏)。

活动过程

一、引导幼儿演唱歌曲《粉刷匠》。

引导语：我们已经学习了歌曲《粉刷匠》，我们一起来唱一唱吧。

二、引导幼儿回忆《粉刷匠》的歌词，根据《狼大叔的红焖鸡》的剧情逐句改编原歌词。

(一) 演唱改编后的第一句歌词，引导幼儿倾听，并提醒幼儿注意歌词不同的地方。

提问：老师演唱的《粉刷匠》和原来的有什么不一样？

(二) 简单绘制对应的图谱，引导幼儿演唱改编后的第一句歌词。

小结：原来我们把戏剧情节编进了歌曲里。

(三) 引导幼儿依次回忆《粉刷匠》的歌词，根据《狼大叔的红焖鸡》剧情找到合适的词替代，确定改编后的歌词。

提问：歌词第二句是“我要把那新房子刷得很漂亮”。那狼大叔可以做什么事呢？第三句是“刷了房顶又刷墙，刷子飞舞忙”。这是刷房子的方法，那么狼大叔做煎饼又是怎么做的呢？歌词第四句是“哎呀我的小鼻子，变呀变了样”。那狼大叔做了煎饼后又会发生什么事呢？

（四）鼓励幼儿将改编好的歌词用绘画的方式记录下来。

三、引导幼儿熟悉新歌词，随乐演唱。

（一）选择并展示幼儿绘制的图片，引导幼儿演唱改编后的新歌。

（二）鼓励幼儿在演唱中检查替换歌词的合理性，在不断调整中确定最适宜的歌词。

（三）幼儿集体随乐演唱。

（四）幼儿分组接唱。

活动延伸

· 游戏活动：鼓励幼儿在表演区边唱改编后的新歌边表演，熟悉改编后的歌词。

活动资料

做煎饼（替代《粉刷匠》的歌词）

我是一个好厨师，煎饼做得香。
我要把那老母鸡，喂得肥又胖。
撒点芝麻撒点葱，煎饼做好啦。
哎呀我的老母鸡，吃得饱饱的。

活动六　做面包

教学活动
艺术 · 韵律

活动目标

· 感受乐曲的欢快、活泼，尝试创编面粉、面团和面包师的不同动作。

·能随乐曲的变化表现做面包的过程，感受与同伴合作表演的乐趣。

活动准备

·经验准备：幼儿初步了解做面包的流程，看过做面包过程的录像。

·材料投放：红、黄手腕花，奥尔夫音乐《从头到脚》（节选一个完整的ABA′片段）。

活动过程

一、引导幼儿尝试随乐表现面粉变面包的过程。

（一）引导幼儿讨论和面粉时面粉的动作，尝试随A段乐曲表现。

提问：面包师和面粉时，面粉会变成什么样？我们可以用什么动作来表示面粉转动？

1. 一对多游戏。

引导语：我来当面粉，你们当面包师，请大家看看面粉是怎么转动的。

提问：面粉是怎么转动的？

2. 请若干名幼儿当面粉，其他幼儿当面包师。

引导语：面粉们，我们一起和面包师合作做面包吧。

3. 鼓励幼儿大胆表现，根据幼儿表现情况梳理、提升动作。

（二）组织幼儿结伴，分角色表现面粉与面包师的互动。

引导语：现在，请一部分小朋友当面粉，一部分小朋友当面包师。我们听着乐曲玩一玩这个游戏。（可以用手腕花区分角色进行游戏，游戏中提示幼儿注意互动等。）

（三）引导幼儿随乐游戏。

（四）引导幼儿观察揉面团时面包师与和面团的动作，尝试随B段乐曲表现。

1. 请幼儿仔细观察两位教师的随乐表演。

引导语：面包师是怎样揉面团的呢？面团又会有什么样的反应呢？请你们仔细地看一看。

提问：面包师是怎么揉面团的？揉了面团的几个部位？面包师揉面团的时候，面团是怎么做的？

2. 引导幼儿尝试跟随B段乐曲自由表现面团的动作。

3. 鼓励幼儿自选角色，随乐结伴表现面包师与面团的互动。

（五）引导幼儿探索捏造型时面包师与面团的互动，尝试随 A′段乐曲表现。

1. 请幼儿仔细观察两位教师的随乐表演。

引导语：面包师要捏造型啦！面包师会怎样捏造型？面团又会怎样变化呢？请大家仔细看一看。

2. 引导幼儿两两结伴，随乐表现面包师与面团在捏造型时的互动。

二、引导幼儿尝试进行双圈游戏，体验结伴游戏的快乐。

（一）组织幼儿根据手腕花颜色站成双圈。

引导语：现在，请戴红色手腕花的小朋友当面粉，其余小朋友当面包师。请面粉站在面包师的对面，这样大家就站成了双圈。

（二）明确里圈、外圈的游戏角色：外圈为面包师，里圈为面粉。

（三）鼓励幼儿尝试随乐完整游戏；视幼儿游戏情况，肯定合乐游戏和积极互动的幼儿。

活动延伸

· 游戏活动：在表演区提供奥尔夫音乐《从头到脚》，引导幼儿分角色表演。

· 家园共育：向家长提供奥尔夫音乐《从头到脚》，供家长和幼儿在家中游戏。

活动七　做蛋糕

教学活动
艺术 · 韵律

活动目标

· 感受乐曲的欢快、活泼，能随乐与同伴交替表现蛋糕的造型。

· 体验与同伴合作表演的乐趣。

活动准备

· 经验准备：幼儿欣赏过多种蛋糕的外形。

· 材料投放：音乐《做蛋糕》。

活动过程

一、以邀请幼儿参加舞会的名义导入活动，激发幼儿的兴趣。

引导语：今天大家要被邀请参加蛋糕的舞会，想一想，你要变成什么蛋糕，用什么造型出场呢？

二、引导幼儿完整欣赏乐曲《做蛋糕》，感受乐曲的欢快、活泼。

（一）引导幼儿完整欣赏乐曲，感受欢快、活泼的旋律。

提问：今天老师带来一首乐曲，听起来给你一种什么样的感觉？

（二）引导幼儿再次完整倾听，感受 A、B 段乐曲的不同。

提问：哪里像是出场的乐曲，哪里像是变换造型的乐曲呢？为什么？

三、引导幼儿学习律动，体验一起律动的快乐。

（一）引导幼儿随 B 段乐曲变造型。

通过"转圈变造型，换一个；转圈变造型，换一个"的情境性语言，提示幼儿随乐变造型。

（二）引导幼儿听口令和乐曲，练习动作。

（三）引导幼儿听乐曲练习，进一步熟悉动作。

（四）引导幼儿围圈跳，感受随乐与同伴交替表现蛋糕的不同造型的乐趣。

引导语：围起一个圈，你们可以商量是里圈还是外圈的蛋糕宝贝先变造型。

（五）引导幼儿分组随 A 段乐曲自由出场，熟悉 A 段乐曲。

四、引导幼儿随乐完整表演，感受与同伴交替表现蛋糕造型的乐趣。

活动延伸

· 游戏活动：在表演区提供音乐《做蛋糕》，引导幼儿自主装扮角色进行表演。

· 家园共育：向家长提供音乐《做蛋糕》，供家长陪伴幼儿在家中开展律动活动。

活动资料

做蛋糕（乐曲）

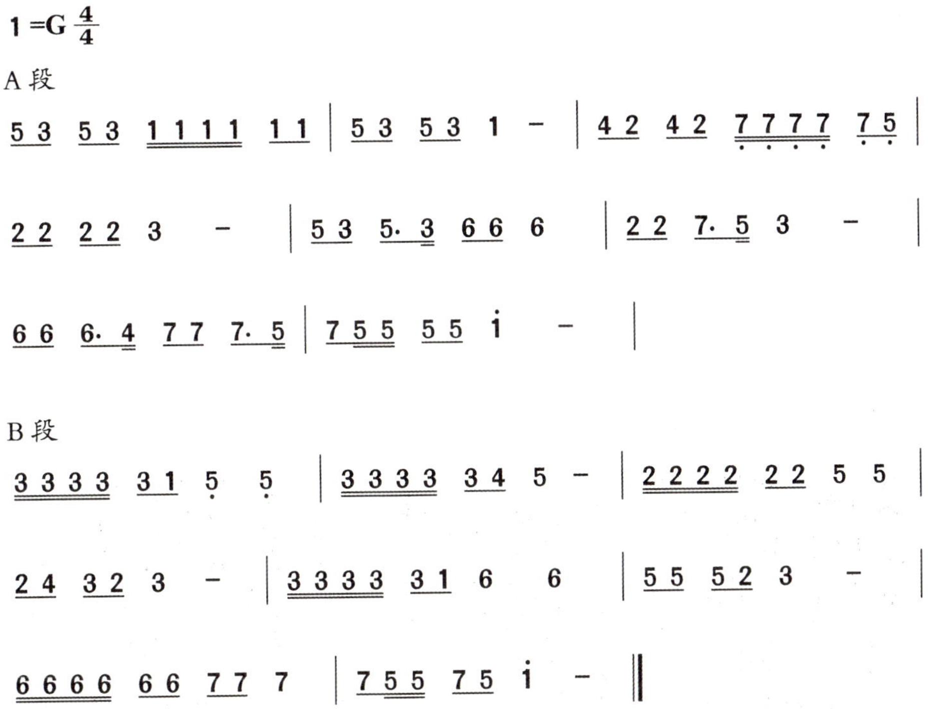

活动八 我喜欢的食物

游戏活动
美工区

活动目标

·能选择自己喜欢的材料，用团圆、压扁、镶嵌、揉搓等方式，表现自己喜欢的食物。

活动准备

·经验准备：幼儿已有团圆、压扁、揉搓等技能。

·材料投放：煎饼、甜甜圈、蛋糕等食物的图片，超轻黏土，美工刀，亮片等装饰材料。

活动过程

一、欣赏多种多样的食物，导入活动。

展示煎饼、甜甜圈、蛋糕等的图片，鼓励幼儿说说自己喜欢哪种食物、为什么，导入活动——制作自己喜欢的食物。

二、介绍材料，提出制作要求。

（一）根据食物的造型，用团圆、压扁、镶嵌、揉搓等技能，制作自己喜欢的食物。

（二）选择适宜的材料进行制作与装饰，注意整体的造型美与色彩搭配。

（三）可独立自主制作，也可与同伴合作制作。

（四）制作时保持桌面整洁，活动结束后将所有的材料归类、整理好。

三、幼儿制作，教师观察指导。

观察要点：幼儿能否运用团圆、压扁、镶嵌、揉搓等技能；观察幼儿能否从造型、色彩等方面入手，进行创意制作。

四、请幼儿展示、介绍自己制作的作品。

图 10-7　幼儿作品一

图 10-8　幼儿作品二

图 10-9　幼儿作品三

活动九　母鸡的结局

教学活动
语言·讲述活动

活动目标

· 能认真观察画面，根据画面细节猜想和讲述。

· 能积极参与讲述活动，感受故事结局的有趣。

活动准备

· 经验准备：幼儿已阅读过绘本《狼大叔的红焖鸡》第 20～31 页。

· 材料投放：绘本《狼大叔的红焖鸡》人手一册。

活动过程

一、提问导入，引出讨论的主题。

鼓励幼儿自由发言，猜想故事的结尾。

提问：狼大叔走到母鸡家门口。猜猜看，他有没有抓到母鸡呢？为什么呢？

二、引导幼儿逐页观察并讲述绘本第 20～31 页的内容。

（一）引导幼儿观察第 20～23 页。

提问：狼大叔在母鸡家的门外，会想什么呢？门打开后，母鸡对狼大叔说了什么？狼大叔的表情是怎样的？

（二）引导幼儿观察第 24～27 页。

提问：母鸡是怎么向小鸡介绍狼大叔的？小鸡怎么跑到了狼大叔的身上，难道小鸡们就不怕狼大叔吃了他们吗？

（三）引导幼儿观察第 28～31 页。

提问：你觉得故事的结尾怎么样呢？

三、鼓励幼儿谈谈对绘本故事结尾的想法，感受结尾反转的乐趣。

提问：这样的故事结尾，你之前猜到了吗？现在知道了，心里有什么感觉？

四、引导幼儿完整讲述绘本《狼大叔的红焖鸡》第 20～31 页的内容。

活动延伸

· 游戏活动：在语言区鼓励幼儿大胆创编并记录故事的结尾。

图 10-10　幼儿创编的剧本一

（幼儿创编的剧本一：狼大叔送了一朵花给母鸡，他俩成了好朋友。狼大叔教母鸡做菜。）

（幼儿创编的剧本二：狼大叔和母鸡唱完歌，又一起去玩滑梯。他们玩得好开心啊！）

图 10-11 幼儿创编的剧本二

· 家园共育：请家长与幼儿一起寻找与“吻”相关的歌曲。

活动十 一百个香吻

教学活动
艺术·歌唱

活动目标

· 理解歌词，感受歌曲优美、欢快的旋律和蕴含的甜蜜、幸福的情感。

· 能用优美的声音演唱歌曲，体验歌唱活动的快乐。

活动准备

· 材料投放：剪辑后的音乐《给我一个吻》（伴奏）及图谱。

活动过程

一、谈话导入，引出歌曲《给我一个吻》。

引导语：狼大叔给小鸡送来了这么多好吃的东西，小鸡送什么礼物给狼大叔呢？让我们一起来听听小鸡准备的这份特别的礼物吧。

二、完整演唱，引导幼儿在反复倾听中理解、记忆歌词。

（一）完整范唱歌曲，引导幼儿初步感受歌曲旋律，了解歌曲内容。

提问：小鸡送了什么礼物给狼大叔呀？

（二）再次完整范唱歌曲，借助图谱，帮助幼儿记忆歌词。

1. 引导语：还有哪些歌词藏在我们的歌曲里？让我们再来听一听。

2. 根据幼儿描述，摆放相应图谱，并以单句演唱的方式，帮助幼儿记忆歌词。

3. 引导幼儿在反复倾听歌曲、匹配图谱的过程中，逐步记忆歌词。

4. 教师边唱歌边指图谱，引导幼儿验证图谱顺序，加深对歌词的理解。

三、带领幼儿看图谱学唱歌曲。

（一）用指图谱的方式帮助幼儿学唱歌曲。

引导语：歌曲里的秘密，我们都找出来啦，让我们一起来唱一唱吧。

（二）逐步退位，过渡到不指图谱，鼓励幼儿用轻声、好听的声音演唱。

（三）以“藏图”的形式，帮助幼儿记忆歌词并完整演唱。

引导语：如果没有图，你们能自己完整演唱歌曲吗？让我们来试一试。

四、师幼共同合乐演唱歌曲，鼓励幼儿用优美的声音演唱。

活动延伸

· 游戏活动：（1）鼓励幼儿在表演区随乐大胆演唱《给我一个吻》，熟悉歌曲。（2）引导幼儿在表演区创编第三幕剧本。

活动资料

给我一个吻（图谱）

活动十一　我们的头饰

游戏活动
美工区

活动目标

·能自主选择材料，运用画、剪、贴等方式，根据角色的特征制作头饰。

活动准备

·材料投放：多种头饰，剪刀、双面胶、发箍、超轻黏土、纸碗、毛球、夹子、亮片、卡纸等制作工具与材料。

活动过程

一、出示多种头饰，导入活动。

引导语：大家看一看这些头饰是用什么材料、什么方法制作的。

二、介绍材料，提出制作要求。

（一）根据角色的特征，选择喜欢的材料制作头饰。

（二）可以参考头饰范例的做法，大胆地制作。

（三）制作完成后，将所有的材料收拾好。

三、幼儿制作，教师观察指导。

观察要点：幼儿能否根据角色的特征选择合适的材料；头饰制作完成后，

幼儿能否主动将剩余的材料收拾好。

图 10-12　幼儿作品一

图 10-13　幼儿作品二

活动十二　狼大叔的红焖鸡

游戏活动
表演区

活动目标

·能自主选择《狼大叔的红焖鸡》中的剧目，与同伴选择适宜的材料合作布置场景并表演。

·能与同伴协商解决游戏中遇到的问题，体验合作游戏的快乐。

活动准备

·材料投放：戏剧表演所需音乐、头饰、道具，表演剧本，角色扮演表。

活动过程

一、介绍游戏玩法。

（一）与同伴协商合作，根据创编的剧本，选择自己喜欢的剧目进行表演。

（二）根据自己的兴趣和喜好，选择喜欢的音乐，表演剧目中的不同片段。

二、根据幼儿的游戏情况，提出游戏规则。

（一）共同协商、确定要表演的内容，遇到不同意见时可以用“黑白配”

等方式解决问题。

（二）选择适宜的头饰、道具装扮自己，明确相关角色的出场顺序。

（三）欣赏同伴的表演，做文明观众。

三、幼儿自主游戏，教师观察指导。

（一）观察要点：幼儿能否根据自己的意愿与同伴合作，选择《狼大叔的红焖鸡》中自己喜欢的剧目或角色进行表演；幼儿能否与同伴合作布置游戏场景，并根据角色的特征选择合适的材料装扮自己。

（二）指导要点：启发幼儿表演时，用表情、动作等创造性地表现戏剧中母鸡、狼大叔等角色的特征；引导幼儿自主协商、解决游戏中遇到的问题。

第二阶段的反思

这一阶段，教师结合幼儿的年龄特点以及幼儿对戏剧内容、情节的理解和兴趣，以游戏化的方式开展了多个教学活动，有融合了双人舞的韵律活动“做面包”、融合了民族歌舞的演奏活动“打起手鼓唱起歌”，更有改编流行歌曲的趣味歌唱活动“一百个香吻”。这些活动中，教师注重为幼儿创设自我表现、创意表达的机会，淡化表演动作整齐、统一的要求，鼓励幼儿大胆创作、自由表现。戏剧活动伴随着游戏结果的不确定性而产生了无限的可能性，极大地激发了幼儿参与和表现的兴趣。同时，教师在美工区、语言区、表演区等开展的活动为幼儿提供了大量与材料接触的机会。生活中的材料成为幼儿创作的素材。教师在戏剧活动中对幼儿创意想法的尊重、接纳、肯定、支持，让幼儿在第二阶段的戏剧活动中充分运用自己的“语言”表达了对《狼大叔的红焖鸡》的理解。

第三阶段：戏剧的展演

完成了戏剧创作，活动即将进入戏剧展演阶段。在戏剧展演前，幼儿要明确自己想竞选的角色。在家长的协助下，幼儿将为自己所竞选的角色设计台词、动作、表情等，为竞选活动做好准备。确定角色后，演员们要布置舞台、制作自己的角色服饰、进行戏剧彩排，体验道具设计师、编剧、演员等不同的角色，体验与同伴合作完成戏剧表演的成功与愉悦。在最后的戏剧展演中，每个幼儿都将是戏剧的主人，呈现他们最精彩的表演。

活动一　我为竞选做准备

家庭活动

活动目标

·明确自己要竞选的角色。

·能在家长的支持下，为自己所竞选的角色设计台词、动作、表情等，为竞选活动做好准备。

活动准备

·经验准备：幼儿已有心仪的角色。

·材料投放：《狼大叔的红焖鸡》戏剧角色竞选心愿卡等。

指导要点

一、利用班级微信群向家长介绍角色竞选的方法和规则。

竞选方法：幼儿根据自己的喜好选择一两个想竞选的角色，在家长协助下，为竞选角色做准备。

竞选规则：竞选当天，幼儿大胆自我介绍，向同伴展现自己的竞选才艺和竞选宣言，尝试用喜欢的方式为自己拉票；同伴现场投票，票数多者竞选成功；该轮未竞选成功的幼儿可参加其他角色的竞选。

二、利用录像，与家长、幼儿分享戏剧《狼大叔的红焖鸡》中各角色的特征，鼓励幼儿与家长分享自己的想法，确定想要竞选的角色。

三、幼儿表演，家长指导。

（一）指导幼儿大胆地说清楚自己的竞选宣言。

（二）指导幼儿随乐完整地用语言、动作、表情表现自己想竞选的角色的特征。

活动二　我的角色我做主

教学活动
社会·自我成长

活动目标

·能按照竞选规则，大胆地在集体面前介绍和表现自己要竞选的角色。

·能客观地评价自己和同伴的表现，正确地对待竞选结果。

活动准备

·经验准备：幼儿事先与教师一起统计了角色竞选心愿卡。

·材料投放：幼儿角色竞选心愿统计表、自制戏剧角色竞选板、投票卡、竞选表演所需音乐等。

活动过程

一、出示幼儿角色竞选心愿统计表，导入活动。

引导语：戏剧里的每一个角色都有很多小朋友竞选。老师知道每个小朋友都为自己的竞选做好了准备，让我们一同来为自己喜欢的角色努力吧。

二、介绍竞选规则和注意事项，帮助幼儿熟悉竞选的步骤。

（一）介绍竞选规则。

1. 按照竞选板上的角色顺序，参与竞选者依次出场表现。

2. 竞选步骤为：自我介绍—竞选展示—竞选宣言。

3. 同一角色竞选结束后，幼儿自主投票，竞选者可以用自己喜欢的方式为自己拉票。

4. 该角色竞选没有成功的幼儿，可以参加其他角色的竞选，直至竞选成功。

（二）提出注意事项。

注意事项：大胆表现；安静欣赏同伴的表演，通过观看他人对角色的表演，思考自己表演时的不足，并加以调整。

三、引导幼儿依照规则依次竞选及投票。

四、及时记录每一轮竞选和投票情况。

五、宣布竞选结果，引导幼儿享受与同伴公平竞选角色的快乐、学习正确对待竞选结果。

（一）公布角色入选名单。

（二）请个别幼儿分享竞选的感受，帮助幼儿正确面对输赢。

活动延伸

· 游戏活动：鼓励幼儿在表演区练习扮演自己所竞选的角色。

· 家园共育：向家长反馈竞选过程和结果，请家长引导幼儿正确面对输赢，并协助幼儿练习相关的角色表演。

活动三　制作角色服装

家庭活动

活动目标

· 根据自己所竞选的角色，与家长在家中寻找适宜的材料，制作角色服装，体验亲子制作的快乐。

活动准备

· 材料投放：各类戏剧创意服装图片、制作角色服装所需材料等。

指导要点

一、通过微信群，引导幼儿与家长欣赏各类戏剧创意服装图片，了解亲子制作的要求与注意事项，激发幼儿的制作兴趣。

二、引导幼儿与家长讨论所竞选角色的特征以及自己想用什么材料制作服装。

三、引导家长与幼儿寻找适宜的材料并制作服装，体验亲子制作的乐趣。

四、鼓励幼儿大胆地介绍自己制作的服装。

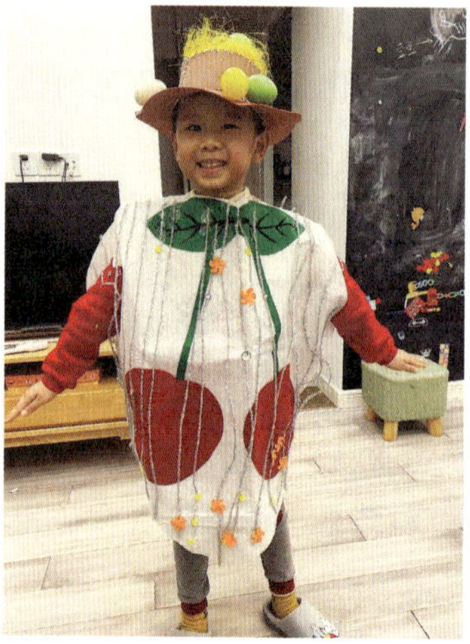

图 10-14　亲子作品一

图 10-15　亲子作品二

图 10-16　亲子作品三

图 10-17　亲子作品四

活动四　戏剧彩排

游戏活动
表演区

活动目标

·能根据《狼大叔的红焖鸡》的三幕剧情，与同伴合作布置适宜的舞台布景，有序地表演。

活动准备

· 经验准备：幼儿已熟悉舞台场地。

· 材料投放：舞台平面图，戏剧表演所需音乐、服饰、道具及场景，摄像机。

活动过程

一、出示舞台平面图，介绍玩法和规则。

引导语：这是我们的舞台平面图，你们觉得狼大叔、母鸡……分别从哪边出场比较合适？为什么？我们今天合作表演需要注意什么？

（一）介绍玩法。

玩法：根据剧目的需要布置场景；按照自己要表演的角色，选择服饰和道具装扮自己；根据自己出场、退场的顺序和方位，与同伴合作表演。

（二）介绍规则。

规则：要根据商量好的出场和退场顺序、舞台站位等候场与表演；和同伴合作表演，大胆表现角色；没有轮到表演的幼儿要当文明观众，欣赏同伴的表演。

二、幼儿表演，教师观察幼儿的表演情况。

观察要点：幼儿与同伴合作布置场景、装扮自己的情况；幼儿与同伴合作表演时语言、动作、表情等的表现情况；活动结束后幼儿与同伴分享表演瞬间、讨论游戏问题的情况。

三、实时录制幼儿的表演情况，引导幼儿表演后共同回看录像，欣赏自己和同伴的表演，并讨论角色的舞台站位等问题，共同评价游戏情况。

引导语：我们解决了哪些问题？你们觉得解决后效果如何？还有哪些问题需要解决？

活动五　戏剧展演

游戏活动
表演区

活动目标

· 能与同伴合作，完整、连贯、生动地表演戏剧，体验与同伴合作表演的快乐和成就感。

活动准备

·材料投放：戏剧表演所需道具、服饰、音乐，摄像机。

·资源利用：邀请家长参加此次戏剧展演，联系家长志愿者做好现场拍摄的准备工作。

活动过程

一、调动幼儿的情绪，激发幼儿的兴趣，提出展演的注意事项。

引导语：今天，爸爸妈妈、老师还有幼儿园其他班级的伙伴们都来观看我们的展演。我们今天展演的时候要注意什么？

提出注意事项：按照剧目的安排，在舞台两侧安静候场，按照出场和退场顺序合作展演；表演时注意舞台的站位，大胆地用动作、表情和生动的语言表演，与台下观众互动要大方、自然；表演结束时，全体演员一同出场谢幕。

二、引导幼儿根据表演角色，用服饰和道具装扮自己，完整表演全剧。

（一）自主装扮。

引导语：请你们自己戴好头饰、穿好服装、拿好道具，在舞台侧面候场。

（二）完整演出。

注意事项：明确候场及出场、退场的位置。

三、邀请家长、教师和幼儿评价展演。

（一）请家长代表上台评价幼儿的展演，感受幼儿在戏剧活动开展过程中不断成长的喜悦。

（二）请教师和其他班幼儿分享欣赏展演的感受，请幼儿分享参与展演的感受，让幼儿体验与同伴参加戏剧活动的乐趣和自我成长的成就感。

第三阶段的反思

第三阶段中，教师主要引导幼儿梳理、提升戏剧创作与表演的经验。角色竞选活动不仅是戏剧展演活动的前提，而且对幼儿来说是一个自我肯定、自我展现、自我评价的机会。教师鼓励幼儿自主策划、自主思考、自主协商。

在分享、讨论、梳理的过程中，幼儿不仅学会如何更好地扮演好自己的角色，更形成了团结协作、公平竞争、认真专注、欣赏他人、乐于分享等良好品质。

历时两个多月的主题式创意戏剧活动完美落幕。幼儿在剧本的产生、音乐的剪辑、道具的配置、服饰的制作、生动的表演等活动中，理解能力、动手能力、表现能力、想象和创造能力都得到了发展。他们懂得根据故事的一些线索大胆猜想，能与同伴、家长合作创编故事内容，并大胆地运用语言、动作、表情等与同伴合作展开完整、连贯、生动的表演，体验了与同伴分工合作完成戏剧表演的成功与愉悦，基本达成了活动预设的总目标。

活动网络图

第一阶段：剧本的产生

- （1）教学活动：狼大叔的红焖鸡①（语言·早期阅读）
- （2）游戏活动：我编的剧本①（语言区）
- （3）教学活动：狼大叔的红焖鸡②（语言·早期阅读）
- （4）游戏活动：我编的剧本②（语言区）
- （5）游戏活动：我编的剧本③（语言区）

第二阶段：戏剧的创作

- （1）教学活动：打起手鼓唱起歌①（艺术·歌唱）
- （2）教学活动：打起手鼓唱起歌②（艺术·演奏）
- （3）教学活动：母鸡和狼（艺术·韵律）
- （4）教学活动：锅、碗、瓢、盆（艺术·韵律）
- （5）教学活动：做煎饼（艺术·歌唱）
- （6）教学活动：做面包（艺术·韵律）
- （7）教学活动：做蛋糕（艺术·韵律）
- （8）游戏活动：我喜欢的食物（美工区）
- （9）教学活动：母鸡的结局（语言·讲述活动）
- （10）教学活动：一百个香吻（艺术·歌唱）
- （11）游戏活动：我们的头饰（美工区）
- （12）游戏活动：狼大叔的红焖鸡（表演区）

第三阶段：戏剧的展演

- （1）家庭活动：我为竞选做准备
- （2）教学活动：我的角色我做主（社会·自我成长）
- （3）家庭活动：制作角色服装
- （4）游戏活动：戏剧彩排（表演区）
- （5）游戏活动：戏剧展演（表演区）

参考剧本

第一幕　贪吃的狼大叔

场景：狼大叔家、母鸡家。

旁白：在一片森林里，住着狼大叔一家。

〔背景音乐响起，狼大叔出场。〕

狼大叔：我是人见人怕的狼大叔，但是我有一个幸福美满的家庭。我很爱吃，我经常这顿还没吃完就想着下一顿吃什么。掌声欢迎我的家人出场吧！

〔狼宝宝们和狼大婶背着乐器出场，随音乐《打起手鼓唱起歌》自由舞动。〕

众狼宝宝：（围着狼大叔）爸爸，爸爸，下一餐吃什么呢？

狼大叔：清蒸的、红烧的、酱爆的、油焖的，越说我越饿。

狼大婶（摊手）：还不快去想办法给孩子弄肉去！

狼大叔（指着狼宝宝们）：你们等着，后山有一只鸡，我给你们抓鸡去。

〔狼大叔和狼大婶来到母鸡家附近。母鸡在门外，鸡宝宝们在门内。狼大叔和狼大婶悄悄地躲在母鸡家门口的大树后面。〕

母鸡：宝宝们，关好门，妈妈给你们捉虫去。

狼大叔：这只老母鸡，油焖正合适。

狼大婶：还是瘦了点，塞牙缝都不够呢！

狼大叔：我有一个新想法，要是把母鸡养胖一点，我们就可以多吃几口肉了。那要怎么样才能养胖一只母鸡呢？

狼大婶：我知道，从今天起，我们每天都给她送好吃的，而且千万要小心，不能让她发现是我们做的。

狼大叔：就这么说定了，啊哈哈哈！

〔众角色退场。〕

第二幕　狼大叔送点心

场景：厨房。

〔锅、碗、瓢、盆、煎饼、面团、蛋糕、狼大叔、狼大婶出场。〕

锅、碗、瓢、盆：狼大叔，你想好做什么了吗？

狼大叔：我要做一百个香喷喷的煎饼、一百个香酥的甜甜圈、一百磅重的香甜的蛋糕，把母鸡养得胖胖的。

锅、碗、瓢、盆：真是一个好主意！

煎饼：我是香喷喷的煎饼。我要把那老母鸡，养得肥又胖。加点芝麻加点葱，煎饼做好啦！

狼大叔：这一百个煎饼，做得我腰酸背痛。瞧，天都黑了，正是送煎饼的好时机。吃吧吃吧，我可爱的母鸡，养得肥肥又胖胖，让我痛痛快快吃一顿！

狼大叔、狼大婶：端进去啦！母鸡你明天一定会胖一圈的！哈哈哈——

面团：一百个香酥的甜甜圈做好喽！

狼大叔：吃得更胖一些，吃吧吃吧，我可爱的母鸡，养得肥肥又胖胖，让我痛痛快快吃一场！

蛋糕：一百磅重的香甜的蛋糕做好喽！

狼大叔：我给母鸡送去了一百磅重的香甜的蛋糕，等到月圆的夜晚，万事俱备了……

〔众角色退场。〕

第三幕　原来，这就是爱

场景：母鸡家。

〔母鸡家门紧闭。狼大叔、狼大婶出场，来到母鸡家门前。〕

狼大叔：这只母鸡肥得像只气球了吧，哈哈——马上就能吃到美味鸡肉啦！

狼大婶：别说了，给我抓鸡去。

〔狼大叔敲门。母鸡和鸡宝宝们在门旁。母鸡通过门旁的空隙看着外面。〕

母鸡：啊，原来之前的煎饼、甜甜圈、蛋糕是狼大叔和狼大婶送来的。

鸡宝宝1：妈妈，好害怕，他们会不会吃我们？

母鸡：宝宝们别怕，我有好办法。

母鸡（开门，对着狼大叔、狼大婶）：啊，原来是你们呀，亲爱的狼大叔、狼大婶。

母鸡：宝宝们，快来看呀，给你们送点心的是善良的狼大叔和狼大婶啊！

众鸡宝宝：谢谢狼大叔、狼大婶，你们是世界上最好的厨师，我爱你们！

狼大叔：我的心里有种说不出的感觉，暖暖的、热热的，难道这就是爱吗？

狼大婶：我也觉得有种说不出的感觉。我们回家吃饭吧！

狼大叔：嗯……怎么会这样呢？要不我明天再给小家伙们做一百个香甜的小饼干吧！

〔众角色退场。剧终。〕

小·魔怪要上学

设计、执教：刘艳汇　刘焰晶
指　　　导：张美洁

活动缘起

绘本《小魔怪要上学》讲了这样一个故事：有一家魔怪，爸爸、妈妈以吃人为生，他们的孩子——小魔怪不吃人，也没有朋友，爸爸妈妈也从来不陪他玩，所以他经常发脾气。小魔怪唯一快乐的事情就是躲在小树丛后面偷看小朋友们玩游戏。一天，小魔怪捡到一本小朋友遗落的书，他被书上色彩亮丽的图案所吸引，可是他看不懂书中一个个黑色的符号，于是他决定去上学，探索书中的秘密。从小魔怪上学这天起，一切都变了……他学会了阅读，他念着书上的故事，把爸爸妈妈吸引住了。此后，爸爸妈妈不仅学会了制作美食，还改掉了吃人的习惯。小魔怪变成了快乐自信的小魔怪，学会了很多知识，还拥有了很多朋友。

图 11-1　《小魔怪要上学》封面

之所以选择绘本《小魔怪要上学》开展创意戏剧活动，原因在于班级幼儿进入大班下学期，即将升入小学。小学是什么样子的？小学跟幼儿园有什么不同？……一连串有关小学的问题正是大班幼儿急于探究的。教师希望通过开展戏剧活动，鼓励幼儿通过自己的方式去认识、了解小学，想象小学生活，改编、丰富故事情节，初步感知小学生活，为顺利升入小学奠定基础。

预期活动目标

一、理解故事内容，通过认识小学、了解小学，尝试改编、续编、创编与小学相关的新情节，并学习将故事转化为剧本。

二、能大胆创编小魔怪的故事，用动作、表情、语言等创造性地表现自己的理解。

三、喜欢参加戏剧活动，感受与同伴共同创编和表演的乐趣。

四、熟悉所演角色的台词、动作、出场和退场顺序等，能与同伴配合完成戏剧表演。

五、消除对小学的恐惧，萌发上小学的愿望。

预设活动网络图

- 第一阶段：剧本的产生
  - (1) 教学活动：小魔怪要上学（语言·早期阅读）
  - (2) 游戏活动：小魔怪要上学（语言区）
- 第二阶段：戏剧的创作
  - (1) 教学活动：小魔怪学魔法（艺术·韵律）
  - (2) 教学活动：汉字宝宝（艺术·韵律）
  - (3) 教学活动：伤心的小魔怪（艺术·歌唱）
  - (4) 教学活动：小魔怪上学（艺术·韵律）
  - (5) 游戏活动：课间十分钟（表演区）
  - (6) 教学活动：快乐的一家人（艺术·歌唱）
- 第三阶段：戏剧的展演
  - (1) 教学活动：角色竞选（社会·自我成长）
  - (2) 家庭活动：制作演出服饰
  - (3) 游戏活动：制作道具（美工区）
  - (4) 游戏活动：戏剧联排（表演区）
  - (5) 游戏活动：戏剧展演（表演区）

活动过程

第一阶段：剧本的产生

教师希望幼儿通过阅读绘本《小魔怪要上学》，了解绘本中的小魔怪从不快乐变得快乐、家庭氛围从不和谐变得温馨有爱的过程。小魔怪的生活向好的方向发展，归功于小魔怪上学了。小魔怪及其生活的变化，会让大班幼儿对小学充满向往、充满好奇。本阶段，教师将鼓励幼儿用自己的方法去认识小学，在认识小学的基础上创编更丰富的故事情节，让小魔怪的校园生活美好、有趣。同时，教师将在语言区设置问题板，鼓励幼儿提出问题（小魔怪长得这么奇怪，小朋友会不会害怕？他要怎样才能交到朋友？……），并针对问题将自己的解决办法编入故事中，创作戏剧的剧本。

活动一　小魔怪要上学

教学活动
语言·早期阅读

活动目标

· 能仔细观察画面，猜想情节的发展。

· 能连贯地讲述绘本的主要内容。

活动准备

· 材料投放：绘本《小魔怪要上学》人手一册。

活动过程

一、引导幼儿观察绘本封面，激发幼儿了解绘本故事的兴趣。

（一）利用提问，引导幼儿观察绘本封面。

提问：图上的小朋友跟我们有什么不一样？你觉得他背着这个包要去干

什么呢？

幼儿 1：他的耳朵尖尖的、长长的，像《西游记》里的妖怪。

幼儿 2：他是绿色的，很可怕。

幼儿 3：他背的是书包，是去妖怪幼儿园吧。

（二）梳理小结。

小结：小朋友们观察得很仔细。小魔怪长得跟我们不一样，耳朵尖尖的，全身绿绿的，真的很吓人。他背着书包是想上小学，他的愿望能实现吗？小学会愿意接收这个长相吓人的小魔怪吗？我们一起接着往下看看吧！

二、引导幼儿欣赏绘本前半部分，了解前半部分的故事内容，并鼓励幼儿猜想故事的后续发展。

（一）提出问题，帮助幼儿有目的地观察画面，理解画面的内容。

提问 1：小魔怪家里有谁，你是怎么看出来的？

幼儿 1：爸爸妈妈。

幼儿 2：戴蝴蝶结的是妈妈，穿背带裤的是爸爸。

提问 2：小魔怪喜欢吃妈妈给他做的食物吗？你是怎么知道的？

幼儿 1：不喜欢。

幼儿 2：他生气地大喊大叫。

提问 3：你觉得小魔怪快乐吗？为什么？

幼儿 1：不快乐，他爸爸妈妈不陪他玩。

幼儿 2：他没有朋友。

（二）完整讲述绘本前半部分内容。

（三）引导幼儿猜想。

提问：你觉得小魔怪会怎样改变他的生活，让自己变得快乐起来呢？

幼儿 1：他会离开家去旅行。

幼儿 2：去上学。封面上他背着书包，一定是他想去学校找小朋友玩。

三、引导幼儿自主阅读绘本后半部分，了解后半部分的故事内容，猜想故事的结局。

（一）幼儿自主阅读；教师巡回指导后提问，帮助幼儿有目的地理解画面的内容。

提问：小魔怪终于上学了，你喜欢现在的小魔怪吗？为什么？

幼儿 1：喜欢，他很认真学习。

幼儿 2：他不再乱发脾气了。

（二）鼓励幼儿大胆猜想故事的结局。

提问 1：如果你是小魔怪，你会怎样做，让大家喜欢你呢？

幼儿 1：我会在小朋友需要帮助的时候帮助他们。

幼儿 2：我会送给大家贴纸和礼物。

提问 2：故事讲完了，你们喜欢书里的结局还是你们创编的结局呢？

（三）梳理小结。

小结：如果你们希望创编的故事被搬上舞台，那就要努力当好小编剧，让你们的故事变得更完整、更合理。大家可以到语言区去完成自己的创编，也可以邀请家长和自己一起完成故事的创编。老师期待你们的剧本哦！

活动延伸

· 游戏活动：在语言区投放绘本《小魔怪要上学》供幼儿阅读，引导幼儿熟悉绘本故事的内容；提供材料，鼓励幼儿创编自己喜欢的剧情。

活动二　我是小编剧

游戏活动
语言区

活动目标

· 在理解故事内容的基础上，尝试改编故事情节并乐意将自己的作品与同伴分享。

活动准备

· 经验准备：幼儿已熟悉绘本《小魔怪要上学》的故事。

· 材料投放：绘本《小魔怪要上学》、画纸、彩笔、问题板、角色卡、角色手偶、故事背景图。

活动过程

一、介绍材料，激发幼儿的兴趣。

引导语：语言区除了有《小魔怪要上学》的绘本，还新增了画纸、彩笔、问题板、角色卡、角色手偶、故事背景图等。小编剧们，快行动起来吧！

二、提出游戏玩法及要求。

玩法：把自己改编的情节画出来，与同伴分享；利用角色卡、故事背景图演一演自己改编的情节；借助手偶，与同伴合作表演，丰富角色的对话。

要求：角色卡、角色手偶有限，可以协商使用；如果创编了新角色，可以到美工区拿适宜的材料自制角色卡。

三、幼儿游戏，教师巡回指导。

图 11-2　幼儿创编的剧本一

（幼儿创编的剧本一：有一次，小魔怪看见一群小朋友在草地上做游戏，玩得特别开心。他跑过去，说："我能跟你们一起玩吗？"小朋友们看见他的怪模样，吓得跑走了。小魔怪很伤心。第二天，小魔怪又来到草地上。他等啊等，从白天等到黑夜，小朋友们都没有出现。他又伤心地回家了。躺在床上，小魔怪想出了一个好办法——要上学，这样就可以天天和小朋友们在一起了，那时候小朋友们一定会喜欢上自己。）

图 11-3 幼儿创编的剧本二

（幼儿创编的剧本二：小魔怪在爸爸妈妈的帮助下上学了。他走进班级，小朋友们吓坏了，有的钻到桌子下，有的大哭，有的和好朋友抱在一起。小魔怪赶忙说："小朋友们，你们别害怕，我只是长得和你们不一样。看，我给你们带了各种各样的贴纸。"说着，小魔怪把贴纸送给小朋友们。小朋友们慢慢地不再害怕了，还和小魔怪一起玩游戏。小魔怪开心极了。）

四、分享与交流。

（一）引导个别幼儿分享自己创编的情节，鼓励幼儿评价同伴的作品。

（二）肯定幼儿创编的情节，鼓励更多幼儿到语言区完成创编。

活动三 我是编剧

家庭活动

活动目标

· 与家长共同创编《小魔怪要上学》的剧本，体验亲子合作的乐趣。

活动准备

· 材料投放：《"我是编剧"倡议书》。

指导要点

一、向家长发放《“我是编剧”倡议书》（详见“活动资料”），明确活动要求，鼓励家长与幼儿共同创编剧本（可以是完整剧情的创编，也可以是部分情节的创编）。

二、鼓励家长配合幼儿以图文并茂的方式将创编的结果记录下来（幼儿绘画故事情节，家长用文字表述）。

图 11-4　亲子创编的剧本一

（亲子创编的剧本一：小魔怪高高兴兴地背着书包走进班级，小朋友们不敢靠近他，更没人愿意跟他一起坐。小魔怪暗下决心，一定要好好学习，让大家对他刮目相看。小魔怪上课认真听，下课了也认真看书，很快他认识的字越来越多。老师经常请他带领小朋友读书，很快小魔怪当上了班长。）

图 11-5　亲子创编的剧本二

（亲子创编的剧本二：小魔怪的爸爸妈妈经常自己玩，不陪小魔怪，也不给他做好吃的。小魔怪很生气，经常大喊大叫。爸爸妈妈决定教小魔怪学魔法，并告诉他学会了魔法，想吃什么就可以变什么，想玩什么就可以变什么。小魔怪很开心，每天认真地跟爸爸妈妈学魔法。很快，小魔怪学会了魔法，变出了很多好吃的。小魔怪这样吃一口，那样吃一口。他发现变出来的食物长得不一样，可味道都是一样的，他生气地把食物扔得满地都是。）

三、指导幼儿讲述亲子创编的成果，为参加“我最喜欢的剧本”活动做准备。

活动资料

“我是编剧”倡议书

家长朋友们：

你们好！最近班级幼儿阅读了绘本《小魔怪要上学》。绘本中的小魔怪，为了成为一个快乐的小魔怪而选择上学读书。幼儿即将上小学，小学跟幼儿园有什么不同？……一连串有关小学的问题正是幼儿急于探寻的。他们与小魔怪之间又会碰撞出怎样的火花呢？

近期，我们引导幼儿在语言区自主创编了小魔怪的故事，但要想将故事搬上舞台，还需要爸爸妈妈们的助力，让小魔怪的故事更合理、更具正能量。快和你家的宝贝一起加入“我是编剧”的活动吧！请利用接下来的两周时间，与宝贝一起走进小魔怪的世界，帮助小魔怪成为一个老师、小朋友都喜欢的角色，让宝贝在故事中认识小学、喜欢小学，为顺利进入小学奠定基础。

第一阶段的反思

本阶段的活动中，教师通过绘本阅读，让幼儿初步理解了故事的内容，同时了解了小魔怪的外貌特征。教师引导幼儿设想：“如果你是小魔怪，你会怎样做，让大家喜欢你呢？”幼儿的猜测与绘本故事的结局截然不同，这不免让幼儿有些许失落。教师抓住这一契机，鼓励幼儿当小编剧，告诉幼儿编得合理的剧本就可以成为戏剧表演的新剧本。这为幼儿积极参与创编打下基础。

教师再通过语言区活动以及亲子共读、亲子创作的方式，引导幼儿在熟悉故事的基础上大胆创编剧本。班级幼儿及家长创编了十多个不同版本的剧本，有完整故事的剧本，也有片段剧本。之后“我最喜欢的剧本”的评选活动中，幼儿借助自制剧本、课件、表演等形式展示了亲子创编的剧本。最后，教师引导幼儿投票，选出三个最受欢迎的剧本，并将三个剧本综合、整理、润色，形成了戏剧表演活动“小魔怪要上学”的最终剧本，具体如下。

第一幕：小魔怪学魔法。

第二幕：小魔怪的愿望。

第三幕：小魔怪上学记。

第二阶段：戏剧的创作

小魔怪如愿上学了，那小学生上课是什么样子的？课间十分钟会做什么？长相怪异的小魔怪要怎样做，才能得到同学们的认可和喜爱？……面对一连串的未知，在教师适当的引导下，幼儿通过与家长、邻居小学生、哥哥姐姐等互动，不断寻找答案，逐渐对小学有了初步的了解，为之后戏剧的创编奠定了基础。

活动一　小魔怪学魔法

教学活动
艺术·韵律

活动目标

- 感受欢快、流畅的乐曲，了解乐曲渐快、渐强的旋律。
- 尝试用动作随乐合拍地表现小魔怪变魔法。

活动准备

- 材料投放：音乐《加速度圆舞曲》、空白图谱。

活动过程

一、以故事导入，激发幼儿参加活动的兴趣。

引导语：小魔怪不快乐，因为他没有朋友，也没有美味的食物。一天，爸爸妈妈决定教小魔怪魔法，有了魔法就可以变出自己喜欢的食物以及伙伴。小魔怪可开心了，他决心认真学魔法。

二、引导幼儿完整欣赏乐曲，初步感受乐曲的变化。

提问：你觉得乐曲给你什么感受？小魔怪在学魔法时会做什么动作？

幼儿 1：乐曲有时很快、有时很慢。

幼儿 2：会用手转圈圈，转好多圈圈。电视里魔术师就是这样。

三、随乐绘图谱，帮助幼儿了解乐曲的结构。

（一）随乐绘图谱，引导幼儿感受乐曲渐快、渐强的旋律。

（二）引导幼儿观察图谱，重点了解乐曲渐快、渐强的旋律，尝试探索用合适的动作表现乐曲。

（三）引导幼儿探索小魔怪与魔法精灵角色之间的配合。

1. 提问：小魔怪在转动魔法棒时，魔法精灵应该做什么动作来配合呢？

幼儿 1：也要转圈圈，这样才像小魔怪的魔法实现了。

幼儿 2：可以自己转圈圈，也可以和小朋友手牵手转圈圈。

幼儿 3：还要摆造型，变成一样东西。这样更像小魔怪学会魔法。

2. 请部分幼儿把自己的想法表现出来。

（四）引导幼儿分角色表演。

引导幼儿分别扮演小魔怪和魔法精灵，合作表现乐曲；教师适时指导。

四、完整播放乐曲，引导幼儿尝试随乐完整地表现。

将幼儿分成几个小组，鼓励幼儿协商分配角色并随乐表现。

活动延伸

·游戏活动：在表演区投放相关音乐、头饰以及魔法棒，鼓励幼儿合作变出不同造型，如蛋糕、冰淇淋等等。

活动二　小魔怪一家

教学活动
艺术·歌唱

活动由来

“小魔怪学魔法”活动后，有的幼儿提出：“一开始就变魔法，会让观众觉得很奇怪，观众不知道变魔法的是谁、为什么要变魔法。”幼儿讨论后，多数幼儿认为在学魔法前应该有一个自我介绍。幼儿七嘴八舌，提出了很多方案，最终大家一致认为应该把自我介绍唱出来。

活动目标

- 感受歌曲欢快的旋律及表达的爱与亲情。
- 尝试替换歌曲《宝贝宝贝》的歌词，并进行多形式演唱。
- 体验演唱改编歌曲的快乐。

活动准备

- 经验准备：幼儿会唱歌曲《宝贝宝贝》，并已在语言区创编了歌曲《小魔怪一家》的歌词。
- 材料投放：音乐《宝贝宝贝》（伴奏）、歌曲《小魔怪一家》图谱。

活动过程

一、以设置悬念、对比的方式，激发幼儿的学习兴趣。

（一）引导语：今天我们要学习《小魔怪一家》这首歌，你们先认真听，然后告诉我你们的发现。

（二）范唱，引导幼儿完整地倾听，初步感受曲风和歌词的内容。

提问：大家能听出来这是我们学过的哪首歌吗？它们哪里一样？哪里不一样？

幼儿1：是《宝贝宝贝》。

幼儿2：歌词不一样，音乐一样。

小结：小朋友们真厉害，一下子就发现了这首歌是由《宝贝宝贝》改编而来的。这首歌叫《小魔怪一家》。

（三）引导幼儿再次倾听歌曲；通过提问，帮助幼儿记忆歌词，并根据幼儿回答出示相应的图谱。

提问：这首歌曲唱了什么？

（四）引导幼儿在反复倾听中理解歌词，并看图谱学唱歌曲。

二、引导幼儿尝试跟随伴奏乐，边唱边用动作表现歌曲。

三、引导幼儿尝试用多种形式演唱歌曲。

（一）师幼分角色演唱。

引导语：现在我扮演爸爸和妈妈，演唱爸爸和妈妈的部分；你们扮演小魔怪，演唱宝贝的部分。

（二）幼幼分角色演唱。

将幼儿分成三组，分别扮演爸爸、妈妈和宝贝，学习分角色演唱。

活动延伸

·游戏活动：在表演区投放相应的伴奏乐以及头饰，鼓励幼儿分角色表演唱。

活动资料

小魔怪一家（歌曲）

欢快、热烈地　　　　根据歌曲《宝贝宝贝》改编

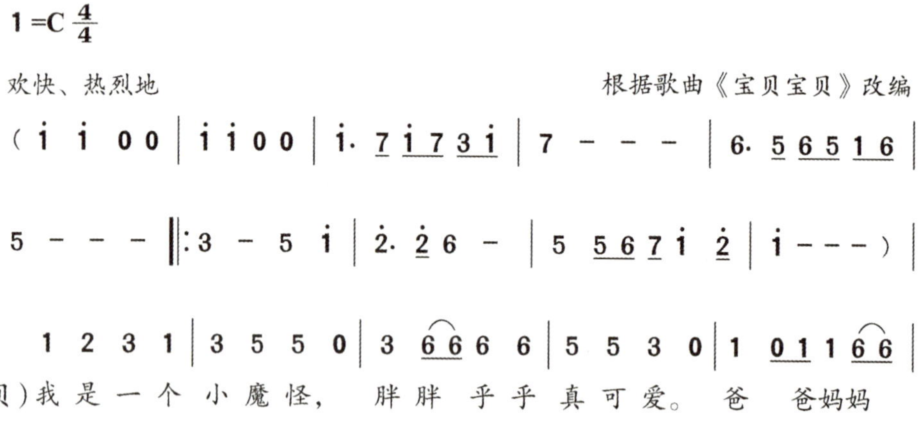

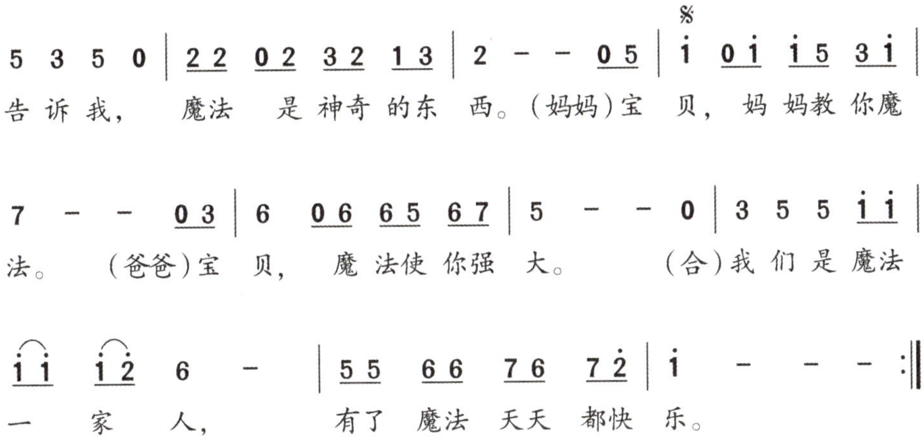

小魔怪一家（图谱）

活动三　汉字宝宝

教学活动
艺术·韵律

活动由来

小魔怪捡到了一本书，可他不识字。他是怎么知道书里藏着有趣的故事呢？教师提出问题后，部分幼儿认为汉字宝宝应该唱一首动听的歌、跳一段精彩的舞等，来证明自己的有趣。教师采纳了幼儿的意见，决定用一段精彩的舞蹈来呈现汉字宝宝的有趣。

活动目标

· 感受歌曲的欢快旋律，并能用动作表现汉字宝宝的有趣。

· 体验与同伴合作舞蹈的快乐。

活动准备

· 经验准备：活动前提供歌曲《中国汉字》（蒋宇轩演唱），请家长在家引导幼儿欣赏歌曲，并创编汉字宝宝快乐的动作和表情。

· 材料投放：简单字形的汉字卡片、音乐《中国汉字》、空白图谱。

活动过程

一、故事情节导入，引起幼儿参与活动的兴趣。

引导语：小魔怪捡到了一本书，他觉得书里面一定藏着许多有趣的故事。他开心地躲进自己的房间看了起来。

二、引导幼儿欣赏歌曲，大胆猜想小魔怪和书的故事。

提问：你们觉得小魔怪翻开书后，会看到什么呢？（引导幼儿说出自己的猜想。）

幼儿 1：看到很多有趣的故事。

幼儿 2：有趣的游戏。

三、结合幼儿的猜想，鼓励幼儿尝试用动作表现书的有趣。

（一）鼓励幼儿自主创编动作。

引导语：汉字宝宝们，你们会用什么动作来表现书中有趣的故事或游戏，让小魔怪深深地喜欢你们呢？

（二）请个别幼儿展示创编的动作，教师做适当指导，并现场绘制简易的动作图谱。

（三）引导幼儿与同伴合作舞蹈。

引导语：汉字宝宝们创编了这么多好看的动作，真是太棒啦！书中有趣的故事是由一个个汉字宝宝组合而成的。你们是不是也可以组合在一起表演，变成有趣的故事呢？

1. 引导幼儿分组创编。

引导幼儿参考动作图谱，加入队形变换并及时将小组出现的队形记录下来。

2. 分享与展示。

请个别小组分享与展示本组创作，教师及时肯定。

四、引导幼儿随乐完整地表演。

活动延伸

· 游戏活动：在表演区投放相关动作图谱、队形图谱、音乐等，鼓励幼儿与同伴合作表现汉字宝宝。

活动四　小魔怪上学

教学活动
艺术 · 韵律

活动由来

幼儿通过调查，知道小学生活中有上课和下课两个环节。他们希望戏剧中有小魔怪上课认真学习、下课快乐游戏的情节。这正充分体现了他们对自己小学生活的美好愿望。于是，师幼找了一静一动两首音乐，合成了小魔怪上学的音乐。

活动目标

· 感受乐曲的 AB 结构，随乐大胆表现上课和下课的情景。

· 感受与同伴共同表演的乐趣。

活动准备

· 经验准备：幼儿已了解小学生的上课状态。

· 材料投放：音乐《小魔怪上学》（《上课啦》和《老鹰捉小鸡》合成的音乐）。

活动过程

一、引导幼儿完整欣赏乐曲，初步感受乐曲的 AB 结构。

提问：乐曲中什么地方像是在上课学习、什么地方像是在下课游戏？你是怎么听出来的？

幼儿1：前面在上课，因为上课的音乐应该是轻轻的；后面是在玩“老鹰捉小鸡”游戏，我听见歌词在唱“老鹰捉小鸡”。

幼儿2：前面音乐很舒服，是在上课；后面音乐很快乐，是在玩游戏。

二、引导幼儿欣赏乐曲A段，学习用动作表现小学生上课的状态。

（一）引导幼儿按照乐曲节奏，大胆地表现上课中的小学生。

1. 鼓励幼儿用动作大胆表现小学生上课的状态。

引导语：你会做哪些动作，能让老师一眼就看出是小学生在上课？

2. 请个别幼儿示范，教师给予适当指导后，引导全体幼儿创编更多的表现上课的动作（认真听讲、举手、写字、回答问题……）。

3. 引导幼儿随乐表现小学生上课的状态，及时肯定能按节奏变换动作的幼儿。

（二）表现上课中的教师。

1. 鼓励幼儿用动作表现教师讲课的状态。

提问：课堂上，除了学生，还有谁？你会做哪些动作，让人一眼就看出你表演的是老师呢？

2. 请个别幼儿示范，并引导幼儿创编更多的表现教师上课的动作。

3. 引导幼儿随乐表现教师上课的状态，及时肯定能随节奏变换动作的幼儿。

（三）引导幼儿用角色扮演的方式，共同完成上课的表演。

1. 幼儿两两合作，一个扮演教师，一个扮演学生，随乐表演。

2. 一个幼儿扮演教师，其余幼儿扮演学生，随乐表演。

三、引导幼儿欣赏乐曲B段，学习用动作表现下课游戏的状态。

（一）引导幼儿创编下课游戏的动作。

1. 提问：从乐曲中，你们觉得他们是在玩什么游戏？

幼儿：老鹰捉小鸡，因为歌里面有唱。

2. 启发幼儿创编老鹰和小鸡的动作，引导幼儿思考乐曲的什么地方是老鹰在扑、什么地方是小鸡在躲。

（二）引导幼儿分角色合作表演。

1. 教师扮演老鹰，幼儿扮演小鸡，随乐练习扑和躲的动作。

2. 请部分幼儿分角色表现下课游戏“老鹰捉小鸡”。

3. 幼儿针对小组游戏中出现的问题，探讨解决的方法。

四、引导幼儿随乐完整表现上课、下课的情景。

活动资料

小魔怪上学（乐曲）

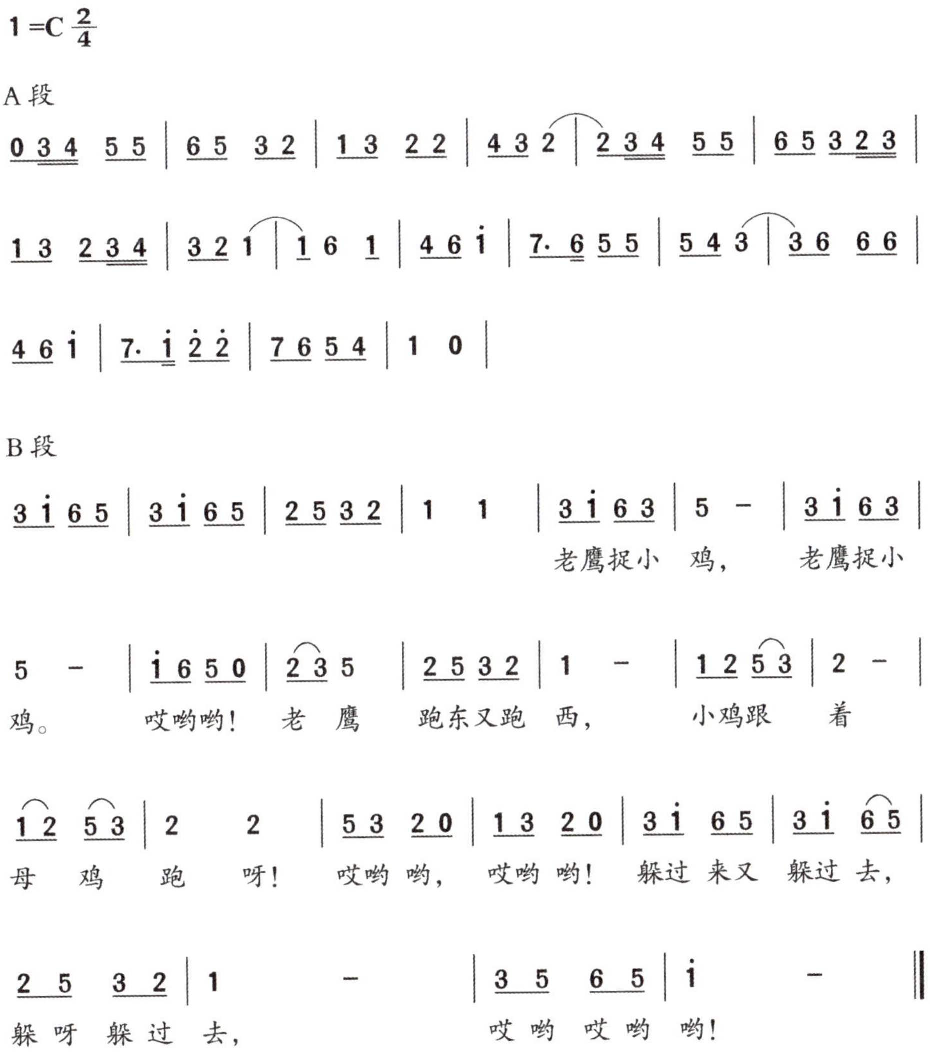

活动五　快乐舞会

教学活动
艺术·韵律

活动由来

部分幼儿迁移自己过生日的经验，要为小魔怪策划一场生日舞会。

活动目标

·感受乐曲轻松、欢快的旋律，能合拍地进行舞蹈。

·探索集体舞中的队形变换规律，享受与同伴共舞的快乐。

活动准备

·经验准备：（1）幼儿学过单圈集体舞。（2）请两名幼儿分别扮演蛋糕宝宝和贝贝小朋友，在活动前学习舞蹈《快乐舞会》。

·材料投放：数量与班级幼儿人数相同的手腕花（请幼儿将手腕花戴在右手）、音乐《加沃特舞曲》。

活动过程

一、以小魔怪邀请同伴参加生日舞会的情境引入，激发幼儿参与的兴趣。

（一）引导幼儿完整倾听乐曲，感受乐曲的轻松、欢快。

引导语：小魔怪邀请了很多同伴来参加他的“快乐舞会”。他特意挑选了一首好听的乐曲作为舞会的音乐，我们一起来听一听。

（二）介绍蛋糕宝宝和贝贝小朋友的扮演者。

引导语：这是蛋糕宝宝，这是贝贝小朋友。他们今天受邀参加小魔怪的“快乐舞会”。我们一起欣赏他们的舞蹈。

（三）引导幼儿边听乐曲，边欣赏两名幼儿的表演。

提问：你们喜欢他们的舞蹈吗？你们记住动作了吗？

二、引导幼儿学习舞蹈动作。

（一）引导幼儿反复观看表演，回忆舞蹈动作，并模仿学习。

（二）启发幼儿创编有趣、开心的动作。

（三）请幼儿跟着乐曲跳单人舞。

三、引导幼儿两两合作跳舞，在合作中不断进行动作的变化与方位的交换。

（一）启发幼儿在无乐曲条件下自由探索合作。

（二）启发幼儿在有乐曲条件下自由探索合作。

（三）在幼儿探索过程中，注意鼓励幼儿大胆尝试，遇到困难要尝试自己解决；提醒幼儿观察别人正确的动作，学会和舞伴互相配合，调整自己的动作。

四、引导幼儿完整舞蹈。

（一）幼儿尝试完整舞蹈，教师用语言提示幼儿注意节奏和动作的美感。

（二）幼儿尝试交换舞伴舞蹈，教师以语言提示幼儿注意空间的有效利用，并注意和舞伴的眼神交流。

活动延伸

· 游戏活动：在表演区投放相关音乐和手环，方便幼儿练习双圈集体舞，掌握交换舞伴的技巧。

活动六　小魔怪之歌

教学活动
艺术 · 歌唱

活动由来

班级一名幼儿偶然在电视上看到了一个表演唱《小怪物来了》，便要求家长找到录像并传给教师。教师将录像分享给所有幼儿后，幼儿被录像中小朋友俏皮可爱的表演以及恰到好处的歌词和歌曲旋律所吸引。《小怪物来了》的歌词大意是说一个小怪物长得很可怕，但相处后人们发现他很可爱，大家喜欢他了。这首歌与我们戏剧中的小魔怪有相似之处，幼儿觉得这首歌就是为小魔怪量身定做的，希望把这首歌作为我们戏剧的结尾歌曲。

活动目标

·理解歌曲的内容，感受歌曲欢快的旋律和诙谐、幽默的特点。

·学习合作演唱歌曲，并能根据自己对歌词的理解，用适当的表情、动作表现歌曲。

活动准备

·材料投放：音乐《小怪物来了》及图谱。

·环境创设：收集、展示幼儿绘画及制作的小魔怪。

活动过程

一、引导幼儿看看、说说小魔怪。

引导语：这些是小朋友们这几个月来绘画、制作的小魔怪，有变魔法的，有唱歌的，有玩游戏的，有看书的，有背书包的……谁来说说你觉得小魔怪是个什么样的小魔怪？

二、引导幼儿欣赏歌曲《小怪物来了》，了解歌词内容。

（一）引出歌曲，激发幼儿的学习兴趣。

引导语：今天老师带来了歌曲《小怪物来了》。小朋友一起听一听，歌曲里的小怪物是不是像你们说的那样呢？

（二）引导幼儿反复倾听，并出示相应的图谱帮助幼儿理解、记忆歌词。

提问：歌曲里唱了什么？

三、借助图谱，引导幼儿跟唱歌曲。

四、引导幼儿用多种形式演唱歌曲。

（一）引导幼儿变换演唱方式，如师幼接唱、分组轮唱等，增添歌唱活动的趣味；注意激发和调动幼儿情绪，引导幼儿有表情地演唱。

（二）引导幼儿大胆地自编动作，尝试边唱边表演。

活动延伸

·游戏活动：（1）在美工区引导幼儿绘制《小怪物来了》图谱，加深对歌词的理解。（2）在表演区投放相关音乐，引导幼儿进行表演唱。

活动资料

小怪物来了（歌曲）

方曦　词
胡勇　曲

1 = ♭E $\frac{2}{4}$

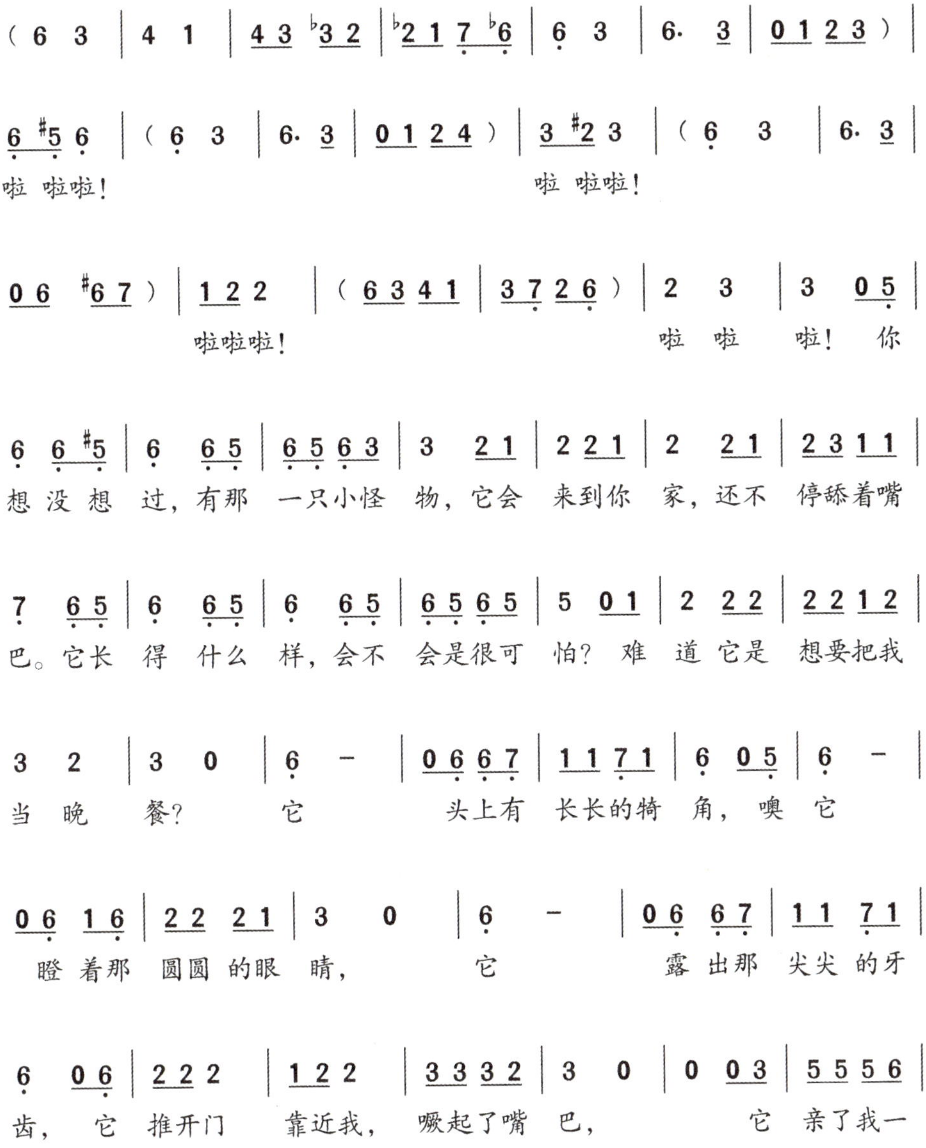

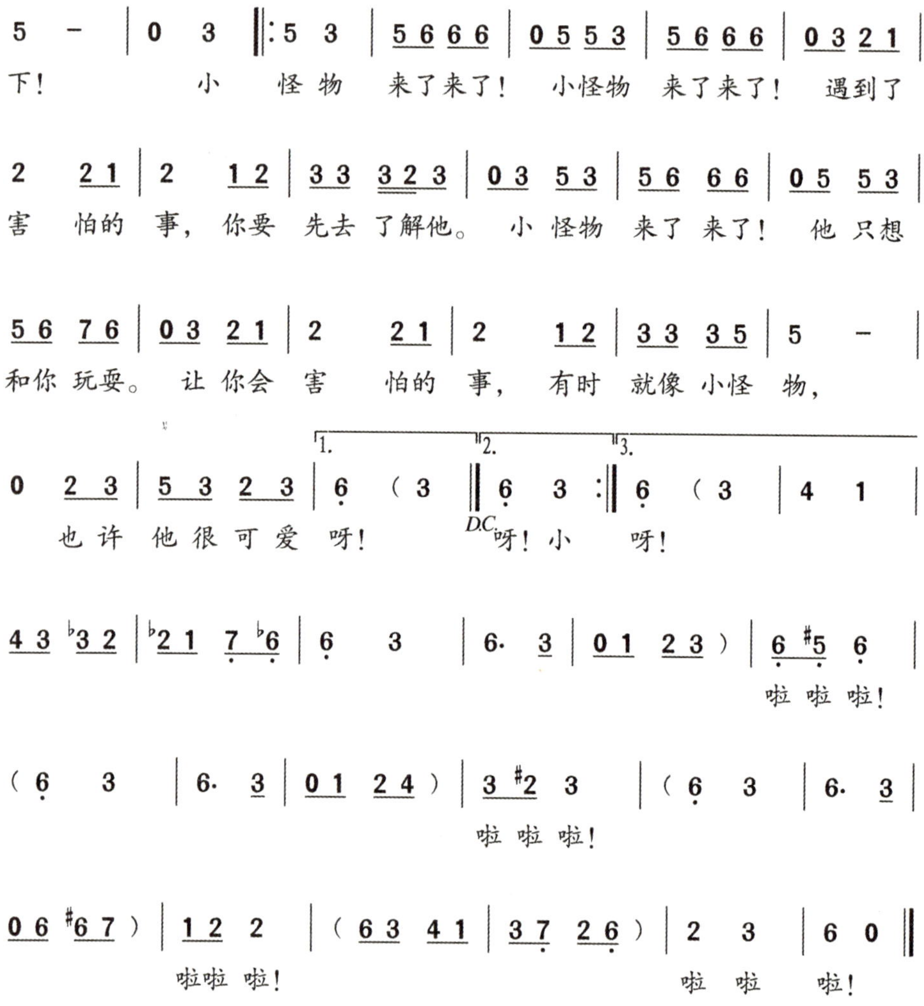

活动七　我们来表演

游戏活动
表演区

活动目标

·能与同伴自主协商、合作布置场景，自主表演戏剧《小魔怪要上学》片段，体验合作表演的乐趣。

活动准备

·经验准备：幼儿已经参与了“汉字宝宝”“小魔怪上学”“快乐舞会”等活动，会唱《小怪物来了》等歌曲。

·材料投放：剧目板、角色板、队形图谱、队形板、表演所需音乐、纸、笔、摄像机等。

活动过程

一、提出游戏要求。

（一）先协商要表演的剧目、角色，并把相应卡片呈现在剧目板和角色板上。

（二）协商、确定表演的队形，并粘贴在队形板上。

可以选择现成的队形图谱，也可以自己画。

（三）明确出场的顺序与位置，随乐表演。

（四）在时间允许的情况下，更换表演内容与角色多次表演、轮流表演。

（五）游戏结束，将物品归类放回原位。

二、游戏评价。

（一）说一说。

引导幼儿说一说今天是否选到了自己想演的角色、自己是怎么做到的。

（二）看一看。

引导幼儿观看教师拍的游戏录像，说说喜欢录像里的谁、为什么。

（三）议一议。

引导幼儿讨论游戏中什么问题没有解决以及可以怎么解决。

第二阶段的反思

本阶段我们把剧本变成了一个个的具体的活动，有歌唱活动，有韵律活动，也有游戏活动……通过多个活动，幼儿进一步理解了角色。在每天的游戏活动中，幼儿有更多的机会去扮演、表现不同的角色。教师设置的角色板、剧目板、队形图谱等，为幼儿的角色选择、出场安排等提供了参考。

在一次次游戏活动中，幼儿与同伴间有了协商、合作、解决问题的机会。幼儿角色表现力在不断提升，与人交往、合作、解决问题的能力得到了提升，语言表达能力及社会性也得到了明显的发展。

教师针对教学活动中未达成的目标，利用教学活动后的游戏活动，继续组织幼儿讨论、操作。例如教学活动后，教师提出问题："小魔怪很想跟汉字宝宝交朋友，会做什么动作？在汉字宝宝拒绝他后，他又会有怎样的表情？……"教师的提问是为了引导幼儿充分感受小魔怪当时的心情，为动作创编做铺垫。同时，教师鼓励幼儿把自己想好的创编动作画在自己的本子上分享给大家。

第三阶段：戏剧的展演

活动即将进入正式的展演阶段。戏剧展演的过程中，幼儿将熟悉演出场地和演出流程，感受组合表演的效果，体验在真实舞台上表演的成就感。

教师将根据幼儿竞选的角色进行戏剧联排，帮助幼儿进一步了解角色间的关系，懂得要按照出场顺序参与表演。在戏剧联排的过程中，教师会用录像及照片的形式记录幼儿的联排情况，联排后以回看的方式和幼儿商议联排中出现的问题并共同寻求解决办法。同时，教师还将利用美工区及家长资源，引导幼儿设计并制作演出服饰、道具、背景等，让每个幼儿体验作为戏剧主人的快乐和成就感。

活动一　我为竞选做准备

家庭活动

活动目标

·能清晰地向家人说明自己想要竞选的角色，并和家人共同完成竞选宣言、服饰、道具等准备工作。

活动准备

·经验准备：引导家长倾听幼儿的想法，帮助幼儿确定竞选的角色，为幼儿的竞选做准备。

· 材料投放：竞选报名表。

指导要点

一、引导家长尊重幼儿的选择，并为幼儿的竞选助力。

二、请家长与幼儿共同设计竞选服饰、道具以及竞选宣言。

三、请家长帮助幼儿排演角色竞选的表演内容。

活动二 角色竞选

教学活动
社会·自我成长

活动目标

· 能用多种方式表现自己想要竞选的角色。

· 专心倾听、观看并投票，能客观公正地参与评选。

活动准备

· 经验准备：幼儿已做好竞选准备。

· 材料投放：竞选投票板、投票贴纸、竞选背景课件等。

活动过程

一、出示竞选投票板，激发幼儿竞选的兴趣。

引导语：每个小朋友心中都有自己最喜欢的角色，但有的角色只有一个，必须通过竞选才能确定。我们今天利用投票的方法，选出最好的扮演者。

二、介绍竞选方法和规则。

（一）引导幼儿以自荐的形式竞选角色，鼓励幼儿大胆展示自己准备的服饰、道具、表演等。

方法：参加竞选的幼儿按照出场顺序，依次展示；首先介绍自己要竞选的角色，然后表演，最后拉票时说出自己的竞选宣言。

（二）引导全体幼儿投票。

规则：每个幼儿都有投票的机会，喜欢谁的表演就将票投给谁。每轮竞选结束后，师幼共同统计票数，得票多的幼儿当选。没被选上竞选角色和没参加竞选的幼儿，自主选择剩余的角色。

三、公布最终结果。

活动三　设计、制作表演服饰

家庭活动

活动目标

· 能根据自己所扮演的角色，与家长一起设计并制作服饰。

活动准备

· 材料投放：家长和幼儿事先收集的制作表演服饰的材料。

指导要点

一、向家长发送邀请函，鼓励家长参与幼儿表演服饰的设计、制作工作，体验创意戏剧活动的乐趣。

二、建议家长与幼儿商议，共同设计、制作表演服饰。

三、提醒家长在服饰的制作上不要求整齐划一，鼓励幼儿大胆想象、创作独一无二的服饰。

四、鼓励家长将制作好的服饰以照片、录像的形式发送至班级微信群，供其他家长参考、学习。

活动四　戏剧联排

游戏活动
表演区

活动目标

· 自主运用语言、表情和动作，表现所扮演的角色。
· 了解角色间的关系，懂得按照出场顺序参与表演。
· 能在同伴需要帮助时提醒同伴，保证联排的顺利进行。

- 学会发现联排中存在的问题并协商解决。
- 感受组合表演的舞台效果，体验在真实舞台上表演的成就感。

活动准备

- 材料投放：戏剧表演所需的剧目板、舞台背景、道具、服饰、音乐等。
- 资源利用：请其他教师现场准备好摄像机、相机，为联排拍摄做准备。

活动过程

一、共同讨论联排的要求及注意事项。

（一）戴好头饰、穿好演出服装、拿好道具，按顺序候场。

（二）大方地用语言、动作、表情表现自己扮演的角色。

（三）在同伴需要帮助时能小声地用语言或用动作提醒同伴。

（四）在候场时保持安静，认真观看同伴的表演。

二、戏剧联排。

（一）第一次排演。

1. 引导幼儿完成第一次排演。

2. 引导幼儿观看排演的录像和照片。

引导语：经过这么长时间的学习，今天我们终于把《小魔怪要上学》完整地演出来了。我觉得小朋友们真是太棒了！掌声送给我们自己！

3. 提问：（1）你们看到自己的表演，有什么感受？你们觉得哪些地方做得很好？（2）演员们是否记住了自己的出场和退场顺序？在同伴需要帮助时你们是怎么提醒的？这种提醒方法好吗？为什么？（3）你们是按之前商量好的队形表演的吗？怎样才能让队形站得更好？（4）你们还发现了什么问题？

4. 鼓励幼儿自主讨论、总结，并提醒幼儿避免犯同样的错误。

（二）第二次排演。

1. 引导幼儿完成第二次排演。

2. 排演结束后，提问：这一次，什么地方进步了？还有什么地方不够好？怎样才能更好？

活动延伸

·游戏活动：在表演区重点指导出现问题的部分，为戏剧展演做准备。

活动五 戏剧展演

游戏活动
表演区

活动目标

·熟悉所扮演角色的出场和退场顺序、动作、台词等，并能与同伴配合完成展演。

·喜欢参与演出活动，感受表演的乐趣。

活动准备

·材料投放：课件，戏剧表演所需的剧目板、舞台背景、道具、服饰、音乐等。

活动过程

一、指导幼儿用自己制作的服饰、道具装扮自己，做好展演的准备。

二、结合课件介绍“小魔怪要上学”戏剧活动的开展历程。

三、正式展演。

（一）提醒幼儿有序候场、出场和退场。

（二）关注幼儿的语言、动作、表情，适时给予提示。

（三）引导没有演出的幼儿认真观看表演。

第三阶段的反思

本阶段是戏剧活动的最后阶段。角色的分配、演出服饰的制作，是幼儿很在意的事情。在竞选角色的时候，幼儿尽可能展示了自己最擅长的一面，有的幼儿还穿上了和家长共同设计、制作的角色服饰。在服饰的制作上，多数幼儿积极主动，有的幼儿画了多种设计图，选择了不同的材料将设计变为现实。有了一次次表演区排练的经验，在联排时，幼儿通过回看录像和讨论，解决了站位不够准确、队形不够整齐、出场不够及时、表演时没有表情等问题。幼儿通过自己的努力，最终自信、大胆地站在舞台上，向教师、同伴展示自己扮演的角色，得到了大家的认可。

历时两个多月的主题或创意戏剧活动落幕了。剧本的产生、音乐的选择、道具的制作、服饰的搭配等，处处彰显了幼儿的主体性。活动中，幼儿成为舞台的主人，收获了成长的喜悦。

活动网络图

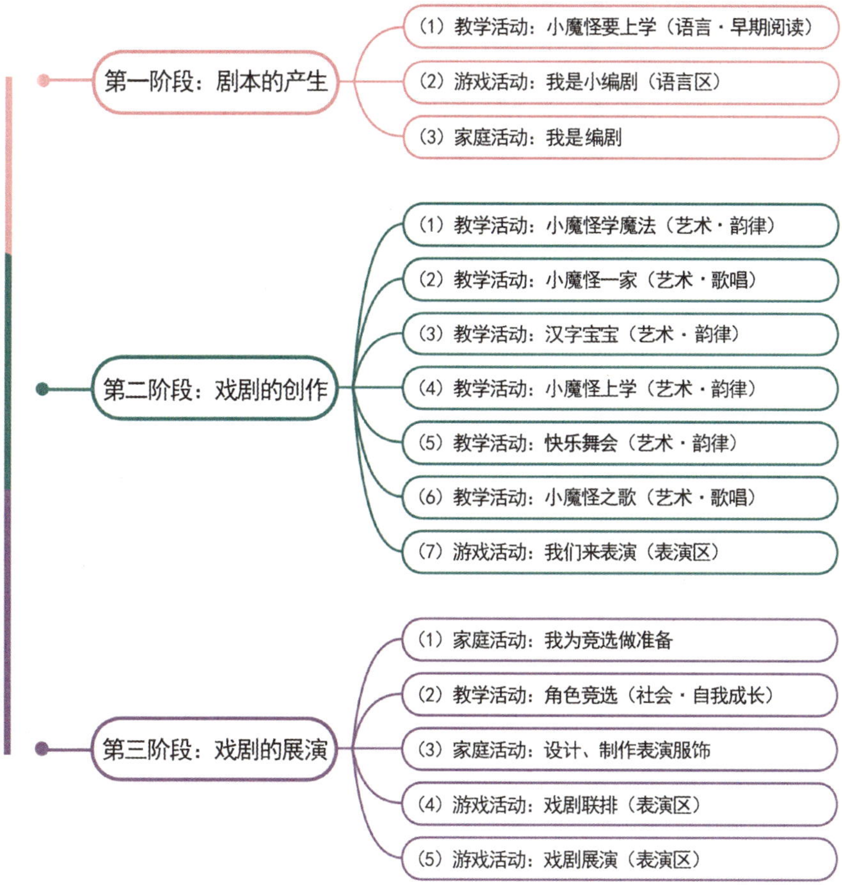

参考剧本

第一场　小魔怪学魔法

〔背景音乐响起，报幕员出场。〕

报幕员：从前，有一个小魔怪，他的爸爸妈妈从来不陪他玩，也从来不给他做香甜可口的饭菜。爸爸妈妈告诉他，只要有了魔法就什么都有了。小魔怪非常期待学魔法的那一天。请欣赏《小魔怪要上学》第一幕“小魔怪学魔法”。

〔报幕员退场。音乐响起，小魔怪一家手牵手出场，随乐表演唱。〕

小魔怪：我是一个小魔怪，胖胖乎乎真可爱。爸爸妈妈告诉我，魔法是神奇的东西。

妈妈：宝贝，妈妈教你魔法。

爸爸：宝贝，魔法使你强大。

合：我们是魔法一家人，有了魔法天天都快乐。

〔音乐停。〕

小魔怪：爸爸妈妈，你们快点教我魔法吧。

妈妈：好，你可要认真学哟！（拿出魔法棒递给小魔怪）

〔随着音乐的快慢，小魔怪学着爸爸妈妈的样子转动魔法棒。魔法蛋糕、魔法布丁、魔法小人等魔法精灵出场，跟着魔法棒的节奏舞蹈。〕

小魔怪：变变变！哇，太棒啦！我真的学会魔法啦！

〔小魔怪说“变变变”时，魔法精灵摆固定的造型，音乐停。〕

爸爸妈妈：宝贝，好好享受你的魔法成果吧，我们去玩喽，再见。

小魔怪：再见。

〔爸爸妈妈退场。〕

小魔怪：（走向魔法蛋糕）这个蛋糕造型真好看，一定很美味，我来尝一尝。难吃难吃，走开。

〔魔法蛋糕退场。〕

小魔怪：（走向魔法布丁）这个布丁好漂亮，一定很好吃。难吃难吃，走开走开。

〔魔法布丁退场。〕

小魔怪：（走向魔法小人）你们跟我一起玩吧，我们一起玩“老鹰捉小鸡”的游戏吧！我跟你们说话呢，为什么都不理我？走开走开。

〔魔法小人做木偶人动作，退场。小魔怪退场。〕

第二场　小魔怪的愿望

〔背景音乐响起，小魔怪一家在场地上。报幕员出场。〕

报幕员：小魔怪虽然学会了魔法，但是他发现魔法并没有像爸爸妈妈说的那么神奇、那么强大。他很伤心。一天，他捡到了一本书，便坐在草地上认真地看了起来。请欣赏《小魔怪要上学》第二幕“小魔怪的愿望”。

〔报幕员退场。〕

小魔怪：哇，好漂亮的书！（捡书并坐下，认真翻看）

〔汉字宝宝出场，随乐舞蹈。小魔怪想拥抱汉字宝宝，可汉字宝宝躲着他，他很难过。汉字宝宝退场。〕

小魔怪：爸爸妈妈，我要上学。

爸爸妈妈：你怎么会突然有这样的想法？

小魔怪：爸爸妈妈，你们看，这么漂亮的书，里面一定藏着很多有趣的故事，可是我一个字也不认识。

爸爸妈妈：好吧，我们想办法送你去上学。

〔爸爸妈妈牵着小魔怪的手一起退场。〕

第三场　小魔怪上学记

〔背景音乐响起，报幕员出场。〕

报幕员：小魔怪的愿望能实现吗？请欣赏第三幕“小魔怪上学记”。

〔报幕员退场。音乐响起，教师出场；小学生们和小魔怪出场，坐在座位上。〕

教师：上课啦！

〔音乐响起，教师做上课的动作，小学生们和小魔怪随乐表现上课的状态。〕

教师：下课啦！

〔教师退场。〕

众小学生：小魔怪，我们一起做游戏吧！

〔音乐响起，小学生们和小魔怪一起随乐玩“老鹰捉小鸡”游戏。音乐停，小学生们退场。报幕员、小魔怪的爸爸妈妈出场。〕

报幕员：小魔怪在学校认真学习，认识了很多很多字。每天回家后，小魔怪最快乐的事就是和爸爸妈妈分享书里有趣的事。爸爸妈妈从小魔怪的分享里学会做各种各样的美食。他们变成了快乐的一家人。

〔报幕员退场。〕

爸爸妈妈：宝贝，过几天是你的生日，你可以邀请你的老师、同学到家里来玩。我们会给他们做很多很多好吃的。

小魔怪：真的吗？太好了，谢谢爸爸妈妈！

〔音乐响起，教师、小学生们出场，和小魔怪一家一起跳双圈集体舞。〕

〔音乐响起，全体演员出场，一起唱《小怪物来了》，谢幕。〕